Marie Curie e suas filhas

livres • geniais • pioneiras
inspiradoras • poderosas

Claudine Monteil

Marie Curie e suas filhas

livres • geniais • pioneiras
inspiradoras • poderosas

Tradução de Joana Angélica d'Avila Melo

L&PM EDITORES

Texto de acordo com a nova ortografia.

Título original: *Marie Curie et ses filles*
Capa: Caroline Gioux © Granger / Bridgeman Images
Tradução: Joana Angélica d'Avila Melo
Preparação: Patrícia Yurgel
Revisão: Nanashara Behle

CIP-Brasil. Catalogação na publicação
Sindicato Nacional dos Editores de livros, RJ

M773m

Monteil, Claudine, 1949-
Marie Curie e filhas / Claudine Monteil; tradução Joana Angélica d'Avila Melo. – 1. ed. – Porto Alegre [RS]: L&PM, 2024.
304 p. ; 21 cm.

Tradução de: *Marie Curie et ses filles*
ISBN 978-65-5666-498-9

1. Curie, Marie (1867-1934). 2. Joliot-Curie, Irène (1897-1956). 3. Curie, Ève (1904-2007). 4. Químicas - Polônia - Biografia. 5. Mãe e filhas - Biografia. I. Melo, Joana Angélica d'Ávila. II. Título.

24-92498 CDD: 944.080922
CDU: 94(44)(092)

Meri Gleice Rodrigues de Souza - Bibliotecária - CRB-7/6439

Rua Comendador Coruja, 314, loja 9 – Floresta – 90.220-180
Porto Alegre – RS – Brasil / Fone: 51.3225.5777

PEDIDOS & DEPTO. COMERCIAL: vendas@lpm.com.br
FALE CONOSCO: info@lpm.com.br
www.lpm.com.br

Impresso no Brasil
Inverno de 2024

Sumário

À memória de minha mãe, Josiane Serre, professora universitária, química, inspiradora de muitas mulheres cientistas, ex-diretora da Escola Normal Superior de Moças (ex-Sèvres), onde Marie Curie e Irène Joliot-Curie lecionaram.

1

Da Polônia à França, o poder da vontade

Uma campainha. Elétrica. A garotinha Maria Sklodowska, sobriamente vestida, a melhor aluna da turma, levanta a cabeça. Imobiliza-se. Não por causa do frio na sala de aula de Varsóvia, neste inverno de 1874. Não. É porque aquele maldoso czar russo, cujo nome os adultos, em casa, mencionam em voz baixa, aquele homem que inspira medo, enviou à escola um inspetor. Às pressas, ela esconde os cadernos e compêndios poloneses, aqueles mesmos que, embora sejam proibidos no ensino, sua professora manda os alunos lerem. Outra criança corre para os dormitórios a fim de esconder esses livros banidos. O importante é não se deixar flagrar. A punição poderia ser terrível para seu pai ou sua mãe. O irmão de seu pai, o tio Zdzislaw, ativo nos movimentos de revolta contra os ocupantes e refugiado na França, já foi capturado pelos serviços secretos do czar e enviado, acorrentado, para um campo na Sibéria, como muitos outros de seus concidadãos.[1] Neste momento, o corpo da menina está tomado por tremores, sua face está em fogo. Ela sabe o que a espera, e baixa os olhos para que a esqueçam. A porta se abre. Entra o inspetor, com expressão severa, e descobre garotinhas bem-comportadas que costuram casas de botão. Uns anjos.

O homem de passo pesado, vulgar, avança em marcha segura, ruidosa, abre todas as carteiras e verifica. Ele não pode encontrar uma só obra em polonês, uma linha sequer escrita na língua que o ocupante russo quer apagar da memória desse povo oprimido. Aliás, a Polônia, riscada dos mapas, agora é representada somente como a "província do Vístula". O inspetor parece quase satisfeito. As obras são de fato em língua russa e narram a história dos czares e da Rússia através dos séculos. Como se a querida Polônia de Marie jamais tivesse existido. Mentir, esconder-se, que provações para uma criança! Aprender a ocultar a dor e a humilhação. E o homem ainda não terminou a inspeção. Agora, quer interrogar uma aluna. Marie sabe que a professora vai designá-la. Rubra de vergonha, a menina se levanta. Descreve um a um os nomes dos membros da família imperial da Rússia, os respectivos títulos, tal como ele lhe ordenou. Por fim, com sua voz grave, o inspetor insiste: "Quem nos governa?". Ela fica muda. Ele resmunga, a garotinha responde: "Sua Majestade Alexandre II, czar de todas as Rússias". Ele parece satisfeito com a resposta e, por tabela, satisfeito consigo mesmo. Desaparece em direção a outra turma, enquanto Marie desaba em lágrimas. Como pôde mentir daquele jeito, ela que sente no coração o amor à Polônia?

De volta ao lar junto às irmãs, Zofia, Bronia[2] e Helena, dita Hela, e ao irmão Józef, Marie, em seus parcos sete anos, está triste e envergonhada por ter traído daquela maneira, ela acredita, seu querido país. Já o pai, Wladyslaw Sklodowski, está tranquilo. É um homem robusto, de barba volumosa, atitude sisuda, ligada à sua condição de funcionário público, mas também de professor de matemática e de física, diretor-adjunto do liceu da rua Nowolipki. Sua filha acaba de salvar a família de um grande perigo. Houve muitos rebeldes poloneses entre os parentes, e ele bem cedo compreendeu que resistir ao ocupante russo só garantiria exílio, prisão e repressão à família inteira. A atitude de Marie, primeira da classe, é a que convém adotar. A menina, porém, ainda trêmula, aproxima-se da mãe para tocá-la e se detém de imediato ao contato do tecido do vestido dela. Como gostaria de se refugiar em seus braços! Mas sabe que as carícias com as quais sonha são impossíveis. Esgotada pela tuberculose, a mãe de Marie não pode correr o risco de transmiti-la aos filhos. A bela Bronislawa Sklodowska, de refinado rosto oval e cabeleira negra, dirigia uma renomada escola de moças (uma das raras mulheres, na época, a ter acesso a tais responsabilidades), mas precisou interromper o magistério e evitar qualquer contato com as alunas. Às vezes, seus dedos quase tocam no rosto da criança, para logo se afastarem: "Esse gesto familiar é tudo o que a menina conhece de melhor. Até onde remontam suas lembranças, Mania jamais foi beijada por sua mãe".[3]

Foi quando Marie nasceu que a insidiosa doença se impôs, roubando pouco a pouco as forças de sua mãe. Portanto, ela jamais a conheceu com boa saúde. Preocupada, a mãe se obriga a fazer as refeições numa louça à parte e costuma mandar os filhos brincarem no jardim, embora deseje muito acariciá-los, dar-lhes seu amor. Ainda assim, Marie cresce numa família cheia de ternura, voltada para as ciências, a arte, a música e a literatura, particularmente a poesia, que reconforta quando é declamada diante das crianças repentinamente silenciosas e atentas. A mãe, tão aberta aos outros, também recebia em casa amigos de diversas crenças, naquele século XIX no qual a tolerância nem sempre comparecia aos encontros.

Numa noite em que as crianças estão brincando, o mundo delas sofre um repentino abalo. O pai retorna do liceu, abre a correspondência e leva um choque. Senta-se penosamente em sua poltrona habitual, com a carta nas mãos. As respostas polidas e hipócritas da pequena Marie na escola não devem ter bastado para impedir que a desgraça desabe sobre ele e sua família. Uma desgraça também resultante da ocupação russa. Por comunicado oficial, Wladyslaw Sklodowski fica sabendo que seu salário foi reduzido, sua moradia de funcionário público e seu título de subinspetor lhe foram retirados. A esposa reage. Sem dúvida, trata-se de uma vingança do diretor do liceu, próximo dos homens do czar, sempre ele. Wladyslaw então se lembra: afinal, ousara opor-se ao diretor, defendendo um aluno que cometera um erro de gramática numa redação em russo.

A sanção é terrível. É preciso mudar-se para um apartamento menor, e o salário já não basta para alimentar a família. Eles reduzem ainda mais o espaço, os quartos, para alojar estudantes como hóspedes. Já não existe privacidade nesta família obrigada a cochichar para tentar comunicar-se. É toda a Polônia que fica sufocada.

E, é claro, convém controlar todas as despesas. Exercício difícil, às vezes perigoso. Certa noite, o sr. Sklodowski retorna desanimado. O investimento que ele concordou em fazer para não desagradar seu cunhado revela-se um rombo nas finanças que o leva à falência. Suas economias, reunidas pouco a pouco com grande dificuldade – trinta mil rublos –, foram engolidas. Ele já não poderá oferecer um dote a cada uma das filhas, que já não poderão aspirar a um bom casamento, convencional e confortável. Agora, pensa o pai, estão condenadas à pobreza. O sr. Sklodowski jamais se perdoará por sua ingenuidade.

Pouco tempo depois, em janeiro de 1876, quando ele ainda não se recuperou desse fracasso financeiro, um dos jovens hóspedes, doente de tifo, contamina duas das irmãs: Bronia, de quem Marie é especialmente próxima, e Zofia, a mais velha, que morrerá muito jovem. Debilitada demais para acompanhar sua menina até o cemitério, Bronislawa Sklodowska observa da janela o cortejo funerário no qual seu marido e suas filhas avançam em passos lentos atrás do esquife. Aos nove anos, Marie já passou por muitos sofrimentos e pesares. Os adultos, tão amorosos, parecem bastante frágeis, quase submergidos pelas preocupações.

Para inquietá-la, há também a saúde da mãe, a qual se enfraquece dia após dia. Dois anos após a morte de Zofia, a sra. Sklodowska, esgotada pela luta contra a doença, também se vai. Nesse 9 de maio de 1878, a perda é terrível. Marie, dez anos, afunda na depressão. O sr. Sklodowski, que se torna o único tutor, pretende dar à prole amor e apoio moral, à falta do financeiro. É preciso, reflete ele, que meus filhos tenham uma juventude tão normal quanto possível. Então, pouco a pouco as correrias e as risadas retornam. Marie se diverte com a irmã Bronia, é claro, mas também com meninos e meninas de sua idade. Aprende a dançar polca, mazurca, *oberek*. Apaixona-se pelas aulas de literatura e de ciência, particularmente pela matemática que seu pai ensina.

Na adolescência, Marie tem uma sede imensa de aprender. Uma das alegrias de sua vida, pela qual será recompensada. Alguns anos após sua irmã Bronia, ela obtém a medalha de ouro do liceu. Vem acompanhada, como brinde, por livros escritos totalmente em russo, mas Marie não esconde sua felicidade. A cerimônia de entrega dos prêmios acontece diante de seu pai. Wladyslaw Sklodowski está aliviado. Conseguiu dar aos filhos a melhor educação, a despeito da ausência da esposa.

Nesses últimos anos, a adolescente alimenta um sonho: servir à Polônia, maltratada demais, vítima de uma injustiça que ela pretende reparar. Mas não, como certos jovens poloneses anarquistas ou revolucionários, lançando bombas sobre os militares russos que desfilam insolentes pelas ruas. Não, sua filha Ève confirmará isso mais tarde: "Somente uma coisa importa: trabalhar, constituir para a Polônia um magnífico capital intelectual e desenvolver a educação do povo, o qual as autoridades mantêm deliberadamente no obscurantismo".[4]

O século XIX já está bem avançado, e as questões sociais, a luta contra a pobreza e pela liberdade ocupam as mentes.

Lá longe, na França, naquele país cujo idioma Marie e Bronia aprendem, morre um eminente escritor: Victor Hugo, figura mítica, autor de *Os miseráveis*, *Notre-Dame de Paris*, *A lenda dos séculos*, cujos romances são lidos Europa afora, defensor dos pobres e dos oprimidos. Como não o amar, não vibrar ao ler suas linhas e também seus poemas? Um escritor francês que Marie não esquecerá.

Paralelamente, um novo ideal desperta as paixões, atiça as curiosidades e fascina. O positivismo de Auguste Comte, os trabalhos de Pasteur e de Darwin têm considerável repercussão. A hora é das ciências, o que também traz, no caso da juventude da Polônia, uma sede de progresso social. Mas, nesse país, a universidade é fechada às mulheres! Não importa, Marie procura a universidade polonesa clandestina, a Universidade Volante, onde se torna excelente aluna. Em seu quarto de Varsóvia, como é grande a inveja que sente das estudantes estrangeiras! Marie se preocupa agora com a irmã mais velha, Bronia, que sonha tornar-se médica – mas que futuro pode almejar?

*

O sr. Sklodowski não tem boas notícias. Está cansado. Claro que continua o trabalho no liceu, custe o que custar, mas já não tem ânimo para abrigar, em seu apartamento à rua Leszno, hóspedes cujo magro aluguel lhe permitia ajudar um pouco as filhas. E o novo apartamento à rua Nowolipki é bem pequeno. É ali que Marie vai morar. Não importa se lhe falta espaço, ela ama esse pai afetuoso, que foi tão protetor com os filhos, e cuja cultura universal ainda encanta a geração jovem. Que prazer para a mocinha o de lhe fazer perguntas científicas, filosóficas, literárias, num incessante vaivém! Marie não se cansa de estudar, por meio dele, as mais recentes descobertas científicas, as línguas estrangeiras, as últimas publicações: "Todo sábado", conta Ève Curie, "o sr. Sklodowski, seu filho e suas filhas passam juntos o serão, que eles consagram à literatura. Conversam em torno do samovar fumegante. O ancião recita poemas, ou então lê [...]. Assim, de sábado em sábado, as obras-primas do passado chegam a Mania, trazidas por uma voz familiar".[5] Para uma jovem polonesa, é uma excepcional oportunidade que suas coirmãs de outros países europeus invejariam, a tal ponto os preconceitos da época ainda estão bastante enraizados. Aliás, a Universidade de Varsóvia não é aberta às mulheres, uma discriminação que reencontramos nos mais prestigiosos colégios ingleses de então, para citar somente um exemplo, e que Virginia Woolf, décadas mais tarde, denunciará em seu ensaio "Três guinéus".

Mas o sr. Sklodowski precisa providenciar sua aposentadoria, cujo valor, após infortúnios financeiros, impede-o de receber um benefício para custear auxílio domiciliar. É dado o veredito familiar. Suas filhas, além de não poderem contar com um dote para se casar, deverão trabalhar. Marie não tem tempo para choramingar ou se queixar, algo que seria contrário ao seu temperamento. Resolve dar aulas particulares, mas logo isso não será suficiente para alimentar-se, morar, viver e, quem sabe, continuar os estudos. É preciso correr por Varsóvia, na chuva e no frio, arriscando-se a não ser paga por simples esquecimento, tão corriqueiro, de pais de alunos que não calculam o que aqueles poucos rublos representam para uma jovem sem recursos.

Em cada crise, porém, há sempre aquele sonho, escondido, de servir à sua Polônia, não por atos revolucionários, mas pelo conhecimento. Tornar-se uma força pacífica para seu país ocupado. Essa força não envolve o ardor místico que certos jovens poloneses sentem, mas sim a curiosidade e a fascinação pelas ciências. Pasteur, Darwin e Claude Bernard ocupam os pensamentos de Marie. Ela é fascinada pelas teses de uma professora do liceu apaixonada pelas recentes descobertas científicas e que deseja compartilhar seu entusiasmo com os alunos. Com Bronia e Hela, participará das aulas secretas da Universidade Volante, em especial suas primeiras abordagens científicas de estudos de anatomia e de biologia, que irão marcá-la por toda a vida e que ela mais tarde evocará calorosamente em seus escritos. Tais estudos, porém, são clandestinos, e as jovens correm riscos. No entanto, em seu entusiasmo, elas não param por aí. Por sua vez, transmitem esse conhecimento a outras jovens que não têm acesso à educação. Aprender e transmitir, ser solidária: esses ideais soam como algo inquestionável. Marie sequer imagina até onde isso irá levá-la, para além de seus sonhos mais alucinados.

Mas eis que a realidade da condição de jovens polonesas sem dinheiro as captura. Bronia sonha com Paris, onde as mulheres podem entrar na universidade. Tornar-se médica e depois retornar à Polônia, deixar a cidade e instalar-se no campo, onde tanta gente precisa de cuidados, ser útil, ajudar. Visão cheia de humanidade; mas, sem um rublo, bastante irreal.

Um sonho? Não totalmente. Marie ama sua irmã com um amor duplo. A mais velha, sua protetora, assumiu o lugar da mãe ausente, é mais terna, mais fisicamente presente e mais alegre. A cumplicidade das duas, suas alegrias, suas esperanças, seus pesares ligam-nas em uma fusão que não as abandona. Marie pensa na felicidade de Bronia. E já não pensa em seus próprios sonhos, ela que também idealiza Paris, a França, sua cultura, suas ciências, suas artes, sua literatura, suas paisagens, sua culinária e sua capital, que atrai intelectuais do mundo inteiro. Ela afasta esse sonho. O que importa é somente o futuro de Bronia. Afinal, deve haver uma solução, pensa, enquanto se perde em projetos loucos que ameaçam não resultar em nada.

De repente, nasce uma ideia. Se conseguir um emprego de preceptora numa família, Marie terá recursos para enviar dinheiro todo mês para Bronia: "No início, você gastará o seu dinheiro", diz ela à irmã. "Depois, darei um jeito de lhe enviar algum; papai também. Ao mesmo tempo, economizarei para meus estudos futuros. Quando você for doutora, será a minha vez. E então você me ajudará".[6]

Bronia fica emocionada. Como aceitar tal sacrifício por parte de uma jovem de dezessete anos, tão brilhante, tão próxima? E por que seria ela a primeira a partir? No entanto, é a mais velha das duas irmãs, e, para Marie, a diferença de idade é algo incontornável. Não convém demorar para formar-se. Aos vinte anos, muitos estudantes já somam vários anos de estudo; para Bronia, não há tempo a perder. Quanto a Marie, ela ainda pode esperar algum tempo. Bronia cede à insistência da irmã, apoiada pelo pai. Sem dúvida, a separação será dolorosa. Paris fica muito longe, ninguém terá recursos para tomar o trem, mesmo na quarta classe, e atravessar a Europa central para ir visitá-la. Uma separação de vários anos? É o risco, mas alimentado pela esperança de um mundo melhor.

Levando alguns sanduíches e uma garrafa térmica, Bronia entra no vagão do trem que a conduzirá até Paris. Marie, por sua vez, consegue ser contratada como preceptora. E descobre os bastidores da vida. Em Varsóvia, apesar de seu senso de economia, cada rublo poupado não basta. Ela gasta demais nesta cidade onde tudo custa caro, não consegue enviar o suficiente à irmã. O projeto da mais velha irá fracassar por sua culpa? Ela não suportaria isso, sente-se perdida. Mas nunca se entrega a pensamentos sombrios. Não tem tempo para tal. É preciso reagir. E se aceitasse um emprego de preceptora no campo? Ficaria isolada, mas teria casa e comida, quase não teria despesas. Seriam anos terríveis de isolamento, sem dúvida, longe do pai e da irmã. Mas o sacrifício não valeria a pena?

Na manhã seguinte ao *réveillon*, Marie toma o trem rumo a um lugar pouco animador. No frio glacial deste 1º de janeiro de 1886, ela treme. Pensa em todos aqueles a quem ama. Será que poderá revê-los algum dia? Não sabe. Mas logo descobre, ao amanhecer, na casa dos meeiros de um grande proprietário de terras, que o campo com o qual sonhava – florestas, árvores, clareiras – não passa, na realidade, de fornos a lenha de uso comum e campos de beterraba no horizonte. Em vez da harmonia e da tão esperada diversidade da natureza, ela só tem direito à feia monotonia de plantações e de labuta sob um céu sinistro e chuvoso. Além disso, trabalha muito, com crianças insuportáveis e mimadas demais. E, sobretudo, descobre que o bem-estar material não traz consigo a inteligência, a cultura, a curiosidade intelectual. Nada disso. Que choque! Que decepção! Ao mesmo tempo, uma grande lição de vida. Aos dezoito anos, ela descobre o mundo real e não se esquecerá disso.

Marie observa, com muita atenção, esses filhos de agricultores e de operários iletrados. Sem futuro, como os pais deles. Descobre-se sonhando ensinar-lhes o alfabeto. Ler, escrever. Um luxo inacessível para essas pessoas, mas que ela se sente capaz de lhes oferecer. Claro, será necessária a autorização do chefe da família em cuja casa ela trabalha. Marie pretende ensinar às crianças em polonês, e não em russo. Ação de resistência, que mais tarde Ève Curie relembrará na biografia que escreveu sobre a mãe. A jovem corre o risco de deportação para a Sibéria.[7] Apesar do perigo, o proprietário também se deixa seduzir pela ideia, mas, com bom senso, impõe a mais rigorosa discrição. Dez crianças sobem silenciosamente, na ponta dos pés, até o quarto de Marie, que passa em média cerca de oito horas por semana com elas. As crianças descobrem os cadernos, os lápis, frequentemente esmorecem, para afinal, depois de lágrimas e momentos de desânimo, conseguirem enfileirar letras. Que vitória! E que recompensa para ela, ao descobrir aqueles rostinhos triunfantes! As crianças voltam para casa à tardinha, orgulhosas de mostrar aos progenitores seus sucessos, suas realizações. Sentem-se mais fortes, mais preparadas para a vida do que seus pais e mães, que trabalham longas horas na fábrica de beneficiamento de beterraba.

Marie alcançou seu objetivo, sem no entanto ficar satisfeita. Jovem como é, às vezes sonha com Paris, onde a irmã tenta o sucesso nas provas de medicina, e onde rapazes e moças tagarelam, trocam ideias, riem após as aulas, vivem. Nas cartas ao pai, suplica que ele lhe envie rapidamente problemas de química, de física, e mesmo de matemática. As ciências, sempre as ciências, são sua paixão. Essas cartas se tornam vínculos afetivos, vínculos que ela reproduzirá mais tarde com a própria filha, Irène. Vínculos de união pela ciência.

Há também os outros vínculos afetivos, sua atração pelo filho da família, ardor que de vez em quando a submerge, os passeios a dois através das plantações de beterraba. Pouco a pouco, a cumplicidade e as trocas são de tal ordem que o jovem pede aos pais autorização para desposá-la. Porém, nessa família na qual Marie é tratada agora calorosamente, como se fosse um dos membros, o veredito é cruel. A moça não tem um centavo, não tem uma origem que permitiria aos pais do rapaz a garantia de algum nível social. Marie interroga o namorado. Ele pretende resistir a essa oposição? Ele não tem forças para isso. Os dois irão rever-se, ela lhe repetirá a pergunta, sempre sem sucesso, e em seguida se afastará dele. Decepcionada. Magoada. Primeiro desgosto amoroso. Desde então, ela será mais prudente antes de se deixar levar pelos sentimentos. Será complicado aproximar-se dela, um verdadeiro desafio. E ao longe, na França, Bronia ainda tem pela frente vários anos para prosseguir nos estudos e continua precisando da ajuda dos seus. O futuro de Marie, agora com vinte anos, parece bem sombrio.

Mas não convém desmoronar. Os dias, os meses passam. Logo se completam três anos naquele campo sinistro. O pai se aposenta. Ela cogita então retornar a Varsóvia, para viver com ele num pequeno apartamento. O dever de uma filha não foi sempre, através dos séculos, o de cuidar dos pais idosos? Mas o sr. Sklodowski não quer se tornar um peso. Então aceita um emprego que ele não teria jamais imaginado considerar: o de diretor de um reformatório infantil. Que tristeza! No entanto, nesse ambiente, surge uma luz. O salário. Finalmente ele pode enviar mais dinheiro a Bronia. Marie terá condições de economizar para si mesma. Finalmente. Terminado seu contrato, retorna a Varsóvia. A vida, a verdadeira vida, recomeça. Marie se emprega na casa de uma família muito rica, observa esse mundo afortunado, as generosidades para com ela, e ao mesmo tempo as mesquinharias deles, o universo superficial, às vezes voltado para a cultura, quando de repente Bronia lhe envia uma carta que ela não esperava mais. A irmã mais velha vai se casar com um polonês que logo ganhará a vida, quando terminar os estudos de medicina; Bronia não mais dependerá da ajuda financeira do pai:

> E agora você, minha pequena Mania, é preciso que um dia você faça de sua vida alguma coisa. Se juntar algumas centenas de rublos este ano, você poderá, no próximo ano, vir para Paris e morar em nossa casa, onde encontrará abrigo e comida. É indispensável que disponha de algumas centenas de rublos para as inscrições na Sorbonne [...]. É preciso que tome essa decisão; já está esperando há tempo demais! Eu lhe garanto que em dois anos você terá sua licenciatura. Pense nisso, junte dinheiro, guarde-o em lugar seguro, não o empreste.[8]

Marie hesita; precisa recuperar-se desses anos de névoa. Não sabe se ainda tem coragem para ir embora da Polônia, deixando ali seu pai, para ficar tão longe. Mas as ciências atraem--na tanto! Em breve, começa a passar os domingos não com os amigos, mas num laboratório que a Universidade Volante põe à sua disposição no Museu da Indústria e da Agricultura. Que sorte! Ela manuseia provetas, sente em si uma força, uma paixão devoradora. Mas adoece, hesita de novo. Finalmente se decide, envia a Paris seu colchão, alguns lençóis, seus magros bens, uma mala, guarda algum dinheiro para se alimentar, a viagem será longa, três dias e três noites. Uma eternidade, num banco de quarta classe. Na plataforma da estação varrida pelo vento, seu pai a abraça, Marie salta no degrau do trem que se sacode, em meio a volutas de fumaça e suaves vibrações no coração. Os quilômetros se sucedem e aproximam-na do tão esperado e desconhecido mundo.

O bairro onde Bronia e seu marido moram, não muito distante da Gare du Nord, não é como ela imaginava. No entanto, simboliza o que Marie tanto esperou: liberdade e acesso à universidade. Aqui, a jovem pode agir como bem lhe parecer, debater com seus, conversar sem medo, sem cochichar, sem se esconder. Magnífica descoberta. Inebriante. Atravessar a capital para chegar à Sorbonne não a cansa. Pelo contrário: o barulho, a circulação das *impériales** e dos cavalos, as risadas dos transeuntes, as roupas, tudo a encanta. Contudo, pouco a pouco, ela se questiona. Reencontrar a irmã foi uma alegria, mas o casal tem hábitos que a impedem de concentrar-se nos estudos. Casimir Dluski e Bronia recebem amigos para o serão, conversam, cantam até tarde da noite. Um célebre pianista polonês, que Marie encontrará ali, faz-lhes a honra de tocar para eles. Ninguém sequer imagina que esse Ignacy Paderewski não

* Carruagens de transporte coletivo. (N.T.)

se limitará a encantá-los enquanto espera tão-somente a celebridade. Mais tarde, irá engajar-se na causa da Polônia livre, agirá pela independência de seu país junto ao presidente americano Woodrow Wilson em 1917 e, na condição de primeiro-ministro e ministro dos Assuntos Estrangeiros, assinará, como chefe da delegação polonesa, o Tratado de Versalhes. Ele continuará sua dupla carreira de pianista e diplomata.

Por enquanto, a jovem tenta recuperar na Sorbonne seus três anos longe do mundo universitário. Não há um minuto a perder, pois o dinheiro é curto. Às vezes morre de sono, e de nada lhe adianta sentar-se na primeira fila dos anfiteatros dessa instituição prestigiosa. Seu francês não é tão impecável quanto lhe parecia, e ela quer escrever e falar esse idioma no mesmo nível dos outros alunos. Para completar, é uma das raras mulheres. Os homens observam aquela senhorita de cabelos louros, que parece tão aplicada, debruçada sobre seu caderno, ainda que sua expressão sisuda se ilumine às vezes com um sorriso que os encanta. Os primeiros meses, excitantes, são exaustivos. Será que ela vai aguentar?

Uma solução: alugar um quarto perto da Sorbonne. Pequeno, claro, mas onde ela pode finalmente se concentrar nos estudos e de onde descobre o céu, a luz e os telhados de ardósia cinza-azulados, símbolos da capital. Assim, em março de 1892, Marie se instala no sexto andar da rue Flatters, perto do Val-de-Grâce, no 5º distrito, o do Collège de France, das bibliotecas, da Escola Normal Superior, da Escola Superior de Física e de Química Industriais da cidade de Paris, não longe do Jardim de Luxemburgo, onde ela poderá respirar ar puro. E vai à Sorbonne a pé, apenas vinte minutos por essas ruas animadas, transbordantes de livrarias e de bibliotecas. Uma felicidade imensa. Finalmente, a Paris de seus sonhos existe. Marie se muda de um quarto para outro, pois o anterior não era suficientemente calmo e silencioso para seu desejo de estudar em total sossego. Faz alguns amigos, de início na comunidade polonesa. A despeito das condições modestas de todos eles, às vezes compartilham refeições polonesas preparadas por uns e outros, algumas boas iguarias que lhes recordam seu país e suas famílias tão distantes. São encontros alegres. Mas pouco a pouco Marie se isola, aluga uma água-furtada sem aquecimento nem água encanada. A pobreza se faz sentir. Sua filha Ève recordará que ela precisa levar lá para cima, por aqueles degraus íngremes e perigosos, em meio ao frio, os poucos sacos de carvão e a água. Felizmente, existem as bibliotecas, as quais, ao contrário, são razoavelmente aquecidas, e que a salvam. Os gostosos pratos quentes de Bronia e Casimir lhe fazem falta, ela não sabe cozinhar e, sobretudo, dispondo de apenas uma pequena estufa e uma chaleira, não tem como se alimentar corretamente. Só mesmo chá e pão com manteiga. Marie perde forças, sente-se tonta, esgotada, anêmica. Um dia, desmaia; o cunhado médico acorre e a alimenta, mas logo ela volta à sua magra ração. Apesar de tudo, passa nos exames e consegue o inacreditável, nessas condições tão rudimentares: o primeiro lugar na licenciatura em ciências físicas em 1893, o segundo na licenciatura em ciências matemáticas no ano seguinte.[9] Como somente um diploma não lhe é suficiente, ela resolve arcar com o trabalho de um segundo! Após o sucesso nos exames, Marie retorna a Varsóvia no verão, recupera-se, mas fica preocupada. Como viver em Paris no outono?

Mas outra luz aparece nesse nevoeiro. Graças à generosidade de uma polonesa, ela obtém uma bolsa Alexandrowitch, concedida aos estudantes poloneses no exterior. Marie receberá seiscentos rublos, uma soma inesperada! Seu ano letivo está salvo. Ela economizará cada vez mais, em detrimento da saúde, para que essa bolsa dure dois anos! E trabalha sem descanso, com felicidade, pois os estudos científicos, os momentos nos laboratórios onde, de pé, efetua experiências, deixam-na realizada. E, ano após ano, aproxima-se do final de seus estudos, que são brilhantes. Nada pode desviá-la de sua concentração. É o que ela espera.

*

Um amigo polonês lhe propõe apresentá-la a um jovem cientista francês que poderia ajudá-la a conseguir um lugar mais espaçoso do que o do laboratório do prestigioso físico Gabriel Lippmann, na Sorbonne.[10] Afinal, por que não? Esse amigo que ela conhece desde a juventude em Varsóvia, Joseph Kowalski, agora professor na Universidade de Friburgo, está em Paris, em viagem de lua de mel. Uma oportunidade. Ele e sua jovem esposa pensam que tal encontro poderia ser agradável. Marie tem confiança nele e anseia por continuar suas pesquisas em condições melhores. Não tem nada a perder ao conhecer o francês.

Pierre Curie se mantém de pé, debruçado numa janela, ar sonhador, face voltada para o céu, para a luz. Parece distante. Longe. Vira suavemente a cabeça, esboça um gesto, endireita-se e a cumprimenta. É educado, alto, uma bonita barba, rosto iluminado por um olhar de grande doçura. O cientista francês parece feliz por estar ali, por conhecer uma jovem que também se interessa pela física, pelas ciências exatas, em um mundo tão masculino. Pierre ainda não se recuperou da perda, anos antes, de seu amor da juventude. Machucado pela morte daquela a quem amava, não quer mais se deixar seduzir por uma mulher, para não sofrer de novo. Mas frequentemente se flagrou imaginando uma companheira que olhasse o mundo na mesma direção, rumo ao mesmo ideal, o da pesquisa científica. Marie não percebe que aquele homem diante dela representa uma exceção no universo científico do final do século XIX, quando as mulheres são geralmente destinadas ao simples papel de esposas submissas. Elas dedicam a maior parte de seu tempo à educação dos filhos e às recepções para impulsionar a carreira do marido. No mundo científico, poucos homens reconhecem a criatividade e o talento das mulheres.

A jovem observa aquele homem, de atitude tão simples – ela fará esse comentário anos mais tarde. Não se sente intimidada, apesar da diferença de idade – oito anos – e da experiência dele no meio acadêmico francês:

> Quando eu entrei, Pierre Curie estava de pé no vão de uma porta que se abria para uma sacada. Pareceu-me bem jovem, embora já tivesse então 35 anos. Fiquei impressionada pela expressão de seu olhar claro e por uma leve aparência de abandono em sua alta estatura. Sua fala um tanto lenta e ponderada, sua simplicidade, seu sorriso ao mesmo tempo grave e jovem inspiravam confiança. Iniciou-se entre nós uma conversa que logo se tornou amigável; tinha por objeto questões de ciências sobre as quais eu me sentia feliz por lhe pedir opinião, e depois questões de cunho social e humanitário, pelas quais ambos nos interessávamos. Apesar da diferença entre nossos países de origem, havia entre sua concepção das coisas e a minha um parentesco surpreendente, sem dúvida devido em parte a uma certa analogia na atmosfera moral, dentro da qual cada um de nós havia crescido na própria família.[11]

Nesse momento ele tem atrás de si anos de pesquisa, de descobertas. Além disso, o amigo que apresenta os dois conhece os trabalhos de Pierre Curie, de quem já se fala entre os físicos.

O percurso dele, tal como seu talento, é original. Pierre não frequentou a escola nem o liceu. Os pais lhe forneceram preceptores em domicílio, porque haviam compreendido que o doce sonhador teria uma experiência ruim com o sistema escolar e as respectivas obrigações. Seu irmão Jacques, mais velho, exerceu um papel importante na juventude dele. Foi seu primeiro amigo e completou sua educação, depois do pai e da mãe. Os dois irmãos não se ligarão apenas por uma afeição constante. Também se apaixonarão por pesquisas em física. Pierre Curie, aprovado no *baccalauréat** aos dezesseis anos, obtém licenciatura em ciências físicas aos dezoito. Por motivos financeiros, não pode continuar os estudos e torna-se então preparador de laboratório. Ao mesmo tempo, ele e Jacques vão trabalhar juntos e descobrir o fenômeno da piezoeletricidade.[12] Os dois irmãos se tornam, assim, em pouco tempo, jovens físicos reconhecidos pela criatividade.

Embora conserve alguns amigos da juventude, Pierre só conhece, da vida em sociedade, a dos pais e a dos filhos de amigos. Seu pai, o dr. Eugène Curie, é um homem aberto, bem-humorado, de inteligência viva e espírito anticlerical. Pierre também não seguiu o clássico roteiro universitário francês. Não foi tentado pela Escola Normal Superior da rue d'Ulm, de onde vieram os maiores sábios franceses e que pode orgulhar-se, a partir dos anos 1900, de ter entre seus ex-alunos o maior número de prêmios Nobel na área de ciências. Pierre tampouco defende uma *thèse d'État*,** necessária para obter o posto de professor universitário. Mas ensina na Escola Municipal de Física e de

---

* Literalmente, "bacharelado". Exame que marca o final do segundo ciclo do ensino médio e que permite o acesso aos estudos superiores. (N.T.)

** Antiga denominação, mais ou menos equivalente a tese de pós-doutorado. (N.T.)

Química da Cidade de Paris, igualmente de grande renome, naquele Quartier Latin próximo do Panteão onde convivem os maiores cientistas, entre a rue des Écoles, a rue Saint-Jacques e a rue d'Ulm. Sobretudo, constrói em 1895 a balança de Curie, uma balança magnética que aumenta consideravelmente a rapidez das pesagens graças a um microscópio fixo que atravessa as paredes do compartimento.[13] A isso acrescenta-se outra invenção, a lei de Curie, novo princípio de base dos termômetros magnéticos utilizados para baixíssimas temperaturas. Portanto, diante de Marie, quando se encontram pela primeira vez, está um pesquisador já reconhecido por suas descobertas. Somente seu trabalho o preocupa, e talvez ele pudesse ter dificuldades em adaptar-se, no dia a dia, a uma presença feminina ao seu lado. Mas o físico evolui numa família cheia de amor, de ternura e de benevolência. Pai e mãe, assim como o irmão mais velho, oferecem-lhe um exemplo de harmonia familiar.

Quando conhece Marie, Pierre sente uma emoção com a qual ele não contava. Uma emoção de alegria, de ternura, por conversar com uma mulher sobre seus temas preferidos, sobre sua razão de viver: a física, os respectivos problemas e desafios, e a felicidade de tentar resolvê-los. Um calor o invade, um bem-estar há muito tempo esquecido o submerge. Quando se despedem, o rapaz só pensa em revê-la. Mas como? Não sabe como agir, não quer assustá-la, ele, o tímido diante das mulheres.

Mas bem depressa lhe ocorre uma estratégia. Escrever a Marie, não para dizer o quanto deseja revê-la, mas para falar do tema que os aproxima, o das ciências, da pesquisa. Eles trocam ideias, reencontram-se. Mas Marie decide voltar à Polônia, pensa até mesmo em permanecer por lá. Hipótese insuportável. Agora, o amor assume seu lugar nas cartas enviadas a Varsóvia. Pouco a pouco, Marie se deixa tocar por aquelas missivas que lhe trazem um reconforto perdido há muito tempo. Ela hesita, mas acaba cedendo. No outono, retorna à França. E, desta vez, não viaja apenas em direção a Paris, mas também ao encontro de Pierre Curie.

*

Um calor suave se difunde neste dia de verão de 26 de julho de 1895 na sala de casamentos da prefeitura de Sceaux, uma construção branco-creme que mais parece um elegante palacete residencial. O pai e a irmã de Marie vieram da Polônia, emocionados. Quando entra na prefeitura de Sceaux, a jovem não está de branco. Se estivesse, o que faria depois? Impossível usar uma roupa assim durante as longas jornadas de trabalho. Ela aparece diante do prefeito trajando um vestido de lã azul, delicado mas convencional. Para essa cientista vinda de sua Polônia natal sem um centavo, e que viveu parcamente num quarto, alimentando-se mal, toda despesa inútil é impensável. É preciso ser prática e sempre pensar no trabalho. Ela poderá utilizar esse traje de cor suave no laboratório, em meio às rochas, aos seixos, às provetas, e até para pedalar. Um primo presenteou o casal com algum dinheiro, que eles gastam num prazer compartilhado: duas bicicletas. Estas serão a alegria, o luxo dos dois, que não demoram a montá-las para percorrer a Île-de-France. Viagem de lua de mel muito doce, muito terna. O casal logo irá mais longe, através desse país que, lá do interior polonês, a jovem Marie sonhava descobrir. Pedalando pelo campo, ela sente que o país de Victor Hugo, mas também da romancista Colette, no auge de sua glória, se torna sua segunda pátria. Polônia e França, França e Polônia. Uma identidade enriquecida, prestes a desabrochar, sem jamais renegar uma ou outra dessas culturas. Natureza e ciências serão os pilares da vida dos dois.

Assim, todo domingo eles poderão almoçar na casa dos pais de Pierre, o dr. Eugène Curie e sua esposa. Um momento de doçura e descontração, a tal ponto eles são mimados – os sogros recebem a jovem polonesa como a filha que nunca tiveram. O irmão de Pierre, Jacques Curie, também se afeiçoa a ela. As refeições são alegres, animadas, e o dr. Curie, homem culto, fervoroso laicista e republicano, não deixa de criticar o governo com um humor que encanta os presentes.

Marie não se contentou com os diplomas de física e química: no ano anterior, também formou-se em matemática. Um ano após o casamento, eles vivem um segundo verão feliz. Em agosto de 1896, a jovem esposa é a primeira colocada na *agrégation** feminina de ciências. Torna-se uma das mulheres mais diplomadas da França, e encontrou um homem que a considera e lhe fala como a uma igual. Uma sorte, ao passo que muitas outras pesquisadoras não podem aspirar a tal reconhecimento. Para a maioria dos homens, nem pensar em se casar com uma mulher que trabalha. E que pensa! Seria o cúmulo. O sonho de Pierre, ao contrário, é que Marie e ele avancem juntos no mundo científico. Em seu caso, estamos longe do esquema clássico do homem, sábio emérito, secundado por uma esposa que fica na sombra. Não: eles vão se amar lado a lado, exercendo o mais apaixonante dos ofícios: a pesquisa científica.

A vida do casal se desenrola não longe do entorno da rue Mouffetard, perto da Place de la Contrescarpe e do Panteão. A biblioteca Sainte-Geneviève dá para o Panteão, onde Victor Hugo foi sepultado dez anos antes, em uma cerimônia grandiosa. Exéquias nacionais para um homem que doou parte de sua fortuna "aos pobres". Pierre e Marie se instalam na orla do 13º distrito, à rue de la Glacière. Com isso, podem chegar de bicicleta

* Concurso de recrutamento para o magistério secundário e o universitário de certas disciplinas. (N.T.)

ao laboratório da rue Lhomond. Marie aprecia o apartamento de dois quartos, simples e que requer pouca manutenção. Os quartos são às vezes utilizados para as tarefas trazidas do laboratório. Senso prático, sempre. Pouquíssimos móveis, mas em contraposição uma biblioteca lotada de livros e uma mesa sobre a qual são espalhados estudos científicos, resultados de cálculos. Por fim, porque afinal são necessárias, duas cadeiras...

Esse lugar será o cenário de anos de trabalho intenso. A vida é ali, com seus júbilos e seus pesares. Alegria de anunciar a Pierre que estão esperando o primeiro filho, embora Marie, debruçada sobre as provetas, sofra de vertigens. Alegria que não demora a ser perturbada. Uma noite, Pierre volta para casa acabrunhado. Sua mãe tem câncer. E, como vida e morte estão ligados tão frequentemente, poucos dias depois de Marie trazer ao mundo, em 12 de setembro de 1897, a primeira filha, Irène, a sra. Curie falece.

É um choque e, para Pierre, uma confusão de sentimentos que o fragiliza. Às vezes, às lágrimas seguem-se a risos, e Pierre se sentirá culpado por isso. Marie se aproxima para tranquilizá-lo. Os risos, ela sussurra ao marido, em nada diminuem o pesar que você sente. A vida retoma seus direitos, muitas vezes no momento em que a gente menos espera. Doravante, outro homem se junta a eles no pequeno apartamento. O dr. Curie, viúvo, vem cuidar da primeira neta, Irène. Tem esperança de vê-la crescer. Pouco a pouco, a menina se torna seu consolo. Foi Marie quem propôs que o sogro morasse com eles, como uma necessidade óbvia. Ela se lembra do desassossego de seu pai, por ocasião do falecimento de sua mãe. Sozinho, ele se encarregara então da educação dos filhos, criando um novo casulo, um lar unido apesar de todos os obstáculos.

Dois anos após o casamento, quando o outono se aproxima, a jovem esposa se sente fatigada, mas não reduz o ritmo.

É hora de pensar numa moradia próxima da natureza, longe da poluição. O casal se muda para uma casa com jardim no bulevar Kellermann, 108, situada nas fortificações de Paris, perto do parque Montsouris. Irène, a filhinha, pode brincar com o avô no jardim. Um sonho para Marie, que desde a juventude insiste em manter um vínculo com a natureza, desejo ardentemente compartilhado por Pierre Curie. Arranjos florais preparados com capricho e amor aumentam o charme do lugar. Quando passeiam, Pierre Curie gosta de colher flores selvagens. Desde jovem, aprendeu a identificar plantas e animais da floresta, e transmite seus conhecimentos à esposa. Tudo a deixa maravilhada, e os passeios de bicicleta pela floresta de Compiègne ou pelos caminhos ventosos da Bretanha são encantamentos para o casal.[14]

Essa felicidade perdura por vários anos, com a instauração do ritual das tardes de domingo. Amigos, cientistas em sua maioria, vêm descansar à sombra das árvores, conversam, trocam ideias sobre as descobertas em curso pelo mundo, regozijam-se com os avanços científicos, evocam, felizes, seus próprios trabalhos. Para começar, Paul Langevin, ex-aluno de Pierre Curie, Jean Perrin, André-Louis Debierne, físicos que acompanharão Marie por toda a vida deles, gostam de debater. A arte da conversação, tão importante nos salões literários do século XVIII, nos quais as mulheres brilhavam, não desapareceu nesse final do século XIX. Cria-se uma comunidade de pesquisadores, como uma segunda família, a das ciências. Aimé Cotton, que dentro em pouco desposará a jovem e brilhante Eugénie Feytis, aluna de Marie Curie na Escola Normal Superior de Moças de Sèvres, frequenta a casa.

Alguns meses após o nascimento de Irène, Marie empreende um doutorado de pesquisa no número 42 da rue Lhomond. Na Escola Municipal de Física e Química Industriais, o casal Curie trabalha num galpão emprestado pelo estabelecimento. Marie fica estarrecida com esse local digno de um filme *noir*: "Era um barracão de madeira, com piso de betume e teto de vidro, que protegia parcialmente contra a chuva, e desprovido de qualquer arranjo [...] como único material, continha mesas de pinho desgastadas, uma estufa de ferro fundido cujo aquecimento era muito insuficiente e o quadro negro que Pierre tanto gostava de usar".[15] Nesse laboratório precário, eles trabalharão por dois anos e, na opinião de Marie, serão felizes. Concentrarem-se ambos num só objetivo, descobrir, compreender mistérios, enfrentar questões, iniciar descobertas a dois, compartilhar uma razão de viver que, mais do que aproximá-los, na realidade os une. Esse galpão os funde, como uma caldeira. Aqui, estamos longe dos laboratórios de pesquisa públicos ou privados dos Estados Unidos! Pierre obtém um cargo de preparador nessa escola da rue Lhomond. Elabora sua tese. Anos depois, após vê-la aprovada, irá se tornar professor nessa mesma escola. Ali passará anos de felicidade, de pesquisa tranquila, de união familiar com sua companhcira de todos os momentos. Os dois acompanham as pesquisas dos outros físicos.

Na sala da residência, o dr. Eugène Curie segue com atenção as notícias políticas. Livre-pensador, interessou-se ardorosamente pelo caso que abala o país e divide as famílias: o caso Dreyfus. De um lado, os socialistas e muitos republicanos consideram Alfred Dreyfus inocente; do outro, franceses católicos e conservadores pedem a morte do oficial. Marie, por sua vez, escuta o sogro e o marido evocarem o caso Dreyfus, mas permanecerá em silêncio quando a discussão reaparecer mais tarde na primeira página dos jornais. Nos bancos da Sorbonne, deve ter escutado muitas afirmações terríveis a respeito dela mesma, estudantes zombando da "estrangeira". Ao longo de sua vida, exceto durante a Grande Guerra, tentará não assumir posição política, embora seu coração e sua ação se alinhem sempre ao lado da justiça e da liberdade.

*

O que interessa a Marie, dia e noite, é dar prosseguimento naquele laboratório às pesquisas sobre o magnetismo e suas propriedades sobre certos derivados. Para qual tema deve se voltar? Ela acompanha as descobertas mais recentes, tais como as dos raios X, em que Henri Becquerel é o especialista com a fluorescência. Esse físico mencionou fenômenos misteriosos, raios próximos dos raios X isolados por Wilhelm Conrad Röntgen, revelando os ossos da mão. Esses "raios de Röntgen" provocam uma fosforescência que Henri Becquerel, relata Janine Trotereau, vai apresentar à Academia de Ciências: "Os sais de urânio emitem radiações invisíveis com uma constância notável, mas não acontece o mesmo com outras substâncias fosforescentes".[16]

Mas de onde provém a emissão desses raios? Tal mistério intriga Marie. Instalada naquele laboratório da rue Lhomond, 4, no coração das ciências francesas, ela se concentra em sua tese de doutorado. E que laboratório! Um antigo aposento onde goteiras pingam do forro, onde a eletricidade falha; sem contar, nesse contexto quase insalubre, os transtornos para os aparelhos registradores. Que miséria para aquilo que, no entanto, constitui a vanguarda da pesquisa científica na França... Mas nada detém Marie. Primeiro ela vai medir o poder de ionização do urânio e descobre que seus raios são originais. E se houvesse outros elementos desconhecidos? A jovem franco-polonesa consegue encontrar compostos de outro corpo, o tório, com uma intensidade análoga à do rádio. Propõe então o termo "radioatividade".

Marie não se detém aí e estuda o conjunto das radiações dos minerais. Percebe que as quantidades de urânio e de tório nos minerais não bastam para justificar a intensidade da radiação. De fato, deve existir outra substância ainda mais radioativa.

Então, após ter examinado e verificado todos os corpos químicos conhecidos, ela chega a uma conclusão revolucionária: existe, sem dúvida, um corpo novo, muito mais radioativo do que o tório e o urânio. Sua intuição revela-se correta. E sua tese sobre os raios do urânio parece agora ultrapassada.

Diante de Pierre, intrigado com os trabalhos da esposa, a jovem estudiosa reage depressa. É preciso, sem demora, divulgar essa etapa de sua pesquisa entre os cientistas da Academia de Ciências. Mas nem Pierre nem ela mesma são membros dessa instituição. Por um lado, são jovens demais, e, por outro, a Academia de Ciências só admite homens. Marie pede então ao professor Gabriel Lippmann, físico e futuro laureado com o prêmio Nobel de Física em 1908, que apresente, em 12 de abril 1898, sua comunicação, a qual será imediatamente publicada nos prestigiosos *Comptes rendus.** Essa comunicação destaca a possibilidade de um corpo novo, dotado de poderosa radioatividade, primeira etapa da descoberta do rádio.

Pierre, por sua vez, está fascinado pela intuição da companheira, na qual ele acredita. Compreende que as pesquisas serão gigantescas e laboriosas. Levarão vários anos. Três meses depois, eles descobrem juntos que a radioatividade se concentra em duas frações químicas da pechblenda. É hora de propor um novo nome, em outra comunicação aos *Comptes rendus*, em julho de 1898: "Se a existência desse novo metal se confirmar, propomos denominá-lo *polônio*, em alusão ao nome do país de origem de um de nós".[17]

Mas, por enquanto, ninguém viu nem rádio nem polônio. Será necessário tratar enormes quantidades de mineral nesse galpão miserável. Para obter o mineral, Marie e Pierre recorrem às suas magras economias. Mas precisam de um local maior. Sofrem uma recusa após a outra. A França ama as ciências,

* Relatórios. (N.T.)

mas de longe, sem dar aos pesquisadores os meios para levar as pesquisas a bom termo. Assim, o casal precisará limitar-se a um galpão ainda mais antigo, um barracão de madeira miserável e glacial, sem assoalho. Marie e Pierre se instalam ali como podem. Mais uma vez, Marie se levantou cedo para trabalhar num mineral de urânio, a pechblenda, rocha da qual eles vão retirar o rádio, mas com dificuldade, pois só a encontram em pequena quantidade. A questão é que, para continuarem as pesquisas, necessitam de uma quantidade considerável. O casal se volta para a Boêmia, na Checoslováquia, que dispõe de uma importante mina de óxido de urânio, em Saint-Joachimsthal. Pierre e Marie colaboram com a Sociedade Central dos Produtos Químicos, a qual dispõe de um processo industrial de tratamento da pechblenda. São necessários milhares de quilos "para extrair alguns decigramas de matérias ativas. Fica bem evidente que esse trabalho é longo, penoso e caro".[18]

De súbito, um presente imprevisto! Uma tonelada de resíduos de extração de urânio é oferecida ao casal pelo governo austríaco. Isso demonstra o quanto o burburinho sobre as pesquisas deles já faz vibrar a Europa inteira, e ei-los ali, os dois, a observarem os operários transportando esses detritos para o galpão. Logo se enchem de esperança. Sua felicidade talvez esteja ao alcance da mão. Claro, a estufa quase não funciona, as mãos deles estão geladas, ambos se sentem esgotados. Pierre Curie dirá: "No entanto é dura a vida que nós escolhemos".[19] Mas estão felizes ali, juntos, trabalhando. É nesse lugar deplorável que o casal passa o melhor período de sua vida. Os dois ficarão ali por quatro anos, e o último do século XIX será para eles um dos mais belos, com publicações que incluem aquela sobre os efeitos da radioatividade.

*

Justamente quando a exposição de Paris 1900 se anuncia como uma festa das novas tecnologias e da "fada eletricidade", o laboratório precisa de reforma. O galpão tem uma aparência sinistra, com correntes de ar e goteiras. Mas não importa, é preciso trabalhar, trabalhar mais ainda, continuar as pesquisas com os recursos disponíveis. Eles estão juntos. Pierre escuta Marie, assim como Marie escuta Pierre; existe entre os dois um amor feito de respeito mútuo. O ano de 1900 representa o de todos os desafios, a entrada em um novo século que será, eles ainda não sabem, o século dos Curie. Durante a Exposição Universal, inaugurada com grande pompa em 14 de abril de 1900, Paris receberá mais de 48 milhões de visitantes provenientes do mundo inteiro. Multidões de homens, de mulheres, com os filhos, apaixonam-se pelas descobertas científicas e suas maravilhas. Entre a Place de la Concorde, a Esplanada dos Inválidos, a colina de Chaillot e o Champ-de-Mars, quarenta nações participam da festa. Em Paris, o Palácio da Eletricidade atrai diariamente milhares de visitantes. Todos querem experimentar a "calçada rolante" elétrica para deslocar-se sem esforço entre os pavilhões. Calçada mágica, que adultos e crianças adoram, com duas velocidades, ancestral das escadas rolantes, sobre a qual os saltos das senhoras têm dificuldade para equilibrar-se, embora nem por isso elas fiquem menos encantadas com a novidade. Outra maravilha: o cinema dos irmãos Lumière e sua tela gigante, com projeção de imagens e som gravado pela primeira vez. Por fim, inaugura-se, em previsão dos Jogos Olímpicos, a primeira linha de metrô que leva a Vincennes, onde se realizarão as provas esportivas, unicamente masculinas – a bem denominada linha 1.

O casal Curie visita o Palácio da Ótica e o da Grande Luneta Astronômica, a maior já construída. Diante da Torre Eiffel, fica o Palácio da Eletricidade, que assegura toda a produção necessária ao funcionamento e à iluminação da exposição durante os seus seis meses de duração. Sua fachada surpreende, a tal ponto se parece com a de um palácio das *Mil e uma noites*. Atrás do cenário de uma gruta e de uma cascata, esconde-se uma verdadeira usina que deixa embasbacados os curiosos.

No outro lado do Sena, à rue Lhomond, Pierre e Marie, num cenário bem menos suntuoso, onde o teto deixa entrar a água da chuva, avançam em sua pesquisa. Quando, em agosto de 1900, em plena Exposição Universal, e em meio a uma forte onda de calor, começa o Congresso Internacional de Física, os cientistas do mundo inteiro estão curiosíssimos. Pierre Curie apresenta os trabalhos do casal sobre "As novas substâncias radioativas e os raios que elas emitem".[20] Marie escreverá: "O Congresso de 1900 nos deu a oportunidade de apresentar aos estudiosos estrangeiros, tão de perto quanto possível, nossas novas matérias radioativas. Estas últimas foram um dos pontos sobre os quais se concentrou o interesse principal do Congresso".[21]

Outro desafio aguarda Marie nesse mesmo ano. Ela é designada para encarregar-se das conferências de física do primeiro e do segundo anos da Escola Normal Superior de Moças. Lecionará ali por seis anos e marcará uma geração de jovens alunas, algumas das quais sonham tornar-se também cientistas. Uma destas, Eugénie Cotton, irá se tornar amiga da família e, mais tarde, diretora dessa escola. Eugénie recorda a chegada das professoras, cada uma anunciada "por um toque de sineta [...] Até nossa entrada para Sèvres, poderíamos crer que a física era aprendida unicamente nos livros [...]. Marie Curie duplicou o tempo que devia passar conosco, acrescentando às suas aulas interessantes experimentos. Muito frequentemente, trazia-nos aparelhos construídos ou modificados por seus cuidados e que nós utilizávamos com ela. Eram aparelhos muito simples, mas nossa guia era tão hábil que conseguíamos ter sucesso em nossas medições, e nada era mais apaixonante do que debater posteriormente com ela sobre os resultados obtidos em comum".[22]

*

Marie não para de se comunicar com sua família na Polônia, e não poderia ser diferente. Está preocupada. O pai, enfraquecido, refugiou-se com Józef, irmão de Marie. Suas forças declinam. Ele só tem setenta anos, mas viveu tantas provações que falece em 14 de maio de 1902. Marie tem apenas o tempo de acorrer para encontrar o pai jazendo no caixão. A vida dele, a cumplicidade e a ternura entre os dois, as lembranças ligadas a esse homem que acreditou nas filhas ressurgem nela. Um pai como muitas outras jovens gostariam de ter, numa época em que muitas só aspiram a um casamento feliz e sem violências. Wladyslaw Sklodowski era extremamente bondoso. Queria que suas filhas pudessem escolher uma profissão. Pesarosa, a jovem cientista toma o trem de volta a Paris. Mergulha em suas pesquisas ao lado de Pierre Curie, um homem igualmente respeitoso quanto às competências científicas das mulheres. Desde a infância, Marie viveu cercada de bons homens.

O ano de 1902 também traz seu lote de alegrias: "Marie obtém um decigrama de rádio puro e determina seu peso atômico".[23] Em novembro do mesmo ano, recorda Natacha Henry, o sanatório de Casimir e Bronia é finalmente inaugurado.[24] O lugar, nas montanhas polonesas, é magnífico, banhado de sol, um clima puro, e os generosos doadores da aristocracia e os médicos poloneses fizeram questão de comparecer. Bronia é a vice-presidente da instituição. Um de seus sonhos se realiza. O pai delas pode ter perdido a inauguração por poucos meses, mas terá sabido que sua filha mais velha, tal como Marie, obteve o que desejava. Que doce recompensa para esse viúvo!

Quando comemoram, com Irène e o dr. Eugène Curie, a chegada de 1903, Marie e Pierre sorriem. O novo ano se anuncia cheio de esperança. A jovem pesquisadora deveria apresentar sua tese antes do verão. Trabalha nisso com afinco. Irène, uma garotinha já com cinco anos, olhar penetrante, tenaz, voz forte, exige atenção e carinhos, observa os pais, a natureza, e é mimada pelo avô paterno. Despreocupação e felicidade. Eis que, certa noite, sua mãe lhe anuncia uma excelente novidade. Dentro em pouco, em setembro próximo, quando tiver seis anos, a menina ganhará um irmão ou uma irmã. Antes disso, Marie deve apresentar seus trabalhos de pesquisa para a tese sobre as substâncias radioativas.

Pouco antes da defesa de tese, embora Marie esteja grávida na primavera, os dois vão a Londres, onde Pierre apresenta os trabalhos do casal à Royal Society. Ele cita Marie quatro vezes em seu discurso, mas a esposa não se sente à vontade. É observada por aqueles senhores como se pertencesse a uma espécie bizarra... uma mulher cientista! Apesar do lugar que Pierre lhe reserva, ela conserva dessa temporada uma lembrança desfavorável: ainda não é reconhecida por suas próprias pesquisas. No entanto, é ali, em Londres, que conhece a física Hertha Ayrton, militante feminista e uma das sufragistas mais prestigiosas de sua geração. Hertha não imagina que dentro em pouco Marie e ela viverão momentos fortes, e, juntas, atravessarão provações. É o início de uma amizade. Antes de deixarem Londres, onde Pierre também alertou os colegas britânicos contra os riscos de queimadura por rádio, os dois cônjuges tomaram uma decisão. Suas descobertas concernem a todos os seres humanos e podem ser úteis na luta contra doenças, especialmente o câncer. Sem dúvida, os benefícios financeiros possibilitariam garantir a Irène uma educação confortável. Mais do que tudo, porém, tais descobertas devem estar a serviço de todos e, portanto, ser acessíveis gratuitamente.

A decisão do casal é o oposto das ideias dos cientistas anglo-saxônicos, mas Marie não pretende mudar de opinião. Os dois assumiram-na juntos, como algo incontestável. Antes de mais nada, vem a saúde de todos. Fortalecida por essa certeza, em 25 de junho de 1903 ela sobe a escada da Sorbonne, entra numa sala lotada, onde se amontoam estudantes, pesquisadores, curiosos, *sévriennes** e, claro, sentados e comovidos, Pierre, o pai dele e Bronia, a irmã dela vinda da Polônia. Todos querem conhecer essa pesquisadora que apresenta uma tese científica num local tão prestigioso e também tão masculino!

Vestida de preto, Marie se dirige à lousa, esse equipamento amigo de todos os cientistas do planeta, e enfrenta um júri que ela conhece bem. Eles tomaram conhecimento de sua tese de 132 páginas. Responde às perguntas com voz tranquila, e sua gravidez de três meses não a incomoda. Um segundo filho em perspectiva, mas, primeiro, uma consagração por parte do corpo científico e universitário da Sorbonne. E que consagração! Ela sorri finalmente, quando explodem os aplausos. Uma mulher cientista acaba de quebrar um tabu. E de abrir caminho para outras mulheres, algumas das quais, muito jovens, suas alunas, sentem o quanto é histórico esse momento. Dois membros do júri, os professores Henri Moissan e Gabriel Lippmann,[25] serão por sua vez laureados com o Nobel, alguns anos depois de sua doutoranda. Que ironia! Decididamente, caem certas barreiras, graças ao prêmio Nobel recém-criado. O mundo se movimenta. E, para as jovens cientistas, o futuro se anuncia cheio de esperança.

Entre as sufragistas francesas, que tanto lutam a fim de obter para suas compatriotas o direito de voto, esse sucesso de uma mulher suscita uma louca esperança. As francesas poderão finalmente ser reconhecidas como cidadãs sem restrições? Mas

* Alunas da escola feminina de Sèvres. (N.T.)

as autoridades masculinas, tanto na Assembleia Nacional quanto no Senado, sabem fingir não ter visto um acontecimento que poderia incomodá-las em suas prerrogativas e seus privilégios.

Marie, por sua vez, retorna aos trabalhos. Alguns dias mais tarde, embora o verão esteja menos quente do que nos anos anteriores, com uma temperatura fresca, quase outonal, ela sente violentas contrações e logo perde o bebê que estava esperando. Esse parto frustrado desencadeia um cataclismo, um sofrimento que a dilacera até às lágrimas, um pesar do qual ela terá dificuldade para se recuperar. Esse menino ou essa menina deixavam-na feliz, e eis que o sonho foi aniquilado. À irmã querida, sua confidente que voltara ao sanatório de Zakopane, nas montanhas polonesas, ela escreve: "Estou tão consternada por esse acidente que não tenho coragem de escrever a ninguém. Habituei-me tanto à ideia desse bebê que não consigo me consolar [...]. A criança, uma menina, estava viva e bem. E eu que a desejava tanto!"[26]

Na dor, ela retoma obstinadamente sua tarefa, tão útil para empreender, seja como for, o vagaroso trabalho do luto. E uma questão a inquieta. Será que os dias no laboratório minaram sua saúde? Os materiais que ela manuseia não representariam um perigo? E se já não lhe fosse possível levar a termo uma gravidez? Tal perspectiva a deixa abalada. O outono chega, Irène é festejada, adulada, mimada por seus seis anos, nesse 12 de setembro de 1903. Ela viu sua mãe tristíssima durante o verão, mas hoje sente-se feliz e, afinal, não é maravilhosa essa posição de filha única, no centro do mundo dos adultos?

Alguns meses mais tarde, chegam da Polônia notícias dolorosas, justamente quando Marie se recupera dificultosamente da perda da filha. Bronia está vivendo um drama semelhante. Seu filho, o pequeno Georges, cinco anos, de repente foi tomado por violentas febres. Apesar dos esforços de Bronia e do marido para salvá-lo, o menino morre de meningite tuberculosa. Assim, na casa da irmã de Marie, agora também só resta uma criança, uma menina de onze anos, Helena, mais velha do que Irène. É a vez de Marie tentar consolar a irmã, mas como poderia, se qualquer alusão à morte do pequeno Georges lhe recorda a dor da perda de sua própria filha? Tanto na França quando na Polônia, esse ano, que deveria ter sido tão bonito, símbolo do amor que a une a Pierre, da alegria de um novo bebê, tem somente um gosto de cinzas.

Sem demora, às vezes abalada por fortes dores, Marie prossegue suas pesquisas em silêncio; ouvem-se apenas a voz de Pierre e a sua, como um refrão de amor e de trabalho compartilhado, o de uma obra, a obra deles. Talvez os dois não percebam plenamente a dimensão disto, pois estão mergulhados no prazer e nos esforços da pesquisa pura, mas, neste século XX nascente, seus trabalhos estão no cerne das apostas de poder dos governos, então formados somente por homens. Não é de espantar que a Academia de Ciências da França, composta unicamente de homens, proponha ao comitê em Estocolmo que o Nobel de física, recém-criado, seja atribuído a Pierre Curie e Henri Becquerel. Dois homens. Nenhuma mulher. O nome da cientista, pesquisadora, primeira doutora em ciências na França, foi apagado. Invisível, como se ela não existisse. No inconsciente daqueles senhores, sem dúvida o trabalho de Marie correspondia apenas ao de uma assistente, e não ao de uma verdadeira pesquisadora.

Na Suécia, os *experts* querem assegurar-se de que os sábios consagrados não sejam questionáveis. Contudo, o matemático sueco Gösta Mittag-Leffler não compreende a ausência de menção a Marie na possível escolha por parte do comitê Nobel. Esse eminente matemático, amigo de Raymond Poincaré e conhecedor da França, talvez tenha sido influenciado pela história de seu país nórdico, onde, desde meados do século

XIX, as associações de mulheres têm peso na sociedade, e onde elas têm acesso mais fácil a postos científicos do que num país latino como a França. Nesta, as mulheres são menos escutadas do que na Suécia. Por outro lado, a irmã dele, Anne Charlotte Leffler, é então a dramaturga sueca mais conhecida no meio artístico e inclusive escreve uma peça com a matemática russa Sofia Kovalevskaia, cujos trabalhos são reconhecidos no mundo inteiro. Gösta Mittag-Leffler sabe: o valor científico das mulheres pesquisadoras é inegável.

Para esse talentoso sueco, aliás conhecido por sua integridade profissional, é importante alertar seu amigo Pierre Curie, também famoso pela simplicidade e pela retidão, sobre sua possível designação, mas também sobre a ausência de Marie na lista. Embora seja limitado pelo sigilo, Gösta Mittag-Leffler não consegue se impedir de passar adiante a informação, e escreve a Pierre. Ao ler essa correspondência confidencial, o cientista francês se sobressalta. Com toda a evidência, Marie, a companheira de sua vida e de suas pesquisas, também merece ser reconhecida. Ele não quer que ela seja apagada da história das ciências, situação injusta, repetida com tanta frequência através dos séculos. Então responde: "Se for de fato verdade que estão pensando seriamente em mim, eu gostaria muito que me considerassem como solidário com a sra. Curie em minhas pesquisas sobre os corpos radioativos. De fato, foi o primeiro trabalho dela que determinou a descoberta dos novos corpos, e sua participação nessa descoberta é muito grande (ela também determinou o peso do rádio)".[27] Afirmações que surpreendem, tanto mais quanto as mulheres cientistas são pouco reconhecidas e não são aceitas no seio das academias de ciências na Europa. No entanto, o cientista sueco levará em conta a demanda de Pierre Curie e conseguirá impô-la junto aos outros colegas do comitê Nobel, todos homens.

Esse apoio, portanto, deve ser comemorado, a tal ponto as grandes mulheres de ciência são relegadas atrás dos assim considerados maiores homens de ciência. A preocupação de Pierre Curie, enunciada como algo inquestionável, neste início do século XX, marcará uma etapa na abertura, para as mulheres, de ofícios até então reservados aos homens. Pierre Curie não terá tempo para medir a ajuda que deu aos direitos femininos mundo afora. Até hoje, um século mais tarde, o prêmio Nobel de Marie Curie é citado como exemplo para a juventude.

Quando é anunciado o prêmio para os três laureados, Pierre, Marie e Becquerel, o casal passa, na França, da obscuridade à luz. Centenas de cartas lhes chegam ao laboratório, aos montes. Os jornalistas os assediam. Porém, se Marie parece reservada, Pierre por sua vez sofre de um bloqueio de elocução diante de tantas demandas que o perturbam no trabalho. E, de fato, já não pode se concentrar como gostaria. Quando, em janeiro de 1904, o presidente da República, Émile Loubet, comparece ao laboratório rodeado por altos funcionários, o cientista sente dificuldade para apresentar as descobertas do casal. Ele se criticará por seu comportamento e isso o deixará infeliz. Na realidade, Marie é a menos tímida dos dois. Porém, nesse batismo de fogo da celebridade, ambos são desajeitados, não elaboram suas respostas. E isso apesar das matérias elogiosas, algumas caricaturais no caso de Marie, mãe de família às vezes chamada "Marie, Nossa Senhora do Rádio". O grande público e a mídia não conseguem aceitar que ela seja realmente uma cientista e que tenha contribuído para aquelas descobertas. Marie e Pierre, por sua vez, não aguentam mais. "Estamos inundados de cartas, de visitas de fotógrafos e repórteres. Seria bom podermos nos deitar sob a terra para ter paz..."[28] A América, sempre de tocaia, deseja atrair os melhores intelectuais para seu território. Pierre e Marie logo são convidados para uma turnê de conferências –

remuneradas, é claro. Tal viagem gastaria tempo e energia, e os desviaria de seus trabalhos. Nem pensar. No entanto, a América logo se fará lembrar a Marie... Para outra aventura.

Pierre, apesar de sua timidez, tem êxito em suas primeiras aulas na Sorbonne, onde finalmente foi nomeado titular de uma cátedra. Quanta gente para ouvi-lo! Paris inteira está ali, com seu cortejo de esnobes e superficiais. É preciso escancarar as portas do anfiteatro, a tal ponto os dois se tornaram famosos, e a simplicidade deles, descrita nas matérias de jornais, toca o coração do público. Mas Pierre tem dificuldade de se concentrar em novas pesquisas, a tal ponto essa celebridade lhe é insuportável: "Faz um ano que não realizo nenhum trabalho e não tenho um só momento para mim".

Quem teria imaginado que um dia a vida de Pierre e Marie seria mudada pelo inventor da dinamite? O industrial Alfred Nobel registrará mais de 355 patentes, amealhando uma considerável fortuna. Filho de um fabricante de armas que faliu em São Petersburgo após a guerra da Crimeia, o sueco aperfeiçoará a fabricação de um detonador de retardo, a nitroglicerina, etapa importante rumo ao domínio dos explosivos. Ele vai criar muitas variedades de dinamite, algumas das quais mantêm suas propriedades dentro d'água. Dono de uma imensa fortuna, solteiro por toda a vida, mantém correspondência com escritores que, por sua vez, desejam a paz, como Victor Hugo. Passa uns tempos em Paris, adquire um castelo em Sevran, aldeia onde pirotécnicos efetuam, em segredo, pesquisas militares para a fábrica nacional de pólvora. É nesse laboratório francês que ele inventa um novo explosivo, mais prático. Porém as críticas explodem, e, cansado, ele deixa a França pela Itália.

Às vezes uma notícia falsa pode criar boas surpresas. Em 1888, Alfred Nobel lê, com estupefação, o anúncio de seu próprio falecimento. E descobre na imprensa seu necrológio, desalentador: “O mercador da morte morreu. O dr. Alfred Nobel, que enriqueceu descobrindo a maneira de matar mais rapidamente do que nunca, faleceu ontem”.[29] É um choque. Já que juntou esse dinheiro mediante invenções que semeiam a morte, ele irá doá-lo, por testamento, aos vivos que trabalham em favor de invenções de vocação humanista. Alguns anos depois, em Paris, no Círculo Norueguês e Sueco, onde as janelas de seu escritório dão para o Jardim das Tulherias, Alfred Nobel anuncia que, quando morrer, sua fortuna vai ser doada a um fundo cuja renda será redistribuída entre aqueles que, ao longo do ano, tiverem “prestado os maiores serviços”. Ele escolhe cinco áreas: a paz, é claro, mas também a literatura, a química, a medicina e a física. Um ano depois, Alfred Nobel morre de repente. Cinco anos após seu falecimento, acontece em Estocolmo, em 1901, a primeira cerimônia dos prêmios Nobel. Não sem polêmicas. A escolha do primeiro Nobel de Literatura suscita vivas reações. O poeta francês Sully Prudhomme é contemplado sob protestos. Muitos críticos literários consideravam natural que o prêmio coubesse a Leon Tolstói, o autor de *Guerra e paz* e *Anna Karenina*. O júri Nobel não pode se permitir ser questionado mais uma vez, e por isso a indicação de Marie Curie foi submetida a tantos debates.

Mas Pierre e Marie não podem estar presentes à entrega dos prêmios na Suécia na data prevista, a saber, início de 1904, para receberem seu Nobel de Física. Pierre sofre de reumatismo agudo e Marie está esgotada pelas numerosas solicitações. Um sucesso inesperado os submerge. Já não são unicamente os trabalhos solitários de dois seres voltados para o mesmo objetivo, mas uma explosão de pesquisas e descobertas que necessitam de pessoal para auxiliá-los. Entra para a equipe o químico André-Louis Debierne, o qual se tornará, mais do que colaborador, um eminente cientista, descobridor do actínio, futuro diretor do Instituto do Rádio após a morte de Marie

Curie e um amigo que estará junto deles até aposentar-se do ensino superior, em 1946. Os meses passam. Pierre, esgotado, se cansa. Já Marie conserva aquela implacável determinação. Não será agora, nesta Paris das ciências, que ela vai desistir, tão perto do objetivo. Sua filha Ève relata com orgulho o dia em que tudo balança: "Em 1904, 45 meses após o dia em que os Curie anunciaram a provável existência do rádio, Marie obtém finalmente a vitória dessa guerra de desgaste. Consegue preparar um decigrama de rádio puro...".[30]

Pierre e ela, de mãos dadas, retornam durante a noite ao galpão e contemplam o rádio, cuja cor se irradia no escuro. Estão felicíssimos. As descobertas dos dois ultrapassaram seus sonhos mais loucos. Este nascente século XX se anuncia cheio de promessas.

*

À alegria de suas realizações, acrescenta-se uma felicidade inesperada. Marie está novamente esperando um bebê, e desta vez a gravidez chegará a termo, suavizando a tristeza pelo fracasso do parto anterior. Ève nasce em 6 de dezembro de 1904, sete anos após Irène. Nos primeiros meses de 1905, Marie, fatigada, logo retoma o trabalho. De manhã, permanece em casa, cuida das duas meninas, e de fato é preciso que Irène, habituada a ser a adorada filha única, centro de todas as atenções durante sete anos, aceite essa neném que lhe rouba uma parte dos cuidados dos pais, embora, por sua idade, ela se sinta superior à irmãzinha. Nem por isso a mãe de Ève deixa suas aulas em Sèvres; ela adora o intercâmbio com aquelas jovens, quase mulheres adultas que lhe recordam, pelo entusiasmo que demonstram, seus anos de estudante na Sorbonne, sua implacável concentração em aprender, aprender, aprender.

Portanto, o casal só irá a Estocolmo um ano mais tarde, em junho de 1905, no verão, para receber do rei Oscar II da Suécia o famoso prêmio, que contempla os laureados com 150 mil coroas suecas, ou seja, 10 mil francos-ouro. A cerimônia representa um momento tão propício ao prestígio desse país escandinavo que a separação entre a Noruega e a Suécia é decretada no mesmo mês. Em 6 de junho de 1905, Pierre Curie, único laureado a tomar a palavra, alerta contra o risco de que o rádio caia em mãos nocivas:

> É de se supor que em mãos criminosas o rádio possa tornar-se perigosíssimo, e aqui convém nos perguntarmos se para a humanidade é vantajoso conhecer os segredos da natureza, se ela está madura para se beneficiar disso ou se esse conhecimento não lhe será nocivo. O exemplo das descobertas de Nobel é característico, os explosivos poderosos permitiram que os homens fizessem trabalhos admiráveis. Eles também são meios de destruição nas mãos de grandes criminosos que arrastam os povos à guerra. Estou entre aqueles que pensam, como Nobel, que a humanidade obterá mais benefícios do que malefícios.[31]

Em suas pesquisas, Pierre e Marie permanecem cegos quanto a um aspecto: os efeitos do rádio sobre sua saúde e os riscos que eles correm. Na realidade, os outros pesquisadores tampouco dão grande importância a isso. Contudo, manchas e queimaduras aparecem. Pierre Curie menciona o fato, em tom neutro, num *Compte rendu* da Academia de Ciências que ele redige com Henri Becquerel, laureado pelo Nobel de Física junto com o casal: "As mãos apresentam uma tendência geral à descamação... As extremidades dos dedos que seguraram os cubos ou cápsulas [...] tornam-se duras e às vezes muito doloridas; em um de nós, a inflamação das extremidades dos dedos durou quinze dias e se concluiu com uma queda da pele, mas a sensibilidade dolorosa ainda não desapareceu ao cabo de dois meses".[32]

E quando aparecem marcas de queimadura nas mãos de Marie, ela sorri; uma simples bolha devida ao rádio, pensa. Mas pouco a pouco os objetos que a rodeiam se tornam radioativos. Apesar disso, ela continua as pesquisas, cujas virtudes terapêuticas alguns cientistas já levam em conta. Pierre e Marie procuram vários médicos e biólogos, lembra Henri Gidel, e "a intuição dos Curie se revelará particularmente fecunda. As pessoas logo perceberão que eritemas como o lúpus são curados pela irradiação à qual são submetidos".[33] Portanto, justifica-se a esperança de encontrar novas aplicações, de salvar vidas humanas. Diante de tamanho desafio, o que importa o perigo?

2

Ciências e amor, esperanças e provações

A chuva. Ainda a chuva. Pelo jeito, o aguaceiro vai continuar. Marie enfia a chave na fechadura de sua casa no bulevar Kellermann. Está preocupada; hoje de manhã irritou-se com Pierre. Muito cansaço, e ela precisava cuidar de Irène e Ève. Critica-se por ter respondido ao marido daquela maneira. Ela o ama, sente-se muito bem com ele. Afinal, Pierre não é um bom companheiro, tanto na vida privada quanto na profissional? Ela não tem uma sorte com a qual tantas mulheres sonham, a felicidade de compartilhar pesquisas e descobertas? Ao deixar Varsóvia, juntando sua vida à dele, repete a si mesma, ela fez uma escolha feliz. Logo lhe vem o desejo de abraçá-lo, de apagar aquela rusga matinal. Estar em seus braços. Amá-lo e ser amada. Simplesmente isso.

Mas Pierre ainda não voltou. Ela não o vê. Encontra em casa outros homens: o dr. Eugène Curie, seu sogro, e dois colegas de Pierre, todos petrificados. Nenhum sorriso. O que fazem ali, àquela hora? Os três se voltam devagar para ela, mas não ousam encará-la. Baixam a cabeça. Finalmente, Paul Appell, o deão da faculdade de ciências, o primeiro a ser avisado pela polícia, se aproxima de Marie. E lhe conta sobre o acidente, os cavalos, a roda.

Pierre talvez não tenha prestado atenção ao atravessar o cruzamento entre o Quai des Grands-Augustins e a rue Dauphine. Está voltando de um almoço com os colegas, feliz pelas conversas. Não atenta para o chão molhado pelo aguaceiro e seus pés deslizam sobre os paralelepípedos, o guarda-chuva o impede de ver a carroça, puxada por cavalos, cujo condutor não tem tempo de fazê-los parar. Pierre cai, sua cabeça fica sob os cascos dos animais e depois sob a roda traseira. Os transeuntes gritam, ameaçam linchar o cocheiro, enquanto Pierre jaz sobre o calçamento. Ele tem 46 anos. No comissariado, o pobre cocheiro chora, apavorado.

Marie não ousa acreditar no que ouve: "Pierre morreu? Está morto mesmo?". Sua voz não passa de um murmúrio. Ela não consegue respirar, como se seu sopro vital tivesse partido junto com o homem que ela viu pela última vez na manhã desse dia, quando se afastou com uma voz irritada, e a quem nunca mais poderá dizer o quanto o ama. O corpo é trazido para a residência deles à tardinha, enquanto as meninas são confiadas a um casal de cientistas amigos e vizinhos, o físico Jean Perrin e sua esposa. Perrin será por sua vez contemplado com o prêmio Nobel de Física em 1926. Ao lado do dr. Eugène Curie, Marie acaricia o rosto ensanguentado do marido. À noite, pega um caderno e inicia um diário em forma de diálogo. De fato, como interromper aquela conversa que se prolonga há anos e que os levou a tantas descobertas e alegrias compartilhadas? Durante um longo e doloroso ano, Marie manterá esse diário, salvaguardando uma intimidade com aquele que não responde mais às suas palavras. Enquanto ela lhe escreve, Pierre não pode estar totalmente morto. Ainda existe nele um pouco de vida, Marie tenta acreditar. E, seja como for, esse diário é uma boia salva-vidas, vital para ela. De fato, Marie precisa salvar a própria vida e a das duas filhinhas.

Lentamente, o comboio se dirige para o cemitério de Sceaux, margeado de árvores, tão sereno, onde Pierre vai repousar ao lado de sua mãe. Marie decidiu que não haveria cerimônia oficial, nada de discursos. Mesmo assim, a notícia da morte de Pierre ocupou a primeira página dos jornais, tanto quanto o terremoto de San Francisco, que acaba de destruir uma parte dessa cidade americana, em meio às chamas e ao terror. Vieram mensagens do mundo inteiro, mas Marie quer preservar sua privacidade. Sem êxito, claro, tamanha é a multidão de basbaques, de curiosos, de cientistas, que acorre às alamedas do cemitério. Uma autoridade, contudo, está presente. Cofundador do partido socialista francês e do jornal *L'Humanité*, Aristide Briand será presidente do Conselho de Ministros por seis vezes e, mais tarde, receberá o prêmio Nobel da Paz.

Marie se apoia no dr. Eugène Curie, enquanto seus irmãos Bronia e Józef, ambos vindos de Varsóvia, vigiam cada um de seus passos, por medo de que ela caia. Depois que o esquife desce à cova, ela quer ficar até o fim, junto ao cunhado Jacques. Marie mantém uma postura ereta, em seu vestido preto. Quis um enterro simples. Mas certos jornalistas conseguiram se esconder atrás das árvores e dos túmulos. Alguns flashes ofuscam a cena. Violam sua intimidade. Ela não tem forças para reagir.

Marie quer dar a notícia pessoalmente a Irène. Os Perrin, que foram cuidar das crianças na residência dos Curie durante a cerimônia do sepultamento, puderam apenas cochichar entre si, por medo de que a menina mais velha compreenda a desgraça que se abateu sobre sua família. Nem mesmo que o pai dela repousa no cemitério. No dia seguinte ao enterro, na presença de Bronia e do dr. Eugène Curie, Marie toma carinhosamente a filha nos braços, controlando as lágrimas. Irène escuta, aturdida. Será que compreende realmente o que significa a morte? Parece perdida, enquanto descobre sua mãe coberta de preto, esse preto que Marie nunca mais abandonará até morrer, quase trinta anos mais tarde. Marie deixa Irène dormir em sua cama, abraçando-a carinhosamente, ela que não pôde abraçar a própria mãe, por medo do contágio da tuberculose. No silêncio da noite, ocorre-lhe que suas filhas, à semelhança dela mesma, tornaram-se órfãs muito jovens, demasiado jovens. Na sala, a pequena Ève, um ano e quatro meses e, por isso mesmo, inconsciente da tragédia, sorri e quer brincar. Não se dá conta de que jamais terá a mínima lembrança do pai. Este será um sofrimento que a perseguirá. Por enquanto, é preciso suavizar o pesar de Irène, pensa Marie; quanto ao seu, é muito difícil. E então ei-la escrevendo a Pierre, o amado ausente, porque a escrita é um bálsamo para os ferimentos da dor. Sentada à escrivaninha, com sua caligrafia inclinada e fina, de letras pequenas mas claras, ela lhe fala da filha mais velha dos dois, como se ele estivesse presente, ao seu lado, ou em viagem. Diz o quanto Irène, por sua seriedade, sem dúvida teria podido tornar-se uma colega de trabalho do pai.

Cai a noite sobre o bulevar Kellermann. O companheiro de sua vida acaba de ser levado ao cemitério. Sozinha; ela está sozinha diante de seu desespero. A jovem viúva de 39 anos não pode expressar a própria dor diante dos amigos, dos colegas. Não quer importunar ninguém, desabar, revelar que está perdida. As meninas estão deitadas. Ève, tão alegre, impetuosa, costuma correr pela casa, agarrar, exigir beijos, afagos que o dr. Eugène Curie dá de bom grado à netinha. Mas agora, no escuro, a ausência de Pierre ressurge, como um laser que atravessa a pele e o coração. Então, só resta um recurso, o da escrita. Marie conta ao marido ausente sobre o enterro dele. Além das numerosas cadernetas, este será seu único diário:

> Pierre, meu Pierre, aí estás, calmo como um pobre ferido que repousa dormindo, a cabeça enfaixada. [...] Beijei tuas pálpebras, que fechavas para que eu as beijasse, oferecendo-me tua cabeça com um gesto familiar. Nós te colocamos no ataúde na manhã de sábado, e eu segurei

tua cabeça para esse transporte. Demos o último beijo na cabeça gelada. Depois, algumas pervincas do jardim dentro do ataúde e meu retratinho que chamavas de "pequena estudante muito sensata" e do qual gostavas muito. É o retrato daquela que teve a felicidade de agradar-te o suficiente para que não hesitasses em propor que ela compartilhasse tua vida, embora até então só a tivesses visto algumas vezes... Teu ataúde está fechado e eu não te vejo mais. Não aceito que o recubram com o pavoroso tecido preto. Eu o cubro de flores e me sento ao lado dele.[1]

*

À dor acrescentam-se as preocupações materiais. Como viver sem o salário de Pierre, mais alto que o dela? E não será a pensão de viúva que lhe permitirá garantir o conforto das duas filhas. Até porque Marie a recusa! Quer assumir sozinha a sobrevivência do lar. Não quer ficar devendo nada. Sem dúvida, após aqueles anos difíceis na Polônia, e depois a chegada a Paris, empobrecida, ela conhece o valor da independência que começa pela independência econômica, como escreverá Simone de Beauvoir mais tarde. Mas, afinal, é preciso viver.

Seus parentes, como Bronia e Jacques Curie, irmão de Pierre, estão preocupados. E de repente lhes ocorre uma ideia audaciosa, quase louca. Eles interrogam a Sorbonne. Marie Curie, ela mesma premiada com o Nobel, não poderia, a título de cientista prestigiosa como seu marido, ser sua sucessora na cátedra? As resistências chovem. Uma mulher na Sorbonne? Aqueles senhores não ousam expressar dessa maneira suas reservas, mas o preconceito é forte. Grandes nomes da ciência, homens, insistem. E a Sorbonne, que afinal poderá orgulhar-se de que uma detentora do Nobel ensine em seus espaços à rue des Écoles, aceita nomeá-la, em 13 de maio de 1906, menos de um mês após a morte de Pierre, para a cátedra de física de seu falecido marido, assim como para o laboratório dele.

Ela estará em condições físicas e psicológicas para assumir as aulas? Sem dúvida. Marie já passou por tantas provações que não é o caso de se deixar abater. É um desafio que ela vai superar, com energia, a despeito do pesar que a atravessa. Para o verão, ela tem um objetivo. Preparar, sem descanso, as aulas na Sorbonne. Mas precisa encontrar uma pessoa que assuma seu lugar na Escola Normal Superior de Moças de Sèvres. Porque não quer de modo algum abandonar aquelas alunas que representam a esperança das ciências francesas, uma nova geração de mulheres cientistas. Com doçura e firmeza, pede a Paul Langevin que a substitua ao menos por um ano na prestigiosa escola. Ele, amigo da família, aceita. Marie fica aliviada. As *sévriennes*, suas filhas espirituais, estarão salvas. Quanto a ela, está pronta para a Sorbonne.

Em 5 de novembro de 1906, uma multidão ocupa o anfiteatro da rue des Écoles. Cientistas, admiradores, amigos, estudantes em geral e alunas vindas de Sèvres, grã-finos, esnobes, curiosos, jornalistas. Algumas mulheres, trajando seus vestidos mais bonitos, mandaram seus cocheiros, com uma hora de antecedência, reservarem assentos para elas. Sob os aplausos, Marie não olha para os ouvintes, não lhes concede uma saudação puramente formal. Somente a ciência importa, a dela e a de Pierre. Ela retoma o curso no ponto onde o companheiro de sua vida o deixara. A maioria dos presentes não compreende nada, mas não importa: esta conferência, a primeira, será evocada nos jantares parisienses.

Será que Marie pensa no percurso que realizou em menos de dez anos? Desde seus primórdios em uma simples família polonesa, isolada no campo? Não, ela mal terminou sua elocução e já pensa na seguinte, e na que virá depois, e nas duas filhinhas.

Pensa em sua família polonesa, pois Bronia precisa retornar ao país de origem. Mais do que nunca, as duas irmãs estão unidas, amam-se tanto que somente a morte poderá separá-las.

Que aniversário curioso, neste 6 de dezembro de 1906! Mais uma noite em que, de novo, Pierre não estará ao seu lado. Presentes em torno da mesa do jantar, somente o dr. Eugène Curie, Irène e a pequena Ève, que está comemorando dois anos. Marie abre a porta, beija e abraça as filhas, janta com elas e o sogro, faz a caçula soprar duas velinhas e esconde as lágrimas. Não aguenta mais esta morada. Pierre, tão ausente, está demasiado presente aqui. É preciso mudar-se, ir para um novo local que não lhe recorde o marido ausente. Já não será Paris, mas uma casa, um jardim. Uma educação saudável para as filhas. Sceaux, então longe da poluição, do ruído da capital onde uma das ruas foi a causa de sua dor. Sceaux, a cidade onde casou-se com Pierre e onde ele repousa. Às escondidas das filhas, ela poderá visitar mais frequentemente o túmulo dele. Os deslocamentos serão mais longos para chegar ao laboratório, mas não importa. Marie sairá mais cedo pela manhã, retornará mais tarde à noite. As meninas, porém, estarão num ambiente saudável. O avô cuidará delas durante o dia. E isso, mais do que tudo, é o que importa.

Irène logo se adapta à mudança de vida. E Eugène Curie, o avô, amoroso e ativo, tenta compensar a ausência do filho, desfruta da companhia das netinhas. Irène já tem nove anos, é voluntariosa, decide a própria conduta e discute com ele, escuta e assimila as conversas dos adultos, aprende. Já faz perguntas científicas: os tais dinossauros, o dr. Curie conheceu algum? A pequena Ève se beneficia da ternura do avô, dessa presença masculina, pois agora ele é o homem da casa. Na biografia de Marie que escreverá mais tarde, a caçula evocará, com pudor, sua percepção desse avô:

> Ève ainda é jovem demais para que se crie entre os dois uma verdadeira intimidade, mas ele é o incomparável amigo da mais velha, dessa criança lenta e esquiva, tão profundamente semelhante ao filho que ele perdeu... Ele não se limita a iniciar Irène em história natural, em botânica, a comunicar-lhe seu entusiasmo por Victor Hugo... O equilíbrio moral da atual Irène Joliot-Curie, seu horror à tristeza, seu implacável apego à realidade, seu anticlericalismo, até mesmo suas simpatias políticas, lhe vêm diretamente do avô.[2]

Marie parte então de manhã cedo. Quando as meninas estão prontas para a escola, ela já trabalha no trem que a conduz a Paris, pois não há um minuto a perder. E isso é também ganhar tempo para não se deixar invadir pela lembrança de Pierre, ainda que essa lembrança esteja presente a cada instante. Nos fins de semana, ela acompanha as filhas em passeios de bicicleta ou em longas caminhadas. Não importam o tempo, vento, chuva. Nem mesmo tempestades. As meninas também devem aprender a não ter medo, a ser independentes. Nem pensar em manifestar o menor temor quando o trovão ruge perto da casa. Ela aproveita os raios no céu, o barulho da tempestade, para explicar às filhas que quanto mais segundos se passam entre o raio e o trovão, mais longe está a tormenta. As ciências, portanto, ajudam a compreender e a tranquilizar.

Marie não deve nada, pelo contrário: é credora. Apesar do prestígio de seu prêmio Nobel e de suas descobertas, a Sorbonne não respeita o compromisso de lhe fornecer um laboratório mais moderno e funcional. Então a cientista ameaça a honorável instituição de se demitir e transferir-se para o Instituto Pasteur, cujo diretor, o dr. Roux, ela conhece bem.[3] Os cavalheiros da Sorbonne levam a sério a ameaça, liberam um terreno e financiam a construção de outro prédio que será consagrado às pesquisas biológicas sobre as aplicações médicas dos raios no tratamento do câncer. O professor Claudius Regaud, médico e radiologista, irá dirigi-lo, enquanto Marie estará à frente do pavilhão Curie do Instituto do Rádio, que se dedica às pesquisas físico-químicas dos radioelementos. Alguns anos mais tarde, com a chegada da Grande Guerra, o professor Regaud demonstrará seu engajamento colocando em prática uma nova metodologia para evitar que os soldados gravemente feridos sejam enviados a uma morte certa e cuidando deles *in loco*. Seu hospital de Gérardmer será um dos que terão o menor índice de óbitos. Por ter salvado tantas vidas, em 1915 ele receberá a visita do presidente da República Raymond Poincaré, que lhe entrega pessoalmente a Legião de Honra. Claudius Regaud retomará suas funções após a guerra, assim como, até 1937, o setor médico da Fundação Curie, criada em 1920. Marie Curie soube escolher os melhores colaboradores, tão exigentes e apaixonados quanto ela.

*

O inverno de 1910 é rigoroso. Em Sceaux, sob a neve e o frio, o dr. Curie conversa com Irène, pré-adolescente. As aulas de botânica, de matemática, de biologia que ele lhe dá já deixaram marcas nela. A mais velha das meninas Curie gosta das ciências. Ainda não sabe a qual futuro sua vida de adulta a levará, mas escuta Marie e o avô com atenção aguçada. E discute. Todas as perguntas que ela faz aos dois divertem o pai de Pierre. Ele tenta responder mas, de vez em quando, precisa deitar-se e descansar. Aos 73 anos, sente-se cada vez mais cansado. Pouco a pouco, sua disposição para se levantar vai diminuindo. Marie o observa, preocupada. Este homem generoso, culto, cheio de humor e de vivacidade, tornou-se um amigo indispensável para salvá-la de sua desolação, assim como, para Irène e Ève, um pai substituto. A nora cuida dele com todo o amor que sabe dar, mas o dr. Eugène Curie sofre uma congestão pulmonar à qual ele sucumbe, rodeado pelas três Curie e por Jacques, seu outro filho. Triste mês de fevereiro de 1910. Com a morte do sogro, Marie fica sozinha para criar as filhas. Irène está transtornada. Então com doze anos, sente-se abandonada pelo companheiro de brincadeiras que abria sua mente para a cultura, as ciências, as belezas do mundo, a política, as leituras, o laicismo. É um golpe terrível. Ao lado dela, Ève, cinco anos, está triste, mas não sabe medir o choque dessa perda. Agora já não há um adulto quando as crianças voltam da escola, já não há um adulto para trocar ideias, discutir com Marie e, por uma presença familiar e calorosa, reconfortá-la. Novo e doloroso luto para Marie. Ela tem de acompanhar mais um Curie ao cemitério de Sceaux, num frio glacial. Nesse final de fevereiro de 1910, o vento varre a Île-de-France. Marie está tiritando. E, de novo, Pierre lhe volta à lembrança. Como poderia ser diferente? Ela ordena que o ataúde dele seja içado e retirado do túmulo. O do dr. Curie é então baixado. O de Pierre é colocado sobre o do pai. O mais velho no fundo da sepultura. E o ataúde de Pierre será o primeiro a ser visto, quando chegar o momento de ela ir ao seu encontro. Enquanto o corpo do marido é reconduzido à terra, Marie se volta para as filhas, geladas de frio. As meninas precisam dela, assim como o laboratório, a pesquisa científica. Ela não pode desmoronar. Lutar, mais e mais. Permanecer de pé.

Como amenizar o luto, suavizar o pesar, admitindo-se que isso seja possível? Através do trabalho, inclusive pelas crianças. Marie pretende dar a elas uma educação equilibrada, mente sã em corpo são. Mas os estudos no sistema secundário francês não deixam muito espaço à ginástica, aos esportes. E Marie tem exigências. As meninas devem levar uma vida ao ar livre. A juventude delas será pontuada por longas caminhadas, às vezes extenuantes. No jardim de Sceaux foi instalado um pórtico, no qual Irène e Ève se exercitam na corda lisa e nas argolas. As duas irão se tornar as melhores de suas turmas em ginástica. Também devem fazer, no verão, excursões de bicicleta, por dezenas de quilômetros, evidentemente ao ar livre, e não adianta alegar cansaço. Enfim, e disso sua mãe faz questão, vão aprender a "ser ousadas". A não ter medo. Para Marie, que teve uma infância ao mesmo tempo amorosa e difícil com a morte da mãe e a ocupação russa, o medo deve ser vencido. Somente o sangue-frio importa. Elas não devem ficar apavoradas no escuro nem quando explode uma tempestade. Marie sentiu esses terrores na infância. Não admite que suas filhas sofram pelos mesmos traumas.

Durante estes quatro anos da ausência de Pierre, ela não conseguiu pronunciar o nome dele, falar com as filhas sobre o pai delas. Impossível. Sem dúvida, muita dor permanece oculta, dissimulada tanto quanto possível, por trás desse nome tão amado. Se o pronunciasse, Marie não correria o risco de cair no choro, oferecendo assim às meninas um espetáculo perturbador? Irène, pelo menos, ouviu a mãe se dirigir ao pai quando este ainda vivia. Aos ouvidos de Irène, Pierre é um nome que simboliza o amor do casal Curie. Mas Ève, como poderia recordá-lo? Para as duas órfãs, esse não-dito será tão pesado de carregar que Ève, adulta, aludirá a ele:

> Essa escolha responde sobretudo a uma impossibilidade física. Até o fim dos seus dias, é com enorme dificuldade que Marie pronunciará as sílabas de "Pierre" ou "Pierre Curie" [...] e sua conversação, para contornar os escolhos da lembrança, empregará estratagemas incríveis [...]. Ela não vê esse silêncio como culpável em relação às filhas...

> Para não as mergulhar numa atmosfera de tragédia, prefere privá-las, e privar a si mesma, de emoções nobres.[4]

Sem dúvida, será Ève quem mais sofrerá com isso. Sem lembrança do pai, a caçula precisa construir-se no silêncio e na ausência, como uma sombra da qual não pode falar.

*

"Ah, de novo essas sufragistas!"

Aos treze anos, Irène se interessa mais pelas ciências do que pelos fatos do dia a dia. Mas descobre na imprensa a ação das sufragistas inglesas. Elas ocupam a primeira página dos jornais: destroem vitrines, ameaçam deputados, organizam manifestações em meio ao frio, ao nevoeiro e à tempestade, sob as vaias de numerosos britânicos. O tom sobe e o governo, formado somente por homens, ignora as reivindicações feministas. Em 18 de novembro de 1910, são inúmeras as mulheres que se reúnem diante do Parlamento britânico. A polícia se lança sobre elas com violência. Muitas sufragistas são feridas pelos policiais, duas são mortas, cerca de cem são detidas, julgadas e presas. A repressão será cada vez mais feroz. Winston Churchill, então secretário do Interior, torna-se o pior inimigo delas. Ordena que as sufragistas em greve de fome sejam alimentadas à força, com risco de torturas, asfixias e ferimentos: "Depois disso, elas nunca mais fizeram manifestações sem estar preparadas", conta Elizabeth Crawford.[5] Iniciam-se em jiu-jitsu sob instrução de Edith Margaret Garrud. Do alto de seu 1 metro e 50, essa militante feminista, que mantém com o marido uma escola de artes marciais em Londres, torna-se a professora titular das sufragistas, ou, mais precisamente, da União Social e Política das Mulheres,[6] a associação delas.[7] Edith Garrud é uma das primeiras professoras de artes marciais. As militantes são também vítimas, na rua, de agressões por parte de homens cuja hostilidade é estimulada pelos jornais, que ridicularizam suas ações em favor do direito das mulheres ao voto. São ameaçadas por todos os lados, expostas a "caças às sufragistas" nas ruas. A violência é onipresente e, mais do que nunca, elas precisam se defender. Mas não pensam em desistir. Pelo contrário. Criam inclusive uma força de segurança, constituída por verdadeiras guarda-costas, apelidadas "Amazonas".

A jovem Irène ouve falar desses confrontos nos quais mulheres são maltratadas, algumas até vítimas de torturas na prisão. Mas a adolescente – acaba de completar treze anos – ainda não avalia a coragem delas. Escreve a Marie: "Notei que todos os dias, ou quase, um ministro inglês corre o risco de ser morto pelas sufragistas, mas me parece que esse não é um modo muito brilhante de demonstrar que elas são capazes de votar".[8] Irène ainda não sabe que algumas dessas mulheres são cientistas, determinadas, e que dentro em pouco vão entrar em sua vida. Um dia, uma delas lhe dará reconforto e apoio. Mais tarde, em 1918, o Parlamento britânico votará o *Representation of the People Act*, que concede o direito de voto a 8 milhões de inglesas, as que têm mais de trinta anos, e ainda sob certas condições. Será preciso esperar até 1928 para que todas as britânicas com mais de 21 anos possam votar. As Curie terão tempo de acompanhar mais de perto os combates dessas mulheres pela igualdade.

*

A casa agora parece bem vazia. Irène é uma jovem adolescente, Ève está crescendo. Em matéria de educação, Marie tem princípios raros neste início do século XX em que as mulheres ainda usam vestidos compridos, que dificultam o movimento, e em que o esporte e a ginástica só são tolerados nos ambientes abastados, aos quais a família Curie não pertence. Marie, como mulher de vanguarda, quer que a cada hora de trabalho siga-se uma hora de exercício físico. Um trapézio, argolas, uma corda são logo instalados no jardim. Marie é apegada à excelência. As meninas compreendem isso, e, afinal, por que não agradar à mãe? Ambas aderem ao gosto pelo esforço e pela competição, embora Ève, mais tarde, confesse que a mais velha é mais resistente e tem uma vontade férrea, herdada da mãe... Elas não demorarão a ganhar prêmios de educação física num ginásio próximo de Sceaux. E, para adquirir o espírito científico, não devem ser nem submissas nem temerosas. Tal educação se deveria à própria experiência de Marie ante a adversidade russa, a humilhação e, depois, o exílio? Ela não precisou se recompor e enfrentar a pobreza, a solidão, na época em que uma mocinha deseja passear, rir, sonhar, aprender, amar? Marie não quer que as filhas, mais tarde, enfrentem as mesmas provações que ela. Seu lema será contar, contra tudo e contra todos, com suas próprias forças.

Às vezes, a cientista se cansa. Os efeitos dos raios começam a fazer-se sentir, ainda que ela não queira prestar atenção a isso. Monta sua bicicleta e ei-la percorrendo as estradas rurais. Irène avança cada vez mais depressa, em pouco tempo ultrapassa a mãe, mas não importa. Marie tenta continuar, e à tardinha às vezes retorna esgotada, entorpecida. Que prazer, esse de esquecer por algumas horas o laboratório, de sentir a natureza! Uma felicidade inestimável. E as filhas riem, parecem muito felizes.

Por que parar, agora que se desenvolvem novas atividades esportivas? A montanha, que elas conhecem com sua tia Bronia na Polônia, é também a promessa de um novo desafio, o do esqui. Esqui com "pele de foca",* esqui sem subida mecânica: é inebriante sentir o vento assoviando, esbofeteando o rosto da pessoa, ofuscar-se com os reflexos da neve. A experiência é marcante para as garotas Curie: "Numa época em que mal se começava a falar de esportes de inverno, minha mãe nos levou, minha irmã e eu, no Natal, a uma pequena localidade do Jura para patinarmos num lago, e pela primeira vez eu calcei os esquis em declives de dez metros de desnível. Apesar da modéstia dessas performances e embora, depois, eu tenha permanecido até 1922 sem retornar aos esportes de inverno, posso me vangloriar de ser sem dúvida uma das mais antigas esquiadoras da França".[9] Mais tarde, a família comprará um chalé na aldeia de Courchevel, ainda longe de tornar-se uma estação da moda. Outro refúgio para elas, um casulo. Além da Bretanha e do mar, os Alpes e a montanha. Equilíbrio ao qual, antes da guerra, poucos tinham acesso. Para Irène e Ève, uma sorte.

Tal educação destoa. Ève e Irène não avaliam a que ponto são diferentes das outras garotas do início do século XX, que sonham apenas com um bom partido, um marido burguês com a garantia de uma renda considerável. Sua juventude lhes parece despreocupada, na medida em que a compartilham com outros filhos de professores universitários. Ève tem um talento que sua mãe notou desde que ela era bem pequena. A música. Desde os quatro anos, a menina tem aulas de solfejo, toca ao piano muitas canções e outras melodias. Os amigos ficam maravilhados, Marie se emociona. E se a caçula se tornasse uma pianista tão bem-dotada quanto Irène e ela o são nas ciências? Seria uma vocação para a excelência? Já Irène não se empolga

---

* Revestimento (feito antigamente com a pele do animal e, hoje, com material sintético) na sola do esqui para evitar que este deslize para trás durante uma subida a pé. Adiante, subida mecânica: por teleférico, esteira rolante ou algum outro meio. (N.T.)

muito com isso: aquelas notas musicais a enervam, perturbam sua tranquilidade para refletir sobre problemas sérios, tais como exercícios de física e de química. Dentro em pouco, quando Ève comemora seis anos, o pianista e compositor Ignacy Paderewski vem ouvi-la e elogia as qualidades "excepcionais" da garotinha diante de Marie, encantada. Uma virtuose, talvez? Ainda não se sabe, mas a esperança é justificável. Marie sonha, recupera o sorriso. Ela precisa disso.

*

Neste mês de janeiro de 1911, Marie se dirige em passos rápidos ao seu laboratório. Precisa tomar uma decisão difícil. Vai se candidatar à Academia de Ciências, local masculino por excelência? Afinal, foi contemplada com o mais prestigioso reconhecimento mundial, o prêmio Nobel de Física. Uma mulher de tamanho renome não poderia ser a primeira eleita para esse ilustre recinto? Alguns colegas de seu falecido marido lembram que ela já é membro de academias estrangeiras de ciências, entre as quais as da Suécia, dos Países Baixos e até a de São Petersburgo, onde os acadêmicos russos ignoraram suas origens polonesas. Então, o que a França está esperando?

Diante dela, outro candidato, francês, de origem católica, é ardentemente apoiado, tanto mais quanto a comissão Nobel cometeu em 1909 o pecado de atribuir o prêmio Nobel de Física somente ao inventor italiano Guglielmo Marconi, deixando de conhecer o trabalho do físico francês Édouard Branly. Ora, Branly descobriu o princípio da radiocondução e da telemecânica, tornando-se assim um precursor da radiofonia. Uma injustiça que os mais eminentes cientistas franceses pretendem corrigir. E, de repente, eis que a imprensa se envolve, particularmente com as afirmações hostis de Léon Daudet no jornal *L'Action Française*, acusando uma "cabala", composta por *dreyfusards*,* de apoiar aquela "estrangeira" e de assim obstaculizar a candidatura de um francês católico. Em 24 de janeiro de 1911, a multidão aflui, hostil à cientista. Ainda assim, no primeiro turno, Branly só a ultrapassa por um voto: 29 x 28. No segundo turno, ele se elege com 30 votos. É, portanto, uma derrota honrosa para Marie, a qual, no entanto, se sente humilhada. Mas talvez possa ser eleita para a próxima vaga liberada, quem sabe? Tudo foi decidido por tão pouco... Irène, já uma jovem adolescente, aconchega-se nos braços da mãe para reconfortá-la, mas não esquecerá esse dia. Em silêncio, observa. Quem sabe se, um dia, não chegará sua vez de se apresentar diante daquela assembleia?

*

Em um belo serão, Marguerite Borel, cujo pseudônimo é Camille Marbo, toma um choque quando abre a porta para Marie, que aparece num jantar de amigos cientistas. A estudiosa, viúva já faz quatro anos, não está vestida de preto! E sorri, irradiando alegria. O que está acontecendo, para que o fracasso, tão recente, de sua eleição na Academia de Ciências pareça ter sido esquecido? Rapidamente, nos meios científicos, o mexerico vai crescendo. Marie enrubesce assim que pronuncia o nome do físico Paul Langevin, a quem chega a qualificar de "gênio". O amor, inconcebível, atingiu-a. Ela acredita quando ele se diz infeliz no casamento. Ainda marcada pela relação harmoniosa e respeitosa com Pierre, Marie acha Paul Langevin semelhante ao marido falecido, e rapidamente idealiza esse cientista. Acaba

---

* Apoiadores de Alfred Dreyfus (1859-1935), militar francês de origem e fé judaicas injustamente acusado e condenado por traição, mais tarde anistiado. O chamado "caso Dreyfus", exemplo máximo de antissemitismo, teve repercussão internacional. (N.T.)

alugando com ele um apartamento, à rue du Banquier, no 13º distrito. Esse imóvel apresenta as vantagens de situar-se em outro bairro que não aquele onde habita a família Langevin e de não ficar muito longe dos respectivos laboratórios. Mas em tudo o que Langevin lhe conta Marie acredita sem questionamentos. Afinal, o amor de sua vida, Pierre Curie, não foi digno da confiança que ela lhe concedeu? Um grande cientista não pode deixar de ser um cavalheiro perante a mulher que ele ama. A sra. Langevin, porém, descobre as estrepolias do marido. Furiosa, torna-se violenta, cobre Marie de injúrias. Esta, aterrorizada, já não sabe como viver, precisa deixar sua casa. O físico Jean Perrin intervém, negocia, acalma a esposa traída. Paul Langevin se compromete a não mais rever "a polonesa", como a apelidam. Mas Jeanne Langevin descobre que os dois amantes participam do mesmo congresso internacional de radiologia e eletricidade, em Bruxelas. Encara a notícia como uma traição. A guerra está declarada. E, aliás, ela não está enganada. Paul e Marie continuam a se encontrar à rue du Banquier, acreditando que Jeanne não tenha mandado vigiá-los.

Se Marie ainda é ingênua quanto às aventuras de muitos homens franceses, a desenvoltura de Langevin é espantosa. E quando, em lágrimas, ela descobre que a fechadura do apartamento alugado foi arrombada e a correspondência amorosa entre os dois, furtada, não desconfia daquilo que a espera. Tanto mais quanto, na condição de intelectual poderoso e reconhecido, Paul Langevin se irrita em casa, perde a paciência e, neste verão de 1911, teria esbofeteado a esposa antes de abandonar o domicílio conjugal com os dois filhos. Partida para a Inglaterra, do outro lado do canal da Mancha. Mas, após as fotos na mídia mostrando um novo colóquio em outubro na Bélgica, a sra. Langevin não aguenta mais. Desta vez, vai passar ao ataque, apoiada pelas mulheres ao seu redor. De início, sua própria mãe, que tem parentes na imprensa, e os jornalistas adoram histórias escandalosas. Rapidamente é adotada uma estratégia, a de levar às lágrimas os lares franceses, e, seja como for, na opinião pública as mulheres adúlteras são sempre as culpadas. Um belo dia, em 4 de novembro, Marie recebe um telegrama de físicos amigos. *Le Journal*, cuja tiragem é de 750 mil exemplares, exibe um título no mínimo ambíguo: "Uma história de amor, Madame Curie e o professor Langevin". Mas a reportagem logo envereda para o escândalo. Muito habilmente, é a mãe de Jeanne Langevin que dá uma entrevista e chora por sua pobre filha, cujo marido foi "roubado" por uma polonesa. No dia seguinte, outro jornal publica uma matéria ainda mais pesada, desta vez com uma entrevista da própria Jeanne Langevin. A emoção do público atinge o auge. Marie protesta no *Le Temps*. Não está disposta a se deixar abater. Ameaça quem transmite semelhantes rumores.

De volta a Paris, a pesquisadora recebe outro telegrama. Segundo choque. O prêmio Nobel de Química lhe será atribuído, somente a ela. Marie é, assim, a primeira mulher cientista a receber sozinha tal reconhecimento, e a única a ser laureada duas vezes. A notícia, que deveria deixar o público francês orgulhoso, não poderia ter aparecido em momento mais inadequado.[10] Esse prêmio quase não tem importância diante do peso de um escândalo com aroma de adultério. Mas o pior está por vir. Gustave Téry, antigo colega de Paul Langevin na Escola Normal Superior da rue d'Ulm, jornalista antissemita e de extrema direita, publica em *L'Œuvre*, semanário que ele lançou em 1904 e que logo se tornará diário, trechos das cartas de Marie nos quais ela dá conselhos a Paul Langevin sobre a maneira pela qual ele deveria tratar – ou maltratar – sua esposa. Desta vez, a opinião pública fica ainda mais escandalizada. Em que está se metendo essa destruidora de lares, que ainda por cima é estrangeira? Marie, que era vista como uma santa, vira uma bruxa, uma mulher má.

O golpe é fatal. Uma multidão agressiva cerca a casa das Curie em Sceaux; ouvem-se assovios e gritos: "Fora, estrangeira!", "Ladra de marido!". Com André-Louis Debierne, Marguerite Borel – esposa de Émile Borel, matemático e diretor-adjunto da Escola Normal Superior – decide levar Marie Curie para a rue d'Ulm, onde ela ficará em segurança no apartamento funcional do casal. Marguerite, filha do deão da Faculdade de Ciências de Paris, alerta em vão seu pai, o qual aconselha uma partida para a Polônia, justamente quando o ministro da Instrução Pública Théodore Steeg ameaça destituir Émile Borel. Mas Borel não cede, declarando solenemente ao ministro: "A sra. Curie ficará em minha casa enquanto quiser". Um pequeno grupo de cientistas, unidos por vínculos de solidariedade desde o caso Dreyfus, lança então uma contraofensiva, que será bem-sucedida: "Foi graças a cinco de nós (o sr. e a sra. Borel, o sr. e a sra. Perrin, André Debierne), que a defenderam contra o mundo inteiro e contiveram a avalanche de lama que ameaçava engoli-la, que Marie Curie permaneceu na França. Mas, sem nós, ela teria retornado à Polônia e nós, no futuro, estaríamos marcados por uma eterna vergonha", recorda Camille Marbo em seus *Souvenirs et rencontres*. A esses apoios somam-se os de Paul Painlevé e de Raymond Poincaré, primo do matemático de igual sobrenome, advogado de Marie e também advogado do sindicato da imprensa parisiense: ele obtém do presidente da entidade a cessação das matérias sobre a vida privada de Marie Curie. Esse pequeno grupo, por sua coesão e sua capacidade de intervenção junto ao poder político e ao ambiente universitário de Paris, conseguiu opor-se à engrenagem nacionalista e ao conformismo das elites republicanas.

A pequena Ève não compreende por que fica encerrada com a mãe num quarto que ela não conhece. A imprensa acusa a polonesa *dreyfusarde* de desfazer um casal francês e lhe pede que deixe o país. O que está em jogo não é mais o reconhecimento de uma mulher cientista, e sim a honra da França. Paul Langevin, por sua vez, tem muito menos medo do que Marie. As puladas de cerca masculinas, as histórias das *garçonnières* desses senhores divertem Tout-Paris.* O físico não corre grandes riscos. Mas a moda dos duelos ainda está viva nessa França do início do século XX. Paul Langevin se sentirá obrigado a desafiar o jornalista Gustave Téry, que enlameou sua reputação. Em 25 de novembro, no Parc des Princes, os dois homens se enfrentam armados de pistola perante testemunhas relutantes e alguns jornalistas à espreita, ávidos pelo sangue que poderia correr. Um segundo antes do primeiro tiro, estupefação geral. Nenhum som. Na realidade, Paul Langevin baixou a arma e não disparou. Com isso, Gustave Téry, um tanto desestabilizado, agiu do mesmo modo. O duelo se encerra sem uma gota de sangue. Os dois homens estão sãos e salvos.

Certos problemas permanecem, particularmente no Quai d'Orsay,** que precisa considerar os efeitos desastrosos de tal assunto sobre a imagem da França no plano internacional, ao passo que esse segundo prêmio Nobel de Marie Curie deveria, ao contrário, favorecer a promoção das ciências francesas. De Estocolmo, o embaixador da França alerta o Quai d'Orsay mediante quatro despachos dirigidos a Paris em um mês, três dos quais na semana de 7 a 14 de dezembro de 1911. O primeiro é tão confidencial que é redigido a mão e enviado diretamente ao gabinete do ministro. De fato, a sra. Langevin tornou públicas

---

* Literalmente, "Paris inteira". Conjunto de personalidades literárias, artísticas, financeiras, políticas etc. que se destacam, por sua notoriedade, nos ambientes mundanos da capital francesa. (N.T.)

** Forma metonímica de mencionar o Ministério das Relações Exteriores francês, instalado à beira desse cais, na margem esquerda do Sena. (N.T.)

as cartas entre seu marido e Marie Curie e moveu um processo, o que obviamente alertou o diplomata.

Segundo o embaixador, a emoção em Estocolmo está no auge, as cerimônias em homenagem a Marie serão canceladas, enquanto a Academia de Ciências da Suécia lhe pergunta se ela realmente pretende comparecer. Paira uma ameaça de ofensa durante a cerimônia, escreve o embaixador: "Enfim, ontem à noite corria o boato de que, se ela vier assistir à cerimônia de 10 de dezembro, a proclamação de seu nome, apesar da presença do rei, será acolhida pelas vaias das feministas das quais a sra. Curie, antes motivo de orgulho, se tornou o opróbio. Acrescentava-se que o rei, o qual dará na noite de 11 de dezembro o jantar usual aos laureados do prêmio Nobel, teria declarado que não receberia a sra. Curie".[11] Nos despachos, não se alude ao fato excepcional de que uma mulher obtenha um segundo prêmio Nobel numa disciplina científica. Só importa o relacionamento dela com Paul Langevin.

Em Estocolmo, os acontecimentos se precipitam. Graças a um acordo entre Paul Langevin e sua esposa, torna-se finalmente possível uma guinada a favor de Marie Curie. Os dois despachos diplomáticos seguintes, desta vez datilografados, com data de 7 e 11 de dezembro de 1911, demonstram o alívio do embaixador da França na Suécia, assim como a arte de desarmar e mascarar o escândalo: "As cartas atribuídas a Marie Curie são falsas". Trata-se então, para os suecos – autoridades e mídia –, de fazer-se perdoar por terem ofendido a laureada. O embaixador "descobre" que Marie Curie recebe aplausos por onde quer que passe, que o caso poderia ter sido ainda maior e que alguns a "teriam aconselhado a recusar o prêmio. O ilustre matemático tinha dificuldade, ao me fazer essa confidência, para dominar sua emoção".[12] Sobretudo, a imagem da França está salva, assim exige a diplomacia.

Em Praga, Albert Einstein acompanha pela imprensa as peripécias de sua amiga Marie Curie. Ele mesmo, que conhecerá muitos amores e separações e exigirá respeito à sua própria vida privada, conserva a lembrança dessa cientista duplamente premiada com o Nobel como a de uma "mulher excepcional". Acabava de encontrá-la em Bruxelas, no outono de 1911, por ocasião de um colóquio, organizado pelo industrial belga Ernest Solvay, sobre as disputas entre físicos quanto à teoria do próprio Einstein, a qual suscitava reservas e até hostilidades. Lá estavam os mais eminentes físicos de todos os países, entre os quais Henri Poincaré, Paul Langevin e Max Planck, um dos fundadores da mecânica quântica e opositor de Einstein, Ernest Rutherford, físico neozelandês, e Marie Curie, única mulher nesse prestigioso grupo.

Durante o congresso, circulava o boato de uma possível ligação entre Paul Langevin e a viúva de Pierre Curie, à qual deveria ser entregue, em dezembro, o prêmio Nobel de Química. Einstein é amigo tanto de Paul Langevin quanto de Marie Curie, mas não consegue imaginar que essa personalidade, de postura séria, austera, possa atrair o físico francês. Sem dúvida, escreve ele a um amigo, Marie Curie é "de uma inteligência brilhante, mas, apesar de toda a sua paixão, não muito atraente para ameaçar quem quer que seja".[13] Por sua vez, Einstein pode reagir aos ataques de que Marie é objeto tanto mais quanto ele mesmo defende sua nova teoria da relatividade contra eminentes colegas físicos dos dois lados do Atlântico. Como recorda o biógrafo Denis Brian, sua teoria, para muitos físicos, não descrevia "o universo em termos inteligíveis".[14] Einstein aprecia sobretudo as manifestações de respeito e confiança que Marie Curie lhe comunica. Da capital tcheca, onde ocupa então um posto universitário, escreve a ela uma carta cheia de afeto:

Cara sra. Curie, honorabilíssima sra. Curie,

Não zombe de mim porque lhe escrevo sem ter nada de sério (cientificamente, é claro) a dizer. Mas estou tão indignado com a maneira desprezível e baixa pela qual o público a trata que faço absoluta questão de lhe comunicar minha reação. Tenho certeza de que continua desprezando essa gentalha pela conduta que ela adota, quer seja sob a forma de elogios enfáticos e aduladores ou mediante tentativas de satisfazer, através da senhora, a própria sede de sensacionalismo! Preciso lhe dizer o quanto fui levado a admirar sua inteligência, sua conduta, sua honestidade, e sinto-me honrado por tê-la conhecido em Bruxelas. Qualquer pessoa que não se inclua entre esses répteis está feliz, agora como antes, com o fato de termos entre nós personalidades como a senhora e também Paul Langevin, pessoas autênticas em cuja companhia todos se sentem honrados. Se a gentalha continuar a assediá-la, então simplesmente não leia essas idiotices e deixe-as aos répteis para os quais foram fabricadas.
Com meus mais amigáveis respeitos à senhora, a Langevin e a Perrin, subscrevo-me, afetuosamente.[15]

Sem dúvida Marie Curie acreditou ter encontrado em Paul Langevin um cientista com quem, a exemplo de Pierre Curie, poderia constituir uma relação durável e enriquecedora, à altura da troca e da cumplicidade intelectuais vividas com seu falecido marido. Na realidade, porém, os dois homens têm caráter muito diferente. Paul Langevin se assemelha a tantos franceses de classe abastada que desejam divertir-se com suas amantes, sem que isso em nada os perturbe em matéria de nível social, respeitabilidade e conforto burgueses. Provavelmente

Marie Curie idealizou esse homem, numa época em que quase ninguém se divorciava.

Ève, por sua vez, tem apenas sete anos. Jovem demais para compreender o que está em jogo, suficientemente crescida para perceber que a vida delas está sofrendo uma reviravolta. Como a menina não ficaria traumatizada? Na biografia que, mais tarde, consagrará à mãe, ela subentende o caso sem jamais mencioná-lo claramente. Suas palavras ainda ecoam a raiva que ela sentiu ao escrevê-las:

> Numa rajada brusca, a maldade se abate sobre ela e tenta aniquilá-la. Desencadeia-se em Paris uma campanha pérfida contra essa mulher de 44 anos, tão frágil, exaurida por um trabalho esmagador. Marie, que tem um ofício de homem, escolheu seus amigos, seus confidentes, entre os homens. Exerce sobre seus íntimos, especialmente sobre um deles, uma profunda influência. Não é preciso mais nada. Não é preciso mais nada! Uma estudiosa devotada ao trabalho [...] é acusada de desfazer casais e de desonrar um sobrenome que ela carrega com excessivo brilho [...]. Mais tarde, alguns deles vieram lhe pedir perdão, com palavras de arrependimento, com lágrimas... Mas o crime estava cometido. Marie havia sido levada à beira do suicídio, da loucura, e, abandonada por suas forças físicas, fora arrasada por uma doença gravíssima.[16]

Nesse trecho sobre o escândalo, o nome de Paul Langevin não é evocado. Um ausente, contudo, presente nas entrelinhas.

Ève conseguirá, quando adulta, redigir essas poucas frases de dor. Mas nunca falará disso aos próximos, o assunto permanecerá como tabu: "Ela não mencionava esse acontecimento", recorda Anne Joliot, sua sobrinha por afinidade, sua confidente e melhor amiga. Aquilo ficava no não-dito. E eu não me permitiria evocá-lo". Hélène Langevin, por sua vez, observa, a respeito da avó: "Seja como for, Marie Curie não devia estar tão apaixonada assim por Langevin, porque depois eles se tornam amigos".[17]

Contra tudo e contra todos, Marie vai a Estocolmo, acompanhada por Irène, que logo completará catorze anos, e pela irmã mais velha, Bronia. Desse modo, demonstra às autoridades suecas e internacionais que é também uma mãe que cuida de sua prole. Curioso mundo para Irène, que descobre vestidos de gala, homens de *smoking*, totalmente o contrário da atmosfera de Paris e do Arcouest, e mesmo da Polônia. Não importa: ela observa. Afinal, seu pai já não existe. À sua maneira, ela o representa. Com ansiedade, a jovem observa Marie subir sozinha ao palco. Olhar intenso, a cientista dispõe-se a afirmar a legitimidade de suas descobertas. E se, em 1904, Pierre interviera em nome dos dois, desta vez, na condição de única laureada, ela está decidida a provar ao mundo, se ainda for necessário, que esse prêmio lhe foi atribuído por suas próprias pesquisas, feitas somente por ela, sem dúvida alguma. Afinal, não ousaram questionar o valor de seu trabalho? Ela insiste em seu discurso, pesa as palavras, e lembra esses "corpos por mim denominados radioativos ou a hipótese por mim elaborada de que a radioatividade é uma propriedade atômica da matéria". Marie não se desconcentra, mas, quando a cerimônia se conclui, é um alívio. Não houve incidente. Ela pode comparecer ao jantar oferecido pelo rei, aquele mesmo que alguns dias antes, segundo o diplomata francês, se teria recusado a recebê-la. Até mesmo se vê, por razões de protocolo, quase diante dele... No dia seguinte, a mulher duplamente premiada com o Nobel faz outra conferência, muito técnica, sobre suas descobertas e sobre as de Pierre, a quem faz questão de prestar homenagem diante de um público numeroso. Agora, ela pode retornar aliviada a Paris.

Graças às suas competências e à sua combatividade, enfrentou aqueles suecos e franceses poderosos. E, assim, abre caminho ao prêmio Nobel para outras mulheres. Ao menos, acredita nisso. Mas não será tão simples. Até hoje, poucas mulheres foram contempladas com prêmios Nobel em ciência.

De volta à França, Marie sofre o contragolpe do escândalo e afunda na depressão. A humilhação foi além de suas forças. Impossível continuar vivendo em Sceaux, onde foi atacada por transeuntes como uma horrível estrangeira. E os trajetos são muito longos, o laboratório fica distante. Ela decide alugar um apartamento na Île Saint-Louis, mas não tem tempo de morar nele. Em meio a sofrimentos insuportáveis, precisa urgentemente ser operada devido a problemas nos rins numa clínica à rue Blomet. Contudo, conforme os médicos, sua condição física não permite essa intervenção cirúrgica. Primeiro, ela precisa recuperar as forças. Suas filhas não sabem se a mãe poderá ser salva. Irène está petrificada de preocupação, já compreende o que está em jogo. A febre não abandona Marie, e tampouco as dores. A cientista fica internada na instituição das Irmãs de Marie, onde cuidam dela com discrição e dedicação até janeiro de 1912. Triste início de ano para a duplamente premiada com o Nobel, que sonhava retornar ao seu laboratório e comemorar o Natal com as meninas. Em março, finalmente, a cirurgia pode acontecer. Marie piora, redige um testamento científico que ela não confia a Irène, ainda muito jovem, mas a um amigo de Pierre Curie.[18] Emagrecida, esgotada, não consegue retomar o magistério na Sorbonne. Que decepção para quem pretendia honrar seus compromissos! Esse estado doloroso lhe recorda o de sua mãe, da qual, quando criança, não podia sequer se aproximar. Agora, é sua vez. E se ela morresse tão jovem quanto a mãe? Porém, nem pensar em desistir, o laboratório e as filhas precisam dela. Repouso após repouso, deslocamentos após deslocamentos, o primeiro semestre do ano de 1912 parece bastante triste, mas pouco a pouco Marie recupera as forças. O suficiente para se mudar, instalando-se no Quai de Béthune, 36, terceiro andar, nessa Île Saint-Louis de charme antiquado, mas povoada de miliardários e de velhas famílias aristocráticas. Nesses imóveis suntuosos, móveis antigos e obras de arte adornam os apartamentos. Que contraste com o das Curie! Marie não se interessa por decoração, mas o endereço é prático para chegar ao laboratório, atravessando todas as manhãs o Sena pela Pont de la Tournelle. Seja como for, ela não ficará muito nesse local durante os primeiros seis meses. Irá se refugiar numa casa em Thonon-les-Bains, na Haute-Savoie, de clima fresco, famoso por ser benéfico a pessoas afetadas por problemas renais. As lembranças das humilhações do caso Langevin continuam expostas. Por toda parte, Marie toma o cuidado de se apresentar sob nome falso. Sente saudade das filhas, que estão longe.

*

A primavera chegou, aproxima-se o verão, o primeiro desde o escândalo das cartas a Paul Langevin. Será bom reencontrarem-se as três, Marie e as meninas Curie, trocar carinhos, brincar, correr, andar de bicicleta, nadar durante horas, divertir-se com os outros cientistas, dançar. Mas também, à noite, fazer deveres escolares para as filhas. Irène é uma adolescente, aprende, descobre e se abre às outras culturas. Nem que seja para agradar à mãe, Irène lhe dirige em viagem uma carta que ela sabe que Marie, a quem apelida Mé, lerá com atenção:

> Você sabe, querida Mé, que uma das minhas necessidades é ler. Quando tenho um livro, eu o devoro. Imagine o suplício de ter livros e não saber o conteúdo. Então, com

> grande valentia comecei a ler simultaneamente Minna von Barnhelm, 2 ou 3 histórias de Shakespeare (adaptadas para crianças), o final de *Ondine*, o início de *David Copperfield* (em inglês: Isabelle me emprestou), o *Ancien Marin** (você lembra que é o que eu devia comprar para minhas aulas de inglês), historietas que estão no livro de alemão de Ève e, finalmente, historietas que estão no Berlitz que André me emprestou. Isso dá 7 tipos de leitura [...] Torça para que eu saia vitoriosamente dessa barafunda de livros ingleses e alemães...[19]

Marie, é claro, fica encantada: "A carta na qual você fala da variedade de suas leituras me divertiu muito. Também me deu um grande prazer, pois não há dúvida de que, nessas condições, você deve fazer progressos no estudo das línguas".[20] Mas a cientista sofre dos rins, e se cuida sem garantia de sarar. Ela se esforçará por retornar a Paris para ir, com as filhas, passar férias de verão num lugar diferente e com uma mulher cuja influência marcará Irène e Ève. De fato, é um prazer atravessar a Mancha, longe dos jornalistas franceses que enlamearam seu nome e sua reputação, e encontrar refúgio junto a outra cientista com a qual ela simpatizou. Mas, por precaução, esconde-se por trás de seu sobrenome de solteira.

Tremenda personalidade, essa Hertha Ayrton! Nascida em 1854, de origem judaica polonesa por parte de pai, aos nove anos vai morar em Londres com os primos. Ao lado deles, inicia-se em matemática.[21] Quando deseja submeter-se ao exame universitário de Cambridge, não obtém diploma, na época não concedido às mulheres. Receberá sua licença da universidade

* Provavelmente, trata-se de *The Rime of the Ancient Mariner (A balada do velho marinheiro)*, poema publicado em 1798 pelo inglês Samuel Taylor Coleridge (1772-1834). (N.T.)

de ciências de Londres, um ano depois. Antes, porém, valendo-se de sua criatividade, construiu instrumentos de medida da pressão sanguínea. Hertha Ayrton se sustenta de início como governanta, ensina matemática num liceu de Notting Hill, e ao mesmo tempo trabalha em aplicações matemáticas no domínio da engenharia. A partir de 1884, aos trinta anos, criará e registrará 26 patentes. Após frequentar cursos noturnos sobre eletricidade, empreende trabalhos de pesquisa sobre o arco elétrico. E torna-se a primeira mulher autorizada a apresentar seus resultados diante da instituição dos engenheiros eletricistas.

Antes mesmo do ano de 1900, seus trabalhos são reconhecidos no plano internacional. Suas descobertas são de tal importância que os homens, únicos membros autorizados a integrar a Associação Britânica para o Avanço da Ciência, decidem abrir suas comissões às mulheres cientistas. Em 1900, paralelamente à Exposição Universal em Paris, a jovem cientista inglesa participa do Congresso Internacional de Eletricidade que acontece também na capital francesa. É um momento histórico, no qual os espectadores estão fascinados pela "fada eletricidade". Esse sucesso e o reconhecimento por parte de seus colegas, todos homens, acarretam a aceitação de Hertha Ayrton como membro da prestigiosa Royal Society, equivalente, na Grã-Bretanha, à Academia Francesa. Mas alguns desses senhores encontram uma desculpa para rejeitar sua admissão. Mulheres casadas não são elegíveis a tal honra! Esse percurso evocará rejeições semelhantes na França, no início dos anos 1900. Hertha, porém, não desiste – afinal, não é uma feminista? –, e não se dispõe a permanecer discreta quanto às próprias descobertas científicas. Talento ela tem, e não teme compartilhar seus avanços. Consegue então uma proeza. Em 1904, ou seja, alguns meses depois da atribuição do prêmio Nobel de Física a Pierre e Marie, torna-se a primeira mulher a apresentar aos membros da Royal Society, em

Londres, um *paper* relativo às suas descobertas sobre "as origens e o desenvolvimento das marcas de ondulação".[22] E dois anos depois, em 1906, receberá a mais prestigiosa medalha científica britânica, a Hughes Medal[23] da Royal Society[24], por suas descobertas em ciências físicas.[25] Até 1949, ou seja, durante 43 anos, Hertha Ayrton terá sido a única mulher a ganhar tal distinção!

Seu engajamento feminista é tão célebre quanto sua obra científica é intensa. De fato, ela não espera a idade adulta para se lançar na luta pelos direitos de suas concidadãs. Desde a adolescência, participa de manifestações. Em 18 de novembro de 1910, dirige-se com a sufragista Emmeline Pankhurst à residência oficial e escritório do primeiro-ministro, no famoso endereço Downing Street, 10. Na ocasião, trezentas sufragistas, que tiveram a esperança de que o novo titular do cargo respeitasse o próprio compromisso de atribuir o direito de voto às mulheres, empreendem uma marcha através de Londres rumo ao Parlamento. Desta vez, não são apenas os gritos, vaias e injúrias que as acompanham das calçadas, mas transeuntes, crápulas que a polícia deixa passar, que se lançam sobre elas e tentam agredi-las, em muitos casos sexualmente, espancando-as a socos e bengaladas, enquanto os policiais as massacram com seus cassetetes. É um espetáculo desolador. Nessa atmosfera de ódio, o primeiro-ministro se recusa a recebê-las. Hertha Ayrton, Emmeline Pankhurst e algumas outras têm uma tensa conversa com o secretário particular dele. Duas sufragistas morrem em consequência das violências policiais durante a manifestação. O então ministro do Interior, Winston Churchill, não admite que os agressores, alguns dos quais foram reconhecidos pela polícia, sejam julgados. Ele os protegerá. A partir desse dia sinistro, conhecido como *Black Friday* na história da Grã-Bretanha, as feministas decidem mudar de tática. Entram em cena as pedras atiradas contra as janelas, para ter tempo de fugir discretamente.

Essas agressões são relatadas na imprensa francesa e Marie sente respeito e simpatia pela coragem de sua amiga britânica, além de tudo cientista eminente, com idade superior à dela, uma irmã mais velha em ciências, de certa forma. Fica sabendo que Hertha Ayrton hospeda Emmeline Pankhurst, esgotada após uma greve de fome na prisão, onde foi alimentada à força, assim como outras sufragistas, através de uma perfuração no umbigo, em meio a sofrimentos insuportáveis. São ações que hoje em dia seriam consideradas tortura.

Alguns anos mais tarde, em 1913, Emmeline Pankhurst será detida ao sair da casa de Hertha Ayrton, quando esta se dispõe a comparecer ao funeral da feminista Emily Davison. Aos quarenta anos, Emily se lançara sob os cascos do cavalo que trazia as cores do rei durante a famosa corrida hípica do Derby de Epson, em junho de 1913. Pisoteada pelo animal diante de milhares de espectadores, quatro dias depois sucumbe aos ferimentos. A foto de seu atropelamento percorre o mundo. Suas exéquias são acompanhadas por duas mil sufragistas, a maioria das quais será detida por ordem de Churchill. Essa tragédia oferece então uma visibilidade mundial à luta das mulheres pelo direito de voto, e a opinião pública começa a notar sua coragem, tanto mais quanto Emily Davidson fora aprisionada nove vezes em quatro anos, sempre pela causa feminina. Enquanto a repressão contra o direito de voto das mulheres atinge o paroxismo, Hertha Ayrton progride em suas pesquisas científicas, as quais, assim como as de Marie Curie, serão úteis durante a Grande Guerra.

Tal percurso, pontilhado por provações e violências, impressiona Marie, que reconhece nessa mulher sua própria obstinação. Sente-se pronta a deixar a França, de maneira incógnita, após o pesadelo do caso Langevin, a fim de ir reunir-se a Hertha nas férias. Com tal perspectiva, que alegria, que libertação! No barco em direção a Dover, Marie, sozinha, sente-se impaciente por reencontrar sua colega inglesa no Devonshire, local de veraneio da "Riviera britânica". Ali, respira o ar puro, o iodo, e, tranquilizada, desfruta de conversas agradáveis relaxando nas espreguiçadeiras. Marie se regozija por rever a filha de Hertha, a jovem Barbara, que já tem 25 anos. A moça abandonou os estudos científicos em 1909 para trabalhar em tempo integral na famosa União Social e Política das Mulheres[26] e publicar, a favor do direito de voto, um panfleto que se tornou uma referência, *The Democratic Plea*.[27] Ela também foi detida e maltratada pela polícia de Churchill. Talvez Barbara pudesse contar sua experiência à jovem Irène, que se interessa pelo combate das sufragistas e sabe que Hertha Ayrton apoiou sua mãe durante o escândalo das cartas a Paul Langevin, em dezembro do ano anterior.

As garotas, que passaram o mês de julho na Polônia, em casa de sua tia Bronia, foram ao encontro da mãe na Inglaterra. Ève, oito anos, ouve inglês durante dois meses, a melhor escola para impregnar-se da língua e do sotaque. Ainda não sabe que, mais tarde, essa temporada lhe permitirá abrir-se à cultura anglo-saxônica. Irène, do alto de seus quinze anos, expressa-se em inglês, discute matemática e física com Hertha e Barbara no idioma de Kipling, cujos escritos são tão caros a Marie e a ela mesma. Desse modo, as jovens se veem – uma oportunidade rara na época – no seio de três culturas: francesa, polonesa, inglesa. Três universos sobre os quais elas construirão suas vidas, suas carreiras, seus compromissos. Marie se refaz junto à amiga Hertha, mas não recupera as forças tanto quanto esperava. Ainda esgotada, cancela viagens previstas para o outono. É um pesar suplementar esse de não ter condições físicas para participar de todas as discussões científicas, especialmente sobre a radioatividade,[28] num ano que deveria ser o da emulação intelectual, logo após o reconhecimento mundial com um segundo prêmio

Nobel. A isso acrescenta-se a hostilidade dos colegas, franceses e estrangeiros, pelo fato de ela ser mulher. Ano após ano, Marie deverá se defender, justificar seu trabalho, suas descobertas.

Pouco a pouco, Marie se restabelece. Neste verão de 1913, está pronta para recomeçar as caminhadas e decide levar as filhas, com a indispensável mochila às costas, para longas excursões no Engadine, região montanhosa suíça com lagos e florestas de lariços. Albert Einstein, que ainda não foi laureado com o Nobel, vai ao encontro de Marie, Irène e Ève, junto com Mileva e seus dois filhos. Durante um passeio à beira de um lago, o físico não presta muita atenção às trilhas irregulares, às fendas, caminha com ar distante, arriscando-se a uma queda perigosa. E a queda, sob o ponto de vista físico, é de fato o que o preocupa, o que o obseda em meio aos caminhos escarpados: "Sabe?", diz ele a Marie, segurando-lhe o braço e fitando-a nos olhos, "o que eu preciso compreender é o que acontece exatamente aos passageiros de um elevador caindo no vazio".[29] Os três jovens, entre os quais a adolescente Irène e a pequena Ève, nove anos, caem na gargalhada. O amigo de sua mãe parece muito preocupado, como se a vida dele estivesse em jogo. E, de fato, trata-se de uma aposta importantíssima: a da gravitação. No entanto, Einstein também se interroga sobre a capacidade das mulheres de terem as mesmas competências intelectuais que os homens, por razões biológicas! Inacreditável, sobretudo porque suas descobertas devem muito ao intercâmbio científico dele com a primeira esposa, também física, Mileva Maric Einstein. Mais tarde, até foram levantadas questões sobre a paternidade ou maternidade da relatividade e sobre o papel de sua esposa na elaboração dessa teoria. Omitindo Mileva, Einstein considera Marie Curie uma exceção no plano intelectual e científico. As fotos das reuniões de físicos comprovam isso. De fato, Marie Curie aparece nelas como a única mulher num grupo de homens.

*

"Não, nada dessa pavorosa escola francesa para minhas filhas", reflete Marie. Sem dúvida, o ensino secundário na França é sério, mas sombrio. E o das escolas para garotos é mais avançado. A vida das mulheres é limitada à esfera familiar, à intimidade, que não proporciona a chave básica da independência, a independência econômica mediante uma profissão e uma carreira. Dentro em pouco, na Inglaterra, o país de sua amiga sufragista Hertha Ayrton, a escritora Virginia Woolf publicará *Um teto todo seu*, que retoma o mesmo *leitmotiv*. Uma mulher só pode ser independente se dispuser de independência financeira, e portanto, para a maioria das mulheres do mundo inteiro, de um ofício dignamente remunerado.

Outra preocupação estimula Marie: suas filhas devem receber uma educação equilibrada, intelectual e física. E ter acesso a um ensino de excelência. De fato, o que se pode esperar de uma mulher duplamente laureada com o Nobel? O melhor, ainda que o nível de exigência possa às vezes parecer alto demais. As meninas não irão à escola da República: é a República que virá a elas. E não serão professores ou professoras do secundário que lhes ensinarão, mas docentes de universidade, amigos e colegas de Marie que exercerão o papel de preceptores, como acontecia para os garotos nas famílias da Grécia e da Roma antigas. Afinal, Pierre Curie e seu irmão Jacques foram educados assim. Dentro em pouco, cerca de dez filhos desses intelectuais gritam, riem e correm rumo ao laboratório de química de Jean Perrin. Depois é hora de dirigir-se à casa de Paul Langevin, em Fontenay-aux-Roses, para uma jornada consagrada à matemática. No terceiro dia da semana, retorno a Paris para uma aula de física dada por Marie num espaço da Escola de Física de Paris. Por fim, outros colegas unem-se aos cientistas para oferecer aos jovens seus conhecimentos em literatura e história e no ensino de inglês. Mais tarde, Ève escreverá que esses cursos podiam ser fascinantes, sem dúvida, mas cansativos para os adultos. Marie e seus colegas ficam esgotados ante uma horda de jovens entusiásticos e curiosos que, incessantemente, exigem explicações. Passa-se um ano, depois passam-se dois. Os eminentes cientistas já não podem consagrar tanto tempo e tanta energia às próprias pesquisas. Para Irène e Ève, é hora de frequentar o ensino secundário: clássico, sim, mas privado e não religioso. Marie, que perdeu a fé na juventude, não deseja impor religião às filhas. Elas, avalia, terão todo o tempo para encontrar por si mesmas uma vida espiritual, se assim o desejarem. E ela não as impedirá. Respeitará a escolha das jovens. Por enquanto, sempre mantendo a busca por excelência, Marie decide matricular as filhas no colégio Sévigné, em Paris, à rue de Condé, 10. Primeiro estabelecimento secundário para moças, situado perto do Jardim de Luxemburgo, o Sévigné tem uma reputação pedagógica de alto nível. Os programas são quase iguais aos dos rapazes nos melhores liceus. Ali, elas aprenderão a virtude do trabalho. E embora Ève, no momento, dispenda menos energia do que a combativa Irène, mais tarde as duas irmãs se tornarão trabalhadoras infatigáveis e obstinadas, as quais nada conseguirá deter.

3

A Grande Guerra: Marie e Irène no front

Marie está aliviada. Irène e Ève aproveitam o mar, o ar livre, e estão felizes, rodeadas por amigos da família, também cientistas. Em Paris, o prédio de seu instituto está pronto. Finalmente. No entanto, ela não se sente tranquila. Este final de junho foi marcado pelo assassinato, em Sarajevo, do arquiduque Francisco Ferdinando da Áustria por um nacionalista sérvio. Marie escreve a Irène: "Na verdade a situação é preocupante, tem-se a impressão de viver sobre um vulcão, as pessoas acabam até se acostumando a isso. Ninguém pode prever o que vai acontecer."[1] Na noite de 31 de julho, quando a Europa está à beira do abismo, o militante socialista pacifista Jean Jaurès, que luta há anos para evitar uma guerra mundial, janta num café da rue Montmartre, próximo da sede de seu jornal, *L'Humanité*. Em plena refeição, ele é assassinado por um nacionalista. Dali para frente, para o conjunto dos partidos políticos, será a Union Sacrée* contra a Alemanha. É a guerra.

Em 2 de agosto, os alemães adentram território francês. Marie compreende o inevitável: para ela é impossível ir ao encontro das filhas na Bretanha. Deve ficar em Paris, proteger seu instituto e principalmente ser útil. Será que nesse momento

---

* União Sagrada, nome que se deu ao movimento de aproximação de todas as tendências, políticas ou religiosas, por ocasião da Primeira Guerra Mundial. (N.T.)

pensa em seu país, a Polônia, dividida entre a Rússia e a Alemanha? Quando menina, aprendeu o quanto a ocupação de um país pode ser insuportável. Nem pensar em capitular. Ela defenderá a França. E, da Bretanha, as notícias não são animadoras. Jean Perrin foi convocado ao front. Marie não estará presente para se despedir do amigo. Já suas duas filhas estarão diante do vagão do trem, em Paimpol, e o abraçarão, ao som de uma música militar. Mas Irène escreve a ela que não foi triste, e que, ademais, dizem que a guerra será curta.

Marie, porém, duvida. Os progressos da ciência podem ser utilizados para fins assassinos, e, embora Alfred Nobel já tenha falecido, outros vendedores de canhões o sucederam. Ela recorda o discurso de Pierre, quando recebeu o Nobel dos dois, no qual ele revelava a preocupação de que certas descobertas fossem utilizadas para objetivos criminosos. Esta guerra, sente Marie, utilizará novas armas, ainda mais mortais. Contudo, não quer preocupar as meninas, embora Irène, que já tem dezessete anos, seja apaixonada pelas ciências e troque ideias com a mãe sobre seus últimos trabalhos. Marie, por sua vez, escreve à amiga Hertha Ayrton. Anuncia-lhe ter tomado a decisão de "deixar de lado a ciência para pensar em primeiro lugar nos interesses da nação". Em correspondência às filhas, previne-as sobre uma longa separação, e mesmo sobre prováveis dificuldades para se comunicarem. Em 3 de agosto, como Marie imaginava, a Alemanha declara guerra à França. Em 4 de agosto, a Grã-Bretanha declara a guerra por sua vez. Em 6 de agosto, Marie não pode se impedir de pensar na Polônia: "A corajosa pequena Bélgica não aceitou deixá-los passar sem se defender [...] o país polonês está ocupado pelos alemães. Como ficará, depois da passagem deles? Não sei nada de minha família".[2] Pouco depois, no final do verão, Marie, isolada em Paris, escreve a elas: "Tenho tanta vontade de abraçá-las que isso quase me fez chorar." Seu instituto está vazio; os homens, mobilizados, partiram para o front.

Um pouco de luz em meio a tamanha desolação: Irène passou no *baccalauréat*. Mas esse sucesso deixa a jovem ainda mais irritável e impaciente. Ela quer retornar a Paris, ficar perto da mãe. Está cansada de ser a irmã mais velha, a mãe substituta junto a uma garotinha que só tem dez anos e com a qual nenhum intercâmbio científico ou intelectual é possível. Marie não permite: "Não creia que seja fácil fazer um trabalho útil nas primeiras semanas. A gente procura, tateia, organiza-se, e eu não poderei ocupar você." Furiosa e obstinada, habituada a exigir, Irène insiste. Mas Marie não cede. Pior: atribui à filha mais velha a tarefa da qual esta não quer mais ouvir falar: "Encarrego você de sua irmãzinha, que me escreveu uma carta cheia de desolação. Cuide da instrução dela e seja maternal em minha ausência".[3] Maternal! Ora, mas se há dois meses ela não tem feito outra coisa! Trata-se de uma palavra a não ser pronunciada. Irène se aborrece: "Ève chegou chorando porque um imbecil de doze anos com quem ela brincava disse que a guerra estava declarada...".[4]

O rádio é decretado "bem nacional de grande valor" porque pode ser utilizado para a defesa nacional. As tropas alemãs avançam depressa. Tão depressa que o governo se refugia em Bordeaux. Já não é possível guardar o rádio em Paris. A capital corre o risco de ser tomada. Marie, sem dizer uma palavra às filhas por razões de segurança, embarca num trem com um burocrata, consegue um assento. O rádio é muito pesado, e, diante dos outros viajantes, que também se dirigem a Bordeaux, ela permanece silenciosa. Apesar de seu prestígio internacional e de seus dois prêmios Nobel, seu rosto não é conhecido. Ainda bem. Ela se encolhe contra a janela, observa nas estradas os veículos que fogem da capital. Após horas e horas no trem lotado, Bordeaux, finalmente. Mas, naquele empurra-empurra, não consegue encontrar um táxi nem um quarto de hotel. Terá de passar a noite ao relento, com este rádio tão precioso? De repente, é reconhecida por um funcionário da PLM,* a companhia ferroviária anterior a 1936. Seus prêmios Nobel, afinal, não foram inúteis para salvaguardar o tesouro nacional que ela carrega. O homem a acompanha à casa de uns moradores, que lhe concedem um quarto. Ela desaba, exausta mas aliviada. No dia seguinte, guarda o material no cofre de um banco, assim que este abre. Depois toma novamente o trem, tão depressa quanto veio. Agora, mais leve. Tranquilizada. Rumo a Paris, que continua ameaçada.

Marie se mantém discreta quanto a essa viagem. Assim que retorna da cidade do filósofo Montaigne, escreve a Irène, parecendo querer incitá-la a crescer, pois ninguém sai incólume de uma guerra: "Minha doce querida. Se não pode trabalhar pelo presente da França, trabalhe pelo futuro dela. Muitas pessoas desaparecerão, infelizmente, após esta guerra. Será preciso substituí-las. Faça da física e da matemática o melhor que puder".[5]

Mas e ela, como poderia se tornar útil? Rapidamente, interroga seu *entourage*, assim como os médicos. Embora todo o território se cubra de hospitais, Marie tem de se render à evidência: existe pouquíssimo material radiológico. Ela encontra um médico que a informa sobre as deploráveis condições sanitárias nas quais ocorrem os cuidados. Os feridos são evacuados para a retaguarda, em condições desastrosas, muitas vezes sobre uma imunda camada de palha em vagões de transporte para animais: "Durante dias", escreve Marie-Noëlle Humbert, "os feridos não recebem tratamento algum. Faltam água, comida, cobertas. Entre os médicos do front, oitenta por cento não sabem operar. E já não têm antissépticos, luvas e instrumentos".[6] Milhares de

* Sigla de Paris-Lyon-Méditerrannée. (N.T.)

soldados morrem, à falta de ajuda. Para nova guerra, novos ferimentos, provocados por obuses, por metralhadoras, com fragmentos cravados nos ossos e nos tecidos. Muitos deles já têm o maxilar fraturado, e irão se tornar, em meio a terríveis sofrimentos, *gueules cassées** ou inválidos, de pernas quebradas, e não serão operados a tempo. Portanto, é preciso agir, sem esperar as autorizações militares para ir a campo. O dr. Antoine Béclère é um médico curioso, como Marie, quanto a qualquer descoberta ou prática que possa ajudar pacientes. Tal como a cientista, ele reage depressa. Já em 1895, ou seja, vinte anos antes do início da Grande Guerra, interessa-se pelos raios X descobertos naquele ano pelo célebre físico alemão Wilhelm Conrad Röntgen, que será contemplado com o Nobel de Física em 1901, e pela primeira sessão de radioscopia feita pelos médicos Paul Oudin e Toussaint Barthélémy. Em 1896, o dr. Béclère pratica numa paciente a primeira detecção radioscópica de uma tuberculose pulmonar. Tal descoberta o enche de esperança. Se forem detectadas diferentes enfermidades, ferimentos, fraturas, acidentes, então será possível tratar desses pacientes com eficácia redobrada. Ele encontrou sua vocação: promover a radiologia na França e no exterior. Antoine Béclère cria o primeiro curso dessa disciplina na França e dirige o serviço do hospital Tenon, mais tarde Saint-Antoine, em Paris, no qual funciona o primeiro setor de radiologia.

Portanto, é com uma personalidade reconhecida, batalhadora e eficiente que Marie conversa. Ela se reconhece nos desafios dele. Béclère irá formá-la na aplicação médica desses

---

* Expressão (literalmente, "caras quebradas") criada pelo coronel Yves Émile Picot (1862-1838), primeiro presidente da *Union des blessés de la face et de la tête (União dos feridos na face e na cabeça)*, para referir-se aos combatentes da Primeira Guerra Mundial que sofreram graves traumatismos no rosto. (N.T.)

raios. Embora seus trabalhos não tenham tratado de raios X, na Sorbonne, lembra Ève Curie, Marie consagrou ao tema várias aulas: "Por uma transposição espontânea de seus conhecimentos científicos, ela prevê aquilo que a horrível carnificina exigirá: é preciso criar urgentemente postos de radiologia".[7] Marie quer criar serviços de emergência e procura voluntários, mas isso não é suficiente. Ela deseja que as ambulâncias levem atendimento radiológico. Impossível. Não há sistema elétrico nesses veículos, não se pode ligar os aparelhos.[8]

Então, qual estratégia é preciso encontrar, inventar, para ser autorizada a agir? Marie se faz nomear diretora técnica do serviço de radiologia da Union des Femmes de France... Essas senhoras orgulham-se por terem consigo a prestigiosa colega premiada com o Nobel. Tal título deveria tranquilizar os militares, pouco habituados a ver mulheres ao seu lado além das enfermeiras. Ela chama alguns homens para formá-los, entre eles Jean Perrin e o matemático Émile Borel, embora estes estejam habituados a tarefas mais honoríficas. E, assim, o diretor-adjunto da Escola Normal Superior da rue d'Ulm se vê nos bancos da escola, tendo Marie como professora, a mesma Marie que ele e sua esposa, a escritora Camille Marbo, abrigaram à rue d'Ulm por ocasião do escândalo da correspondência com Paul Langevin, três anos antes. Fica-se, portanto, dentro da grande família científica dos fiéis dos Curie. Émile Borel, aliás, alistara-se como voluntário desde o início do confronto. Do front, foi chamado a Paris para assumir as funções estratégicas de secretário-geral da presidência do Conselho.

Agora, Marie pretende ir a campo, ao encontro dos feridos. Mas como? Ela precisa de veículos. Então recorre a Claudius Regaud, diretor do pavilhão Pasteur do Instituto do Rádio, e a Antoine Béclère para criar unidades cirúrgicas móveis de radiologia. Como financiar essas caminhonetes leves? Os recursos americanos vão servir. Mas encontrar equipamentos radiológicos será difícil. Além disso, ela quer estar perto dos combates. E a situação se deteriora. A batalha do Marne começa em 5 de setembro de 1914. Em agosto, as forças alemãs obtiveram uma série de vitórias sobre os soldados franceses e ingleses, que bateram em retirada rumo a Paris. Joffre ainda espera poder mover um contra-ataque vitorioso e pede reforços. O general Gallieni,[9] então governador militar de Paris, decide requisitar os táxis parisienses, os quais, às pressas, transportam os soldados para reforçar as tropas por ocasião da batalha do Ourcq. A ofensiva alemã acaba sendo contida. Marie toma uma decisão, embora a artilharia ligeira do exército francês, de precisão temível, interrompa o ânimo alemão: já que a guerra continua, ela não irá ao encontro das filhas. Trata-se, ao mesmo tempo, de uma dilaceração e de uma inevitabilidade. Ela tem o dever de proteger o laboratório Curie. Os alemães, se invadirem Paris, irão destruí-lo em sua ausência. Talvez até mesmo em sua presença, mas Marie tem esperança de que eles não se atrevam... Seja como for, não o dará de graça ao adversário: a humilhação diante do ocupante russo em Varsóvia, na sua infância, foi suficiente.

Embora Paris esteja temporariamente salva, a guerra, sente Marie, será longa. Numerosas tropas são enviadas ao campo de batalha, os generais se dispõem a enormes perdas para vencer o invasor alemão. É hora de chamar Irène e Ève de volta a Paris, ao apartamento da família. Finalmente. Ève chora com frequência, enquanto a mais velha ajuda a mãe. Já não existe marido, mas sim uma filha ao seu lado. De que modo uma adolescente pode se tornar útil em tempo de guerra? Não serão suas notas em matemática e em física que vão servir neste momento: "Tire um diploma de enfermeira". Irène se lança com entusiasmo. Sente-se tratada como adulta, ou pelo menos quase. E obtém o diploma. Sua louca persistência não a deixa. Para Marie, há outros testes a fazer com sua filha. Será que ela, tão jovem, vai suportar a visão do sangue e de homens feridos, com membros arrancados, ou que ficaram aleijados, cegos, desfigurados? Marie não hesita. Antes de levar Irène consigo em seus deslocamentos, precisa verificar a reação dela diante dos sofrimentos dos soldados.

Seus veículos, para rodar por um território em guerra, precisam de autorizações e de salvo-condutos. Desta vez, ela recorre à Cruz Vermelha para obtê-los. Sem sucesso. Marie não desiste, persevera, pede novamente. Escreve ao gabinete do ministro da Guerra, de novo sem sucesso. De tanto insistir, obtém o direito de ir a Verdun. Ali, é preciso equipar os veículos. Ela pressiona, briga, adquire segurança. Quer salvar vidas, e sabe como. Então interpela: de um lado, os burocratas, de outro as damas da alta sociedade que desejam ser úteis. Cobra asperamente dos ricos. Mulheres generosas, como a marquesa de Ganay e a princesa Murat, emprestam-lhe suas limusines, que ela transforma imediatamente em postos radiológicos. "Eu lhe devolverei seu veículo após a guerra", garante, com ingênua segurança. "Realmente, se ele não estiver fora de uso, eu lhe devolverei!"[10] Embora o parque automotivo seja limitado à classe privilegiada, essas senhoras sorriem às promessas de Marie. Sabem que, desde já, elas só precisam encomendar novas limusines...

Algumas dessas mulheres, de meios bastante favorecidos, vão se engajar para socorrer os feridos e tornar-se úteis. Um engajamento que lhes dará uma razão ainda mais forte para viver, do qual algumas se recordarão após a guerra. Marie sabe muito bem: as crises, as guerras, fazem surgirem vocações, auxílios mútuos insuspeitáveis. E permitem que muitas pessoas, homens e mulheres, se revelem. Em outros meios sociais, as mulheres também se mobilizam, substituem os homens alistados no exército, trabalham nas usinas, inclusive nas de defesa nacional. Mesmo antes de 1914, as mulheres francesas já começam a adquirir espaço na cultura e nos espetáculos. A atriz Sarah Bernhardt, "a Divina", é célebre mundo afora. As universidades de medicina começaram recentemente a se abrir para as mulheres. Nicole Girard-Mangin havia iniciado estudos de medicina em 1896, e sua efígie, num protesto contra a presença das estudantes, havia sido queimada. Noventa e seis professores e médicos assinarão uma petição para exigir que as estudantes de medicina não possam se candidatar ao internato. Ela será a única médica enviada ao front durante a Grande Guerra, após um erro administrativo que a toma por um homem e que só mais tarde a remunerará com um salário de enfermeira. As mulheres, à exceção de Marie Curie, enfrentam muitas dificuldades para estudar ciências. Somente 35 mil moças frequentam o ensino secundário, enquanto a Escola Normal Superior de Moças de Sèvres tenta dar a melhor formação possível às jovens que passaram no concurso e com frequência são qualificadas pelos homens, entre os quais os do poder e da universidade, de "*bas bleus*".*

Diante da carnificina da Grande Guerra, milhares de mulheres se candidatam a enfermeiras. Cuidar de tantos feridos graves exige uma rápida formação. As camponesas substituem os maridos no campo, alimentam os civis e os soldados. Obrigadas a administrar plantações com um número reduzido de ajudantes e a cuidar das crianças, estão à beira do esgotamento. Como os cavalos da lavoura são frequentemente requisitados para o front, certas agricultoras, com ajuda de uma ou duas mulheres, às vezes idosas, puxam elas mesmas os arados, cavam os sulcos...

* Epíteto pejorativo (literalmente, "meias azuis") para referir-se às mulheres vistas pelos homens como pedantes, sabichonas, com pretensões literárias. (N.T.)

Marie, que desde a infância conhece o cotidiano de pessoas com empregos mal remunerados, tem consciência de que, para essas camponesas e operárias, aos dias de trabalho exaustivo acrescenta-se a perda dos maridos, com frequência simples soldados enviados à linha de frente das trincheiras. Muitas delas não demoram a ficar viúvas. Com o acúmulo dos mortos e feridos, recorrer às mulheres para os empregos será oficialmente prioritário a partir de 1916.

Por enquanto, Marie conseguiu cerca de vinte veículos, oferecidos por pessoas ricas. Usa um deles para percorrer os campos de batalha. Ao lado dela, que em qualquer tempo, vento ou chuva, usa seu habitual traje escuro, o motorista precisa dirigir depressa pelas estradinhas. Às vezes, a mais de 50 km/hora por caminhos acidentados, uma loucura! Se ela for presa por má condução, não importa: os feridos não podem esperar. Sobre a carroceria cinza dessas ambulâncias radiológicas, apelidadas de "pequenas Curie" pelos militares, Marie mandou colocar uma cruz vermelha e uma bandeira da França.

Ela corre para Amiens, Ypres, Verdun. Finalmente, o hospital. Anos mais tarde, Ève contará: "Ao trabalho! Ela desembrulha seus instrumentos, junta as peças desmontáveis. Alguém desenrola o cabo que ligará o aparelho ao dínamo que permaneceu no veículo [...]. Marie verifica a intensidade da corrente [...]. Escurece o ambiente vedando a janela com cortinas pretas ou mesmo com simples cobertores hospitalares".[11] Agora, os feridos desfilam, instalados nas macas. Finalmente, aparecem no escuro os fragmentos de obus, os estilhaços de bala. O cirurgião opera. Marie verifica se o bisturi age e corta no lugar exato. Nessas intervenções, recorda Ève, ela trabalha de cabeça descoberta, usando somente uma bata. Após uns cem casos, às vezes mais, e sem ter-se ausentado do compartimento escuro, ela retoma seu material e, com o Ford, dirige-se a outro hospital antes de retornar a Paris. Se o motorista não estiver disponível, ela mesma dirige. Não importam a fadiga, as horas intermináveis, a falta de uma refeição: ela assume o volante e avança sem frear. Por onde quer que passe, adquire cartões-postais que endereça às filhas, após rabiscar algumas linhas no verso da foto em preto e branco. Nada muito alegre, às vezes alusões aos bombardeios em Dunquerque, ao barulho de canhão em Fruges, Poperinge; todos esses nomes ganham uma tonalidade sinistra.

Com a mãe finalmente em casa, após um verão penoso, Irène esperneia, impacienta-se. Os estudos terão de esperar: ela também quer socorrer os feridos. Marie retorna estafada de seus deslocamentos, as roupas imundas, as botas enlameadas, mas é doce reencontrar as filhas. Elas cresceram, amadureceram. Irène parece uma verdadeira moça, olhar vivaz, temperamento firme, exigente; de seu rosto oval, a mirada encara a interlocutora e exige uma reação direta: "Quero ir com você, quero ser útil". Marie mal janta, pensando nas próximas missões, no material a levar, mas não pode se desligar da filha mais velha. Ela só se permite uma breve licença quando as crises renais provocam dores insuportáveis. Ah, como Pierre se divertiria ao descobrir o caráter selvagem de Irène, o qual lhe recordaria o da jovem Marie, estudante sem dinheiro nenhum, mas de vontade implacável! Marie acaricia o rosto da jovem, toca em seu vestido clássico, tão sério para uma adolescente, e começa a sonhar. Pierre já não está ali, mas as filhas, sim. Irène está pronta para rendê-lo. Será capaz disso? Marie vai dar-lhe uma chance, formá-la. Transmitir, ajudar, ser útil. Essas palavras soam como evidências.

Irène não demora a iniciar-se em radiologia, não há tempo a perder. Acompanha a mãe, observa-lhe os gestos, as reações, a forma como utiliza o material, as instruções dadas aos cirurgiões. Nesta França onde as mulheres são frequentemente mantidas longe das atividades profissionais, Marie ousa confiar em sua menina. Irène vai partir sem ela para os campos de batalha e, aos dezessete anos, explicar aos médicos o ponto exato do corpo a ser operado! A jovem não se sente intimidada por essa corporação tão masculina, pelas hesitações deles, pela recusa em escutar de saída as instruções que ela dá. A seu favor, dispõe da ciência e da precisão. Então os médicos, cirurgiões, alguns dos quais têm filhas mais velhas e menos desenvoltas, acabam por se adaptar. Afinal, ela não tem sempre razão? Graças aos seus raios X, eles encontram o ponto certo. Também ficam satisfeitos com o sucesso das cirurgias que fazem. Dia após dia, Irène se afirma. Finalmente, completa dezoito anos, que ela comemora longe da família. À mãe, descreve o dia de seu aniversário: "Minha querida, passei admiravelmente a data de meu nascimento, só que você não estava presente, minha doce querida. Primeiro, encontrei o avental que eu a acusava de ter surrupiado maliciosamente. Em seguida, fiz a radiografia de uma mão dotada (*sic*) de 4 fragmentos de obus bastante grandes que eu localizei e que serão extraídos hoje [...]. Ainda por cima, dormi na barraca sob um belo céu estrelado".[12] Sim, nesse 13 de setembro de 1915, Irène passou um belo aniversário de dezoito anos. Marie pode ficar aliviada. A troca de guarda Curie está garantida.

Em um ano, Irène aprende muito; aos dezenove, já é capaz de formar homens mais velhos do que ela nas técnicas de radiografia. Com ou sem a mãe, irá várias vezes à Bélgica, onde sua seriedade às vezes cede espaço a um talento para as canções aprendidas no clã do Arcouest, trazendo um toque de alegria. Irène, a sisuda, também pode ser engraçada, instigante. Ela ganhou autoconfiança e, além de fazer essas viagens, consegue obter o diploma em matemática. Marie, por sua vez, é cada vez mais solicitada. Seus resultados são conhecidos pelas tropas, assim como a precisão de sua observação, totalmente científica. Por toda parte, em campo, ela recebe pedidos redigidos em termos cada vez mais calorosos. Mas os produtos escasseiam. Apesar de sua notoriedade, reconhecida por cirurgiões, cuidadores e pacientes agradecidos, suas solicitações ao exército não avançam. Tudo falta, e os veículos radiológicos logo terão de retornar à garagem. Ela, porém, já não está sozinha. Os médicos insistem junto à hierarquia militar para que a recebam com o tão necessário material. O ministério do Exército acabará concordando, mas sob a condição de que ela não se dirija mais ao front. Realmente, isso é conhecê-la mal: utilizando um falso salvo-conduto, Marie reaparecerá nos arredores dos campos de batalha, nos hospitais de campanha. É preciso viajar depressa. Tão depressa que um novo motorista, que não conhece sua tenacidade, erra uma curva e despenca num fosso. Em meio a um barulho indescritível, os aparelhos, as caixas, caem em cima dela. Sepultada. Viva? Não há muita certeza. Mas não, Marie não sofreu nada, sequer um arranhão, embora, como sua filha Ève revelará, fique um tanto constrangida por mostrar-se assim, toda moída e temendo que as radiografias tenham sido estragadas. O importante, porém, é que ela está viva e, portanto, ainda útil!

E não é um pequeno acidente de estrada que vai detê-la. Pelo contrário. Não são as vinte "pequenas Curie", as viaturas que Marie equipou com unidades radiológicas, que vão bastar. Por ser obstinada, ela acaba conseguindo instalar duzentas salas de radiologia. Dentro em pouco, um milhão de soldados serão socorridos.[13] E, como é preciso preparar técnicos para manipular os equipamentos, uma formação em radiologia passa a ser oferecida pelo Instituto Curie.

Em 11 de novembro de 1918, em pleno frio do inverno, Marie está trabalhando no instituto, rodeada por jovens estagiários. De repente, por toda Paris, os sinos tocam a todo o volume. É o armistício! Seu coração bate violentamente. Para ela, trata-se de uma vitória dupla: a de seu país de adoção e a da

Polônia ressuscitada. Marie se levanta depressa, não consegue ficar parada. Procura em suas gavetas uma bandeira francesa, não encontra, então fabrica uma de qualquer jeito. Alguns pedaços de tecido servirão. Ela sai à rua, contará Ève com emoção, e entra no velho carro todo deteriorado após quatro anos de percursos por trilhas difíceis. Um rapaz as conduz, e de repente aparecem a *rive droite*, o Sena e, imensa, cheia de gente, a Place de la Concorde. Uma multidão exultante; Marie, muito sorridente em seu traje escuro, é observada pela multidão vinda a pé. Os homens presentes não resistem: na alegria da vitória, escalam o Renault, sobem ao teto do veículo. Ela continua seu caminho, com passageiros suplementares, num carro um tanto pesado, vagaroso, mas afinal, desde a morte de Pierre, doze anos antes, é a felicidade que irrompe e a empolga. A paz na França e na Polônia será duradoura? A realidade poderia ir ao encontro de seus sonhos? A radiologia de guerra conhecerá um crescimento exponencial, em tempos de paz, junto a todas as populações, como ferramenta a serviço da saúde para todos. A ciência a serviço dos enfermos: é um dos sonhos dela e de Pierre.

A essa Marie que se dispôs a fundir suas medalhas de ouro dos prêmios Nobel, que recompensa atribuir? Mais tarde, Ève observará que ela teria aceitado tornar-se cavaleira da Legião de Honra a título militar, por sua ação ininterrupta durante quatro anos de guerra. Mas isso não acontecerá: "Muitas 'damas' receberam condecorações, rosetas... Minha mãe não teve nada. Após algumas semanas, o papel exercido por ela no grande drama desapareceu de todas as memórias. E, apesar dos serviços tão excepcionais, ninguém pensou em prender uma pequena cruz de soldado no vestido da sra. Curie".[14] Seriam ainda as consequências do caso Langevin, sete anos antes? Ninguém sabe. A pergunta merece ser feita. Marie, por sua vez, já se situa adiante, com outra pergunta em mente: de que modo ela, cientista, poderia participar da construção da paz?

*

Como é bom ver o prédio do Instituto do Rádio e seu jardim cheio de jovens, continuar as pesquisas interrompidas em 1914! A vida recomeça depressa, e o mundo traz reconforto a Marie. Para começar, Irène já comemorou vinte anos, em plena guerra, em 1917; agora é maior de idade, 21 anos, e ali está ela, segura, olhar vivaz, não perdendo um só minuto em seu trabalho. A guerra lhe deu a autoconfiança que falta a tantas jovens que não tiveram a chance de mostrar sua inteligência, sua eficácia, seu talento. Desde a adolescência, ela sabe que será física. Tal mãe, tal filha. Para Marie, um alívio. Pierre, morto há treze anos, ficaria feliz ao descobrir que a filha mais velha segue a mesma trilha. Por que não ajudar Ève a encontrar seu caminho e, quem sabe, empreender o mesmo percurso que a irmã e os pais? Marie imagina as novas perspectivas que se abrem graças aos avanços em radiologia. À filha de catorze anos, já perto dos quinze, ela sugere um futuro: tornar-se médica, salvar vidas e participar de descobertas promissoras. A caçula também poderia estudar as aplicações terapêuticas do rádio.

Ève baixa o olhar e suspira. Tornar-se cientista como a irmã, que sempre terá sete anos à sua frente e a tratará como a menorzinha da família? Que ideia! Ela não quer magoar a mãe, mas imagina para si um futuro diferente dos caminhos familiares. Atreve-se a expressar seu sonho: tornar-se pianista. Marie e Irène ficam estupefatas. Pianista! Isso significa, dentro do apartamento, o ruído das escalas oito horas por dia, e só vale a pena se Ève for excelente, do contrário não terá carreira interessante... Sem dúvida, um famoso pianista polonês a considerara excepcional, tempos atrás, quando ela era menina. Porém Marie, abatida, ordena-lhe que, antes, seja aprovada no *baccalauréat*...

Exasperadas, mãe e filha mais velha se acostumam a ouvir as escalas de Ève preencherem o apartamento da Île Saint-Louis. Ève passará nos exames, já que a mãe assim exige. Ela, porém, se questiona, se sente sozinha, perdida diante dessas mulheres cujas maturidade e cumplicidade lhe opõem uma parede; são um clã do qual ela não conhece os códigos, o jargão e a camaradagem científica. A mãe prêmio Nobel espera da caçula rigor e disciplina. Ève procura se encontrar diante das duas mulheres e sofre com a ausência paterna. Frequenta as aulas no colégio Sévigné com atenção, de fato isso é preciso, e obtém boas notas. Demora-se em suas escalas, enquanto a mãe e a irmã almejam ter alguma tranquilidade quando, à noite, retornam ao apartamento.

Em segredo, Ève se interroga, muito insegura. Conseguirá se destacar? Estará à altura dos sonhos de Mé? Terá realmente encontrado o próprio caminho? No silêncio da noite, enquanto o gato que ela adora e acaricia descansa ao seu lado, perde-se na confusão dos sentimentos. Angustia-se. Difícil ser uma jovem Curie entre essas cientistas excepcionais. Ela sonha com uma razão de viver, fora daquele laboratório sobre o qual mãe e irmã lhe martelam os ouvidos. Sequer imagina que outros mundos, insuspeitados, logo irão ampliar seu horizonte.

*

"Depressa, vamos!"

Após a guerra, as três Curie recuperam a felicidade das férias no norte da Bretanha. Uma enseada de paz, esta casa numa aldeia de pescadores na ponta do Arcouest, com vista livre para a ilha de Bréhat e seus rochedos de cor ocre. E muitos amigos. Nadar, caminhar, dançar, tudo é permitido para essas famílias de cientistas, cada uma com sua casinha. A delas fica encarapitada na costa rochosa, de onde se distinguem os veleiros para além dos pinheiros, com uma vista impressionante para o horizonte. Marie se revigora. Como Charles Seignobos, o historiador presidente da Liga dos Direitos Humanos, que teve a bela ideia de adquirir ali, no final do século XIX, uma casa e, depois, um veleiro! Um pequeno paraíso. O neurofisiologista Louis Lapicque, e mais tarde Jean Perrin, futuro prêmio Nobel de Física em 1926, ali construíram casas, à semelhança de Marie. Esses cientistas de convicções laicas e republicanas têm suas propriedades perto da de Émile Borel e sua esposa Camille Marbo. Todos se encontram para serões dançantes, jantares simples, felicíssimos por estarem juntos. Todos apoiaram Alfred Dreyfus. Todos se respeitam. Nenhuma vaidade é tolerada, eles se vestem com roupas gastas; todos se dedicam aos esportes e mais tarde, à noite, aos jantares e às danças simples. É um mundo fechado, onde o cotidiano intelectual é a referência suprema. Trata-se da "Sorbonne Plage"! Ali, Marie pode escrever e refletir. Esquecer suas pesquisas é impossível; ela, porém, consegue dedicar algumas horas a atividades esportivas frequentemente intensas. Corpo são em mente sã, *leitmotiv* de sua vida inteira. As filhas se interessam pelos passeios de bicicleta e a pé ao longo de várias dezenas de quilômetros. Às vezes, discretamente, Marie deixa reaparecer seu senso de competição. Munida de um binóculo, vigia o comprimento do percurso e as proezas de seus colegas e suas esposas na natação, e em seguida procura ultrapassá-los na água fria e salgada. Irène e Ève, graças à mãe, irão se tornar excelentes nadadoras, e, bem mais tarde, a caçula continuará seus quilômetros de natação pelo mundo, não importam o tempo e a temperatura gelada da água.

Mas logo uma amiga convida Marie para o Var. O sul, a Côte d'Azur, lugares míticos que aparecem nos livros e nos sonhos de muitos poloneses e de outras populações do norte da Europa. Sem falar da Rússia, de onde aristocratas expulsos de suas terras pelos bolcheviques, e que em muitos casos perderam tudo, emigram desde a Revolução de Outubro. Marie vai para lá em setembro, descobre uma água mais quente do que a da Bretanha, um sol mais suave, uma luz intensa e uma vegetação luxuriante. Um paraíso. Ela voltará ali, comprará um terreno, construirá uma casa simples, mas com uma vista excepcional. Ève e Irène compreendem esse desejo de Mé de possuir casas-refúgios, "casas-faróis", escreverá sua caçula. Ève irá muitas vezes a essa casa, e a herdará após a morte de Marie.

Nesse parêntese feliz, contudo, a saúde de Marie se deteriora novamente. Desta vez, o que a faz sofrer não são os rins, mas os olhos. Esses olhos sem os quais ela não pode ler os relatórios de suas equipes, de sua filha, e as novas pesquisas. No Instituto do Rádio, que lhe proporciona grande alegria e lhe permite finalmente ser dona de sua vida, Marie se inquieta. E se o pessoal perceber o que está lhe acontecendo? E se a imprensa, pronta a criticá-la novamente, vier a descrevê-la como fraca, ou mesmo cega? Sua credibilidade e o prestígio do instituto seriam reduzidos, talvez para sempre. E, como uma desgraça nunca vem sozinha, sua audição também se deteriora. Ela escreve a Bronia, de quem não esconde nada:

> Meus maiores problemas vêm dos meus olhos e dos meus ouvidos. Meus olhos estão muito enfraquecidos, e provavelmente não se pode fazer grande coisa. Quanto à audição, um zumbido quase contínuo, frequentemente muito intenso, me persegue. É algo que me preocupa bastante; pode prejudicar meu trabalho ou mesmo torná-lo impossível. Talvez o rádio tenha a ver com isso, mas não é possível afirmá-lo com certeza. São esses os meus

sofrimentos. Não comente de modo algum com ninguém, para que o boato não se espalhe.[15]

Ela vai ter de se submeter a uma cirurgia devido à catarata. E, em tal circunstância, é de Ève, que a alimenta devagar, às colherinhas, que Marie mais precisa na convalescença. Foi preciso aguardar até 1923. A intervenção não obteve o resultado esperado. A cientista deverá enfrentar outras duas cirurgias oftalmológicas em 1924; e, justamente quando está cada vez mais fragilizada pelos raios, uma última em 1930. Além do sofrimento físico, permanece o temor obsessivo de que seus colaboradores descubram o problema. Marie recorre a óculos cada vez mais espessos e, para completar, a lupas tão grandes que lhe cobrem o rosto. Mas é necessário continuar as pesquisas sobre esse famoso rádio. O prazer de trabalhar continua intacto. E sua vontade férrea não se atenua.

*

A Grande Guerra e seus milhões de mortos, mutilados, viúvas e órfãos agitam suas noites, ensombrecem as lembranças de Marie. E os sonhos de paz já se atenuam. Ela se preocupa. De novo, a Polônia está no centro do palco. Se a Primeira Guerra Mundial acabou, a guerra russo-polonesa está começando. De fevereiro de 1919 a março de 1921, russos e poloneses se enfrentam, vítimas, como outras nações, do Tratado de Versalhes. De fato, considerando o apetite russo em relação à Polônia, por que os vencedores, entre os quais a França, ousaram não definir claramente as fronteiras entre os dois Estados, um dos quais, agora bolchevique, deseja recuperar as terras do Império Russo de 1914? Nesse conflito, mais uma vez, a Polônia é perdedora, embora a derrota do Império Alemão tivesse devolvido aos países da Europa central a chance de reconquistar sua autonomia.

A reconstituição da Polônia, após 123 anos de submissão, só durou três anos. O Exército Vermelho acaba de esmagar os russos-brancos, fiéis ao czar. Lênin está convencido de que os povos vão se sublevar para criar um comunismo mundial. A Polônia será a próxima conquista da Internacional Comunista. Sempre maltratada, até mesmo martirizada. Desta vez, Lênin pretende impor ali um regime bolchevique que servirá de vanguarda a uma conquista da Europa ocidental.

Para as Curie, que dilema imprevisto! Tal como seu país, Marie sofre, revive as humilhações, os vexames, as negações da identidade polonesa. Dilema agravado por uma dilaceração: na mesma oportunidade, pesquisadores, entre os quais os melhores amigos dela e de Irène, são atraídos pelas declarações comunistas "a serviço dos povos". Irène, sob a influência de Paul Langevin, o antigo amante de sua mãe, a quem Marie perdoou, observa, ano após ano, as políticas orçamentárias que, tal como lembra Louis-Pascal Jacquemond, são inflacionistas e reduzem a renda dos cientistas, assim como os créditos dos laboratórios.[16]

Para a mais velha das filhas Curie, o papel do pesquisador é fundamental, mas parece ser incompreendido pelos dirigentes políticos. É um sentimento de injustiça e simultaneamente de urgência que atravessa essa jovem cientista, educada no culto ao progresso, tanto social quanto da medicina, a serviço do povo. Irène sente-se então disposta a ingressar num movimento de esquerda para o qual os intelectuais da época são atraídos. E isso passa primeiro pelo sonho de paz. Guerra, grande ou pequena, nunca mais. Nunca mais um massacre de povos. Ao menos, é o que ela espera.

4

América, uma revelação mais forte do que um sonho

O retorno da paz devolveu vida e esperança aos membros do Instituto do Rádio, situado nas proximidades do Panteão. Mas os obstáculos se acumulam. Num país exangue, como encontrar materiais para fazer a instituição funcionar? Marie descobre que já não há microscópios, tomados pelos médicos de Bordeaux. Ela precisa economizar cada centavo, tenta obter móveis por preço módico, negocia a fim de conseguir papel, máquinas, capas de proteção para alguns de seus equipamentos químicos. O ministério das Finanças recusa-se a lhe doar materiais para suas experiências.[1] A ela, duplamente premiada com o Nobel! Decididamente, reflete Marie, a pesquisa científica é bem pouco valorizada neste país, ao contrário do que ocorre aos seus colegas homens e mulheres na Alemanha ou nos Estados Unidos, os quais, segundo ouve dizer, obtêm amplos recursos privados. Ela aciona todos os seus contatos, e estes são numerosos, considerando seu engajamento no front e junto às trincheiras, para que lhe deem apoio. Escreve: "Já não sou jovem, e me pergunto se um dia chegarei a construir, para os que vierem depois de mim, um instituto do rádio à altura daquilo que eu desejo, pela memória de Pierre Curie e no interesse da ciência".[2]

Afinal consegue recuperar, segundo Marie-Noëlle Humbert em seu relato sobre Marie Curie durante a Grande Guerra,[3] equipamentos radiológicos que ela mesma instalara nos hospitais de guerra. Queria reatribuí-los em seguida a dispensários ligados à tuberculose, a fim de que essa nova tecnologia pudesse aliviar o maior número de pacientes. A despeito dos transportes cambaleantes, do país desorientado, onde ainda reina o caos, ela chega a reaver certos instrumentos, muitos dos quais estão quebrados. Mas pouco a pouco, fortalecida por uma perseverança herdada de sua difícil juventude na Polônia e por seus apoios à irmã Bronia, cria unidades de radiologia, ao passo que, ao seu instituto, falta quase tudo.

Graças à notoriedade e à ação de Marie em campo de batalha, oficiais e soldados americanos que ficaram na França submetem-se a uma formação no instituto para inspirar-se em sua experiência. Ver esses rapazes em plena forma, vindos de uma América que ela ainda não conhece, representa o mais belo dos reconhecimentos e uma razão para continuar seu trabalho. Transmitir seu saber, seu traquejo, a uma juventude internacional: que dádiva! Pierre ficaria feliz por sua ação, considerando que, no passado, os dois haviam decidido não registrar patentes. E a isso se acrescenta uma outra alegria. Irène é agora uma jovem realizada e voltada para a ciência. Para ela, é hora de escutar a mãe, como outros pesquisadores. Há muito tempo, Irène sabe que trabalhará na esteira de seus pais. Chegou o momento. Neste início dos anos 1920, Marie sente aquilo que se costuma chamar de felicidade e, apesar da ausência de Pierre, uma certa serenidade. Então se reúne com a jovem geração de pesquisadores para tomar chá, ritual da tarde durante o qual as risadas explodem em meio aos comentários sobre as últimas descobertas em química. Nesse grupo, Irène desabrocha. E isso encanta sua mãe. Sob uma aparência seca, esta adota uma atitude benévola diante dos pesquisadores e pesquisadoras, escuta-os e os encoraja. Porém, lembra a historiadora Natalie Pigeard-Micaut: “Se Marie Curie aceita as mulheres em seu laboratório, não é por vontade de servir a alguma causa feminista. Não, Marie Curie aceita as mulheres sob as mesmas condições dos homens. Ela jamais exercerá uma seleção sexista na escolha de seus colaboradores".[4] Assim, através dos anos, irão formar-se pesquisadoras provenientes da França, de outros países da Europa e dos Estados Unidos. Quando deixarem o instituto, muitas estarão entre as primeiras mulheres a ocupar um posto científico de responsabilidade em seus países. Mas como, na maior parte, as obras de história são escritas por homens, é difícil encontrar biografias completas de várias delas. Nesse contexto árduo, Natalie Pigeard-Micault conseguiu reconstituir a biografia de 45 dessas mulheres. O percurso delas demonstra, se necessário fosse, que o retrato frequentemente feito dessas pesquisadoras como *bas bleus* era uma caricatura. A maioria delas tem uma vida de casal e de família, filhos, tal como Irène Joliot-Curie.

Contudo, uma realidade se impõe: a da ausência evidente de mulheres oriundas da Ásia, da África, do Magreb, dos Orientes Próximo e Médio. Sem dúvida pode-se constatar nisso a discriminação que, no início do século XX, as mulheres dessas regiões sofriam, discriminação à qual se acrescentava o peso da colonização. Os impérios coloniais de então, muito poderosos, adotavam atitudes arcaicas e patriarcais em relação às mulheres. Por isso, as admitidas no Instituto do Rádio eram brancas com educação ocidental. Ainda assim, Marie Curie, não o esqueçamos, sempre foi muito aberta a todas as civilizações e não suportava nenhuma discriminação, como sua vida inteira comprova. Ela orientou pesquisadores asiáticos, dos quais elogiava para sua filha Ève a "superioridade" na precisão de análise e a inteligência, a cortesia e a curiosidade intelectual.

*

Mas, à falta de patentes registradas sobre as descobertas relativas ao rádio, o laboratório não tem dinheiro. É verdade que, graças à intervenção da condessa Greffulhe, que inspirou Marcel Proust para a personagem da duquesa de Guermantes e que era apaixonada pelas ciências, o industrial e filantropo Andrew Carnegie havia proporcionado em 1907 uma ajuda considerável, mas insuficiente para permitir o funcionamento do laboratório. Também não esqueçamos que, já em 1909, a Universidade de Paris e o Instituto Pasteur haviam decidido construir um laboratório para Marie Curie, o Instituto do Rádio. Um imenso progresso. Ela, porém, se rende à evidência. Não dispõe de recursos suficientes para suas pesquisas, em particular no campo da saúde, e não pode adquirir um só grama de rádio. É o cúmulo para a duplamente premiada com o Nobel que descobriu a energia do amanhã. O que fazer? Marie se preocupa, fica triste e pensativa. A isso acrescenta-se a insistência de um amigo, o escritor Henri-Pierre Roché, o qual ainda não publicou o romance que o tornará célebre, *Jules et Jim*. Ele quer lhe apresentar uma jornalista americana. Nem pensar, ela não tem tempo a perder. Depois do sofrimento de dezembro de 1911 e do caso Langevin, desconfia dos jornalistas. Mas o escritor se obstina. Trata-se de uma das jornalistas mais conhecidas dos Estados Unidos, que dispõe de uma influência considerável sobre as americanas. O que Marie ainda ignora é que Missy Meloney, à semelhança dela, teve um percurso cheio de ciladas, sofreu a hostilidade dos colegas homens e conseguiu transpor obstáculos resultantes de sua condição feminina.

Por outro lado, na revista que dirige, Missy Meloney insiste em promover a mulher desportista, liberada, capaz de dirigir um carro, garantia de liberdade nos Estados Unidos, onde os transportes coletivos, ônibus e metrô, não são tão difundidos quanto na Europa. Em resumo, ela ensina às mulheres a independência. Nascida no Kentucky, filha de um médico, é influenciada sobretudo pela mãe, Sarah Irwin, fundadora e redatora-chefe da *Kentucky Magazine*, uma das primeiras publicações literárias e científicas americanas editadas por mulheres. Que modelo para a jovem, que pretendia se tornar pianista, mas que precisou abandonar essa carreira após sofrer um acidente quando cavalgava! Missy Meloney toma então um outro caminho. Será o jornalismo, com seu brilho e a vontade de se comunicar com o mundo. Uma vida à imagem da de sua mãe. Os Meloney se empolgam com a modernidade, a ajuda às outras mulheres, as descobertas científicas e médicas. Assim, com energia, e apesar de suas dores, Missy encontra o tom que convém para seduzir Marie: "Fiquei coxa aos quinze anos, sofro do pulmão desde os dezessete e tive três vidas desde então".[5] Missy é baixinha, aspecto frágil, longa cabeleira, ao contrário de Marie. Mas tem uma tenacidade que a faz querer devorar a vida e percorrer o mundo. Casa-se com William Brown Meloney, redator-chefe do *New York Sun*. Ela mesma trabalhou em vários jornais e foi uma das repórteres mais jovens de toda a América: aos quinze anos no *New York World* para cobrir a convenção republicana, aos dezoito como correspondente, em Washington D.C., do *Denver Post*, do *New York Sun*, do *New York World* e do *Delineator.* É em nome dessa revista feminina que ela solicita uma entrevista com Marie Curie. Sem sucesso. Não importa. Missy não vai desistir. Sonha com esse encontro há anos. Então dirige à cientista uma carta, algumas palavras escritas com o coração: "[...] faz vinte anos que a tenho como alguém importante, senhora, e quero simplesmente vê-la por alguns minutos".[6]

"Impossível" não faz parte do vocabulário da jornalista americana. E ela quer provar isso. Ante a insistência de vários amigos, e intrigada por uma mensagem tão simples, Marie acaba cedendo. Mas atenção: a entrevista será rápida. Muito rápida.

Não pode perder muito do tempo dedicado à pesquisa. Suspirando, a cientista abre a porta e descobre uma mulher pequenina, da mesma altura que ela, uma americana vinda daquele imenso continente que, como Marie sabe, dispõe, mais do que qualquer outro lugar no mundo, do precioso rádio que representa a pedra angular do prosseguimento de suas pesquisas.

Missy, por sua vez, levanta-se e, de pé, com um sorriso iluminando o rosto, fica estupefata. Leiamos suas palavras:

> A porta se abriu e eu vi uma mulherzinha pálida e tímida, a sra. Curie, trajando um vestido de algodão preto, com a face mais triste que já conheci. Seu belo rosto de erudita expressava a paciência, a gentileza e o desprendimento. De repente, me senti como uma intrusa. Minha timidez era maior do que a dela. Durante vinte anos eu fora treinada a interrogar, mas não consegui fazer uma só pergunta àquela doce dama [...]. Tentei explicar-lhe o quanto as mulheres americanas eram entusiasmadas pelo trabalho dela, e pedi desculpas por ter tomado seu precioso tempo.[7]

Tais delicadezas são agradáveis de ouvir, Marie esboça um sorriso, inicia a conversa. Declara-se preocupada. É na América que existem aqueles gramas de rádio de que ela tanto precisaria para continuar seus trabalhos. Então descreve, cidade após cidade, os locais onde se encontra o precioso produto. E não hesita em acrescentar: o preço dele é altíssimo, superior aos recursos de seu instituto. Estamos longe dos famosos laboratórios do americano Edison, que ficou riquíssimo graças às patentes que registrou. Um cientista que fascina o público americano. Na França, tudo parece pequeno, austero. E mesquinho.

Missy lhe faz então duas perguntas que mudarão a vida de ambas. De qual quantidade de rádio a cientista dispõe? Somente um grama, responde Marie, e mesmo assim ela não o possui: esse pequeno grama não lhe pertence, mas sim ao laboratório. Nem pensar em registrar patentes que sem dúvida lhe permitiriam, como Ève sublinhará mais tarde, construir um magnífico laboratório. Com prudência, Missy insiste: de que a cientista precisaria realmente? Um grama de rádio, claro. Mas custa uma loucura, 100 mil dólares! Muito bem, responde a jornalista, eu vou lhe conseguir esse dinheiro. Sob uma condição. Será preciso ir buscá-lo nos Estados Unidos.

No navio de volta, instalada em sua cabine de primeira classe, Missy Meloney elabora uma lista das mulheres mais ricas de seu país, às quais planeja solicitar uma contribuição de 10 mil dólares de cada. Mal desembarca em Nova York, encontra-se com elas, insiste, descreve o formidável projeto daquela que salva vidas na França. Mas essas senhoras hesitam. Sob o ponto de vista individual, o valor a doar é muito alto. Portanto, fracasso. Missy pensa então em sua revista, lida por numerosas mulheres pelos Estados Unidos afora. Por que não lançar uma subscrição nacional, com uma participação de 1 ou 2 dólares para cada uma? Basta redigir um artigo que destacará a dedicação, a entrega desinteressada de Marie. As americanas poderiam sensibilizar-se com a recusa da cientista a registrar patentes de suas descobertas, particularmente aquelas ligadas ao câncer. Um modelo distante dos resultados financeiros de que o povo americano tanto gosta. Uma santa laica, de certa forma. Missy cria então um comitê formado por personalidades, jornalistas e médicas. Lança uma campanha nacional, denominada Marie Curie Radium Fund. E assim, pouco a pouco, vindos das cidadezinhas dos Estados Unidos, os recursos vão chegando. Um ano depois, o dinheiro está disponível.

Em Paris, no Instituto do Rádio, Marie se comove ao saber da notícia. A generosidade daquelas mulheres tão distantes da

França, a milhares de quilômetros, no Oeste, na costa do Pacífico, no Middle West, e que não a conhecem, é tocante. Será que, nessa hora, pensa naqueles modestos salários que ganhava com tanta dificuldade, na juventude, trabalhando duro na casa de ricaços poloneses, orgulhosos e egoístas, para enviar aquele magro butim a Bronia e garantir os estudos da irmã em Paris? Agora, é para ela que mulheres de outro país se cotizam. Ou melhor, para pesquisas que são e serão propriedade de todos.

Mas, à generosidade, segue-se o requisito. Será necessário ir buscar o grama de rádio nos EUA e recebê-lo das mãos do presidente do país. No apartamento do Quai de Béthune, enquanto as barcaças passam diante das janelas do imóvel, Marie hesita. Detesta multidões, e ainda não se recuperou, nove anos depois, das reportagens injuriosas. E a imprensa americana gosta de escândalos. Ela não sente forças para suportar calúnias outra vez. Mas precisa tanto desse rádio... No jantar, percebe o quanto, neste lugar desprovido de móveis, mas preenchido por livros e pelo piano de Ève, por artigos e obras sobre ciências espalhados pelo chão, a presença de suas filhas lhe é agradável. Deixa-a tranquila. Portanto, estabelece uma condição: a de que Ève e Irène possam ir também. Missy promete conversar com seus colegas donos de jornais para que se comprometam a não aludir àquele doloroso escândalo que quase arrasou Marie.

A eminente personalidade da mídia americana consegue acalmar os jornalistas, e até mesmo que alguns deles contribuam para o fundo em favor do rádio! Uma proeza. Também empreende uma campanha de promoção junto a editores americanos a fim de que publiquem as memórias de Marie Curie. Do lado francês, a notícia dessa viagem além-Atlântico surpreende. E, principalmente, surge o temor de que a França, que se recusara a aceitá-la como membro da Academia de Ciências, pareça menos agradecida do que a América. Por conseguinte, no mais alto nível do Estado e em Tout-Paris, as pessoas se mobilizam. Descobre-se que, a despeito de dois prêmios Nobel e de um corajoso engajamento nos campos de batalha, a cientista não é cavaleira da Legião de Honra. Uma ingratidão que convém reparar de imediato. A medalha mais prestigiosa da França lhe é proposta, mas, pela segunda vez, Marie a recusa. Na verdade, ela e seu marido tinham-na recusado após o primeiro Nobel: "Não vejo a necessidade disso", declarara Pierre Curie. Em contraposição, em 1918 Marie estaria disposta a aceitá-la, se tivesse recebido tal distinção a título militar por sua atuação durante a Grande Guerra, explicará mais tarde sua filha Ève. Porém, em 1918 e ainda hoje, não era possível, porque, para isso, é preciso ter sido ferido ou morto em combate, o que não era o caso dela. As autoridades francesas ficam decepcionadas.

Nessas condições, por que não organizar uma festa em sua homenagem num local prestigioso, a Ópera? A ideia vinga, tanto mais quanto Sacha Guitry, com cujas peças de humor cortante, num francês caprichado, o público se deleita, é quem organiza a recepção, por iniciativa do jornal *Je sais tout*. As doações da *soirée*, é claro, serão feitas em benefício do Instituto do Rádio. Uma grande atriz está presente: Sarah Bernhardt. Com mais de setenta anos, e apesar de ter amputado uma perna em 1915 para salvar-se da gangrena resultante de uma tuberculose óssea, ela jamais se queixa, e sua voz ainda ressoa sob os aplausos. Como poderia não ficar sensibilizada pela ação da cientista durante a Grande Guerra, ela que recebeu a Legião de Honra por haver, de um lado, "difundido a língua francesa no mundo inteiro", mas também prestado serviços como enfermeira durante a guerra franco-prussiana de 1870-1871? Marie fica encantada, e o público vibra de entusiasmo. Será uma das últimas apresentações de Sarah Bernhardt. Dois anos depois, a atriz morre vítima de insuficiência renal aguda. Terá direito a grandiosas exéquias, excepcional homenagem a uma mulher na França.

Portanto, com Sarah Bernhardt e também Lucien Guitry, pai de Sacha, trata-se de uma *soirée* mundana, durante a qual homens e mulheres exibem seus mais belos trajes de gala e suas joias mais brilhantes... diante de Marie, que usa um simples vestido preto. Apesar de repetidos esforços, Ève não conseguiu fazê-la comprar uma roupa adequada. É um turbilhão de atores, atrizes, musicistas de ambos os sexos, políticos, amigos cientistas. Todos a celebram, cobrem-na de cumprimentos, enquanto Marie se preocupa com a longa e extenuante viagem que a espera através de um continente e com mundanismos semelhantes aos desta noite, que ela terá de enfrentar para obter o tal grama de rádio. E tem razão para se alarmar. Se soubesse o que a esperava, ousaria empreender tal viagem?

Chega, enfim, a hora do embarque para o Novo Mundo. Lentamente, Missy Meloney, ajudada por um comissário de bordo, entreabre a suíte reservada a Marie no transatlântico *Olympic*. Há dez anos, esse navio é uma das joias da marinha britânica e da White Star Line. Lançado em 1911, já não tem concorrente, uma vez que o *Titanic* afundou um ano depois. As celebridades, tais como o príncipe de Gales e os atores da nova arte, o cinema, adoram viajar nele rumo à América. Marie é instalada na melhor suíte da primeira classe, um luxo que a deixa constrangida. Afinal, de que lhe serve este apoio para charuto no banheiro? E esta sala de ginástica, que sem dúvida é agradável, mas onde ela jamais se imaginaria em trajes esportivos? Suas filhas, que dispõem de dois quartos soberbos na coberta superior, estão encantadas. Não demoram a tirar suas roupas, algumas elegantes, da única mala que elas e a mãe levaram. Marie as observa. Quantos trajes inúteis e luxuosos! Ève manuseia, ansiosa e comovida, seus novos vestidos de coquetel e de noite. Inaugurou um deles por ocasião da *soirée* na Ópera de Paris. Homens giravam ao seu redor como um enxame de zangões, muito corteses diante da jovem senhorita. Ela conserva daquela noite uma lembrança inesquecível. Terá oportunidade de usar alguns destes vestidos e *tailleurs* deslumbrantes? Começa a compreender que seu passo gracioso, seus olhos magníficos, seu sorriso, sua inteligência, sua cultura e seu humor suscitam o interesse masculino.

Ao longe, no convés de passeio das primeiras classes, Marie dá alguns passos. Afinal, precisa tomar ar, habituar-se ao balanço do navio. Irène não a deixa. As duas podem conversar sobre seus assuntos favoritos, aquelas ciências das quais Ève está excluída. Pouco a pouco, Marie fecha a cara. Muito luxo espalhafatoso, o contrário de seu modo de ser e de sua vida; sente-se meio perdida, antes mesmo de atracar no Novo Mundo. Do navio, escreve a uma amiga, a esposa de Jean Perrin: "Querida Henriette, encontrei a bordo sua gentil carta. Ela me fez bem, pois não foi sem apreensão que deixei a França por esta longínqua aventura, tão contrária aos meus gostos e aos meus hábitos. Não gostei da travessia; o mar se revelou lúgubre, escuro e ruidoso. Mesmo sem estar doente, fiquei tonta e permaneci em minha cabine durante a maior parte do tempo. Minhas filhas parecem bastante contentes".[8] Como poderia ter sido diferente? Elas passeiam pelo convés, vão à sala de esportes, descobrem as danças, a cabine de cinema, escoltadas por Missy Meloney. Como ficam felizes por interrogá-la sobre suas aventuras de jornalista, suas lutas para ajudar as mulheres americanas a obterem novos direitos!

Irène e Ève descobrem que esse ofício de jornalista, motivo de tantas dores e humilhações, pode se tornar um recurso e trazer consolo. Por meio da escrita, uma mulher tem condições de se corresponder com o mundo, estimular iniciativas. E se essa profissão pudesse permitir que as mulheres afirmassem seus direitos? Ève fica pensativa, Irène também se impressiona. Ali está uma mulher, a exemplo da sufragista britânica Hertha Ayrton, que lhes mostra como superar obstáculos e construir uma vida apaixonante. Alguns dias mais tarde, após a névoa, o frio e o vento, o céu se abre sobre os arranha-céus. Imperial e grave, a Estátua da Liberdade ergue o braço à guisa de boas--vindas. Ève e Irène já aprenderam muito. Ainda não sabem que sairão dessa viagem transformadas.

Por enquanto, é a efervescência. Com a ajuda do binóculo, o comandante observa a multidão que se acotovela no cais, muitos americanos, entre os quais jovens de origem polonesa, homens e mulheres, crianças, funcionários públicos, todos vieram saudar a mulher que salva vidas. Depressa, é preciso evitar tumulto, instalar Marie numa poltrona, remover-lhe seu pavoroso chapeuzinho. Os jornalistas sobem correndo ao convés, pedem-lhe que vire a cabeça, à direita, à esquerda, Marie ainda não desembarcou, mas já não aguenta. Ao seu lado, Ève, a elegante da família, de sapato alto e meias de seda, atrai os olhares. A caçula observa a mãe, um tanto inquieta, mas não consegue evitar o esboço de um sorriso. Se Irène viveu a entrega do prêmio Nobel em 1911 em Estocolmo, agora Ève descobre que Marie, a discretíssima cientista, na realidade é célebre, e mesmo adulada, fora da França. Que choque!

Mas logo é preciso desembarcar, mergulhar na multidão delirante, cumprimentar as jovens de origem polonesa que trazem nos braços rosas brancas e vermelhas, cores da bandeira polonesa que flutua acima das pessoas. Marie faz um breve discurso, lembrando que o rádio já foi usado no tratamento de pessoas afetadas por vários tipos de câncer. Em seguida, isoladas pela polícia, as três Curie entram em veículos que as conduzem rapidamente para o Village, em Manhattan, até o palacete de Missy Meloney, na 14th Street. Agora podem descansar, rodeadas por muitos buquês de flores. Não há tempo, contudo, para visitar os museus nem descobrir o Central Park ou o Empire State Building: é preciso correr, correr de novo. E sua anfitriã, tão atenciosa, fica preocupada. Marie não trouxe vestido nem pelerine dignos desses nomes para receber os doutorados *honoris causa* nas universidades americanas. Em poucos minutos, Missy chama um alfaiate que confecciona com urgência as roupas necessárias, mas a cientista reclama. As roupas são incômodas, nada confortáveis, ela não conseguirá vesti-las. As três mulheres tentam amansá-la. Ève, a elegante, sabe: sua mãe pode ser teimosa.

Finalmente, Marie terá um traje, que sem dúvida a indispõe e a irrita, mas é hora de decidir prioridades em relação aos convites. São tantos que as três mulheres ficam tontas. Estrategicamente, Missy Meloney preparou, negociou as etapas da viagem nos mínimos detalhes. Ela conduz Marie, Irène e Ève pela costa leste dos Estados Unidos às mais prestigiosas universidades americanas reservadas a mulheres. Moças estudantes! Como as da Escola Normal Superior de Moças de Sèvres, onde Marie ensinou por muito tempo e à qual se devem, na França, as primeiras formações de cientistas mulheres. Que alegria descobrir essas universidades femininas que, alguns anos mais tarde, irão agrupar-se sob o nome de Seven Sisters para promover em toda a costa leste a melhor educação para as jovens! Convém lembrar que, em 1921, as universidades de Princeton, Harvard, Yale e várias outras são exclusivamente masculinas, e que será preciso esperar até 1970, ou seja, quase cinquenta anos mais tarde, para que tais instituições, depois de protestos e de uma firme resistência, aceitem abrir-se às mulheres.

Marie se comove ao descobrir aquelas moças apaixonadas por cultura, arte, filosofia e ciências. Ève se alegra com isso:

"Boa, excelente ideia, essa de domar Marie Curie misturando--a logo de início a uma juventude entusiástica, às estudantes, suas iguais!".[9] Nova York, por sua vez, não quer ficar devendo. Abundam homenagens de mulheres universitárias, no Carnegie Hall, no Waldorf Astoria, de sociedades científicas e industriais, de multidões entusiasmadas, diante de altos funcionários impassíveis, entre os quais os embaixadores da França e da Polônia. Algumas pessoas gritam, uma mulher excitada a machuca, quase lhe esmagando a mão, sob os olhares horrorizados da filha mais velha e da caçula. A mãe delas está sofrendo e deverá concluir este longo périplo com um pulso luxado e dolorido. Marie já está esgotada. Será capaz de continuar a viagem? No entanto é necessário, a América inteira exige sua presença. E os repórteres que lançam títulos extraordinários na primeira página dos jornais estão inquietos. A cientista de 53 anos aparece com pálpebras murchas, olhar quase apagado. Que contraste com a imagem que a revista de Missy Meloney transmitira antes de sua vinda!

Mas não importa: o objetivo é obter o rádio. A fadiga e a dor no pulso são ignorados. E Washington fica a poucas horas de Nova York. Ao lado de Marie, além de Missy Meloney, destacam-se o embaixador da França, Jules Jusserand, um dos mais brilhantes diplomatas de sua geração, e também historiador, que obterá o prêmio Pulitzer com uma de suas obras nessa área.[10] Em 20 de maio, apresentada pelo vice-presidente dos Estados Unidos, diante de várias centenas de personalidades, Marie se aproxima lentamente do presidente Harding, que saúda nela "a filha adotiva da França, seu mais eminente apoio entre as grandes nações" e "uma filha nativa da Polônia". Ele pousa uma condecoração sobre os frágeis ombros da cientista. Oferece--lhe uma chave que supostamente abrirá a caixa de cinquenta quilos na qual se encontra o precioso rádio. Ilusão e encenação para a mídia. Na realidade, o tal grama está bem escondido, em segurança, a tal ponto o produto é perigoso. Os dois caminham juntos diante dos convidados; Marie, finalmente sorrindo, apoia-se no braço do presidente. A gentileza dos americanos, a espontaneidade, a calorosa acolhida deles recompensam seus esforços. As pesquisas de Marie Curie poderão continuar, por ela e pelo bem da humanidade. No salão Azul da Casa Branca, a homenageada declara: "Se deixássemos as coisas como estão, o rádio se tornaria, após minha morte, patrimônio de particulares – de minhas filhas –; o rádio que a América me oferece deve pertencer à Ciência para sempre".[11] O elemento químico lhe será entregue secretamente quando as três Curie reembarcarem no navio que as levará de volta à França. Por enquanto, Marie continua seu périplo. No caminho entre Washington e Nova York, passa por Filadélfia, onde lhe oferecem cinquenta miligramas de mesotório, útil para suas pesquisas, e ela recebe a medalha John-Scott.

Mas é Pittsburgh, a cidade industrial, que a interessa. Toda vestida de preto, apoiada no braço de um responsável pela usina de refino do rádio (Radium Refining Plant), faz questão de observar diretamente o equipamento ali utilizado na preparação do famoso metal para o mercado americano. Tem o rosto crispado, o olhar intenso. Afinal, está descobrindo outra faceta de seu trabalho com Pierre, que jamais teve a oportunidade de viver tal aventura. E, sobretudo, como parecem imensas as oportunidades, em relação àquelas concedidas na França! Que fartura, comparada com o magro orçamento de seu instituto! As impressionantes dimensões do estabelecimento deixam-na abalada. Nesta usina da Standard Chemical Company de Canonsburg e de Pittsburgh que ela visita, produzem-se 76 dos 120 gramas de rádio do mundo, entre os quais, é claro, aquele que lhe foi oferecido pelas Women of America. De fato, foi esta companhia que obteve o contrato para produzir o "seu" grama.

Em 1969, em memória dessa visita, a universidade mandou instalar uma placa, inaugurada pelo arcebispo de Cracóvia, o qual, algum tempo depois, se tornaria o papa João Paulo II.

Marie pode se sentir aliviada. Sua viagem é um sucesso, e Missy Meloney conseguiu coletar entre as americanas mais de 100 mil dólares. Portanto, ainda lhe restarão alguns para modernizar o instituto. E, após ter observado os laboratórios dos Estados Unidos, ela retornará ao seu, em Paris, com novas ideias.

Agora, é preciso relaxar em Nova York por alguns dias, antes de iniciar a grande aventura rumo ao Oeste. San Francisco e Los Angeles esperam-na com impaciência. As mulheres que fizeram doações também querem ter a chance de celebrá-la. E San Francisco está se reconstruindo para recuperar seu lugar de centro econômico voltado para o Pacífico, após o devastador terremoto de 1906, no mesmo dia em que, em Paris, Pierre Curie morrera atropelado por uma carroça.

Mas de repente, sob o efeito da fadiga, Marie desaba. Deve permanecer acamada em Nova York, onde os jornalistas ficam consternados. Seus rins, afetados pelos raios, fazem-na sofrer novamente. A isso acrescenta-se uma crise de hipertensão. Ela não tem escolha, precisa de repouso. E Missy Meloney também se sente esgotada. As duas mulheres superestimaram suas energias. Com tristeza, mas inevitavelmente, o périplo pela costa do Pacífico é cancelado. Que decepção para a Califórnia! E quem sabe se Marie não teria podido conhecer em Hollywood um criador que, em suas obras, punha em cena crianças e pobreza, o célebre Charlie Chaplin, cujo filme *O garoto* havia estreado três meses antes e estava obtendo grande sucesso.

Mas é preciso evitar qualquer deslocamento. E, como as filhas a acompanham, cabe-lhes trabalhar e representar a mãe. Irène não fica intimidada. Desde os dezessete anos, enfrentava as provações mais difíceis da Grande Guerra. Portanto, fará os discursos científicos, substituindo Marie. Aos 23 anos, tal exercício lhe parece natural.

Ève ainda não teve oportunidade de exercer essa função, mas, desde que as três chegaram ao Novo Continente, ela se diverte, ri, descobre a energia desse país e de seus habitantes, que a conquistam. Como lhe parecem distantes o apartamento do Quai de Béthune e os outros cais do Sena! Ao seu redor, por toda parte destacam-se as cores das cidades, do campo, dos vestidos das jovens e das mulheres, numa alegria desconhecida na França. Tudo transmite entusiasmo, um calor humano que não tem medo de se expressar, como uma festa permanente, pontuada por alguns discursos, mas também por tantas recompensas e tanto reconhecimento que as pessoas logo os esquecem. Ève não esconderá sua alegria dos que a rodeiam; homens, rapazes, começam a cumprimentá-la, acompanham-na em passeios de barco ou a pé com sua irmã... A vida é bela, e cada visita se torna uma descoberta que a deixa inebriada.

Ève se apaixonou pela América, e não imagina para onde esse amor a levará. Aos dezesseis anos, tem todo o tempo para viver, aproveitar a juventude e aprender. Para tomar a palavra, num inglês bem seguro, idioma que ela ama e que praticou durante um verão passado na casa da física e sufragista britânica. Observa sua irmã, sorridente, mas um tanto rígida. Sente que agirá em público de outro modo. Jamais terá pretensão científica, mas utilizará seu charme, sua elegância, que encantam a assistência. Com Irène, encadeia discursos, palavras de agradecimento, entra no jogo, sorri e conversa num inglês impecável, pronunciado com leve sotaque francês. Conquista seu público. Enquanto os dias passam e Marie se recupera pouco a pouco do esgotamento, Irène e Ève, cada uma a seu modo, avançam rumo à afirmação das respectivas vocações.

Agora, convém retomar a viagem. Não será ao oceano Pacífico, muito distante; mas as jovens Curie sonham conhecer o famoso Grand Canyon, no Colorado, com Missy Meloney. Para esse périplo, as quatro seguem de trem, por três dias, pela Santa Fe Trail, que mais tarde servirá de cenário em westerns. Os jornalistas anunciam antecipadamente a chegada delas às cidades, o que provoca excessos. Em Santa Fé, que está orgulhosíssima por receber "Madame Curie", os curiosos se acotovelam na plataforma da estação a fim de aclamá-las. Para Marie, é impossível suportar tamanha tensão, tamanho risco à sua saúde. A partir de agora, os trens irão parar antes das estações, para que ela, Irène e Ève cheguem de carro, tranquilas, a cada etapa. Marie se sente novamente exausta. Já as moças estão maravilhadas. Esse longo passeio de trem se desenrola como um sonho para Irène e Ève. Elas descem o Grand Canyon pela tradicional trilha em lombo de mula, sem dúvida inofensiva, mas na qual, de alturas com vista inteiramente livre, a cada curva a mula inclina um pouco a cabeça em direção ao abismo... As jovens riem e não parecem sujeitas a vertigens. Pelo menos, não relatam isso. Maravilhadas e felizes ante essa força da natureza, à qual as Curie já eram muito sensíveis por ocasião de suas temporadas no Arcouest, na Bretanha, ou no jardinzinho diante do Instituto do Rádio. No qual, aliás, Marie plantou rosas. Mas, aqui, tudo é imenso. É um momento de alegria do qual se lembrarão por toda a vida.

É hora de iniciar a viagem de volta. Elas fazem o trajeto a bordo de um trem confortável e atravessam outras paisagens no norte dos EUA, perto da fronteira canadense. Chicago as espera. E que acolhida! Membros da comunidade polonesa do lugar estão ali, uma multidão na qual milhares de jovens, vestidos com as cores de sua nação distante, homens e mulheres de todas as idades recebem Marie com uma verdadeira apoteose. Como ela não vibraria diante da alma de seu país, de nascimento e de coração? Em um século, mais de um milhão de poloneses emigraram para os Estados Unidos, a maioria dos quais se instalou nessa cidade que é então, em 1921, a segunda mais populosa dos Estados Unidos.

Alguns poloneses e polonesas tentam se aproximar da cientista, tocá-la, beijar-lhe as mãos. É demais para Marie, que, no entanto, permanece sentada, sorridente, enquanto um desfile de seus compatriotas passa diante dela e os hinos nacionais americano, polonês e francês são entoados. Marie fica novamente esgotada, mas Chicago tocou seu coração. Ela também visita a filha única de sua irmã Bronia, a sobrinha Helena, que infelizmente está em conflito permanente com a mãe e sofre de problemas psiquiátricos. Toda a família tem esperança de que a jovem, longe dos pais, consiga se emancipar, se acalmar e encontrar o equilíbrio pessoal. Como lembra Natacha Henry em sua biografia sobre Marie Curie e Bronia Dluska, Helena trabalha num dos tantos jornais poloneses de Chicago, aquele de título premonitório, *O Diário do Povo*, que apoia a classe operária. Pouco a pouco a jovem readquire confiança, começa a participar das ações do partido socialista polonês de Chicago,[12] mas sua condição seria realmente estável? Marie tem dúvidas. Abraça a sobrinha, assim como fazem Irène e Ève, mas, no turbilhão enlouquecido de seus compatriotas, esse encontro será curto demais.

É tempo de descansar. Ainda não chegou a hora de retornar a Nova York. Se ela pôde se apresentar diante de várias universidades americanas femininas, agora falta visitar aquelas que, há um ou dois séculos, praticam a discriminação e só aceitam homens. Para começar, a mais prestigiosa de todas: Harvard, é claro. Os colegas cientistas mostram-se divididos quanto à qualidade das pesquisas de Marie desde a morte de seu marido, em 1906. Questionam o talento e a originalidade de suas descobertas. Desprezam o fato de que em 1911, cinco anos após o falecimento de Pierre, ela recebeu sozinha um segundo prêmio Nobel, desta vez de Química, por seus trabalhos recentes. A história demonstrou, através dos séculos, e particularmente no mundo científico e intelectual, a dificuldade, para os homens, de admitir que mulheres possam igualá-los. Uma maioria de cientistas chegou até a votar contra a ideia de atribuir a Marie um diploma honorífico! Contudo, o reitor de Harvard, Lawrence Lowell, tem a cortesia de compará-la a Newton, um homem cujas descobertas, aliás, não tinham sido submetidas a nenhuma discussão. Depois de Chicago e das multidões entusiásticas, que choque! Esta frieza em Harvard, Marie a conhece bem demais. Será que relembra agora a recusa, em 1911, à sua entrada para a Academia de Ciências? Esta América em nada se assemelha ao caloroso Middle West. E na biografia que Ève escreverá mais tarde sobre a mãe não haverá uma só palavra sobre esse momento da viagem das Curie, como se fosse preferível apagá-lo da memória coletiva. Mas Ève e Irène não o esquecerão. Sobretudo quando as duas, particularmente Irène, precisarem enfrentar cada vez mais, ao longo de anos, os cientistas franceses. Que diferença em relação aos *colleges* femininos, que a acolheram com entusiasmo! Também nos Estados Unidos ainda há muito trabalho a fazer para que as mulheres cientistas sejam reconhecidas por seu justo valor. Irène e Ève puderam constatar isso e se lembrarão. Portanto, esta viagem à América é traçada em alternância entre sombras e luzes, entre calor e gelo. O mesmo ocorrerá no decorrer da vida delas.

Chegou para Marie o momento de embarcar no *Olympic*, cujo comandante de bordo a recebe como a passageira célebre que ela é e a escolta até a cabine, onde a cientista tem pressa de repousar. Quando a porta se abre, ela não consegue evitar um suspiro. O aposento está atulhado de flores, de telegramas. O que foi feito do espaço vital de que ela tanto precisa? Irène e Ève esvaziam rapidamente o local. Agora a mãe delas está tranquila. De qualquer modo, convém verificar: o grama de rádio continua na bagagem!

Finalmente, Marie pode recapitular a aventura que acaba de viver. Um continente de pessoas, homens, mulheres, de todas as classes sociais misturadas, acaba de prestar-lhe homenagem. Ela constatou a intensidade desse calor humano, à exceção de alguns cientistas invejosos. A América, sua vivacidade e sua energia representam uma alegria que ficará em sua memória. Ela relembra as associações femininas que a ajudaram. Mas também pensa nas *sévriennes*, na França, que pretendem desenvolver a carreira que escolheram, nas sufragistas, que organizam manifestações e inquietam os governos, nessas mulheres que desejam ser tratadas como iguais, embora sem sucesso, apesar dos brilhantes êxitos de muitas delas. Irène e Ève notaram a força desses grupos e seu papel político. Mais tarde, essas ações irão inspirar os caminhos das duas, embora, no momento, elas ainda não tenham consciência disso.

Enquanto o transatlântico ultrapassa a Estátua da Liberdade, Marie pensa em sua família na Polônia, à qual ela anseia por narrar a viagem, particularmente à sua querida irmã mais velha, Bronia. Não esquece a amiga que ficou no cais de Nova York. Missy Meloney, com seu sorriso, sua inteligência, seu talento, seu devotamento e sua delicadeza, dia e noite, já não está ao lado dela. Mas Marie lhe deve o sucesso dessa jornada. Sente por Missy uma ternura imensa, para além do respeito e da gratidão. Graças a ela, suas pesquisas para tratar de vidas humanas, para salvá-las, serão possíveis. Missy Meloney tornou-se mais do que uma amiga: na verdade, é membro da família de coração. De volta à França, a cientista não se esquecerá de solicitar para ela a Legião de Honra. E a obterá.

Na chegada ao Havre e à Gare Saint-Lazare, que diferença! Ao que parece, ninguém veio acolhê-las. Enquanto as três retornavam ao Velho Continente, outro francês chegou aos Estados Unidos para uma histórica luta de boxe. Georges Carpentier, que um ano antes conseguiu conquistar o título de campeão mundial em Jersey City, é admirado por seu estilo fascinante. Ele vai competir novamente nos Estados Unidos, e agora a França só pensa nesse homem jovem e brilhante, cuja elegância deslumbra os americanos. Os jornalistas abandonam a viagem e o sucesso das Curie naquele país para acompanharem, esbaforidos, o fabuloso campeão. Na estação, nenhum táxi. A cidade parece calma. Como retornar à Île Saint-Louis, com o grama de rádio fechado numa caixa tão pesada? Como protegê-lo? Todos os motoristas deixaram seus carros e se plantaram junto aos alto-falantes instalados nas ruas, para escutarem ao vivo a narração da famosa disputa, na qual, após alguns socos, o boxeador americano Jack Dempsey esmaga Georges Carpentier. Ainda bem que um jovem pesquisador veio recebê-las na estação e levará a caixa ao instituto. Mas sem sorte, infelizmente! O portão está fechado e é impossível encontrar o zelador. Agora o precioso rádio, pelo qual Marie atravessou o Atlântico e percorreu a América, e que ela precisou transportar com prudência, corre perigo! Um pesadelo. Durante horas, o jovem cientista espera, sentado no chão, em plena rua, diante das grades.[13] Escureceu. Bem tarde, após uma noite fora, o zelador retorna tranquilo à sua guarita, e finalmente abre o local. O rádio está salvo!

Chegou o verão. É hora de seguir para o Arcouest, repousar, relaxar na casa das Curie naquela verdadeira "Sorbonne-sur-Mer", respirar o ar da Bretanha, reencontrar os amigos nos quais Marie tem confiança. De novo, mãe e filhas estão juntas. Marie redescobre o prazer de nadar, cuidar do jardim, descansar, caminhar. Mas o tempo todo sente uma fadiga lancinante, preocupa-se com seus olhos frágeis e teme ficar cega. Sua consulta com um oftalmologista em Nova York não a tranquilizou, pelo contrário: deixou-a desanimada. Ela só tem 55 anos, e precisa muito da visão para continuar suas pesquisas.

Mesmo assim, como se os problemas de saúde não bastassem para tornar mais delicada sua tarefa, um ano depois ela aceita uma nova missão, não científica, mas intelectual. O trauma da Grande Guerra e a esperança de evitar um novo conflito motivam os povos e as nações. Este é o objetivo da famosa Sociedade das Nações, também chamada Liga das Nações. Criada em 1919 por iniciativa do então presidente dos Estados Unidos, Woodrow Wilson, a fim de preservar a paz na Europa após a Primeira Guerra Mundial, e atestada pelo Tratado de Versalhes, a entidade é instalada em Genebra. Marie é nomeada membro do Comitê Internacional para a Cooperação Intelectual da liga, criado em 1922. A partir de agosto desse ano, haverá muitas reuniões, de início sob a presidência do filósofo francês Henri Bergson. Dezenove personalidades compõem a direção: dezoito homens, uma mulher. Marie reencontra ali seus amigos queridos, entre os quais Paul Langevin e Albert Einstein. As discussões acontecem tanto na Bélgica quanto na Suíça, duram horas, dias intermináveis que tomam tempo dos trabalhos de laboratório e do prosseguimento das pesquisas. Mas Marie se empenha nessa tarefa. Buscar uma solução de cooperação científica que não mais humilhasse a Alemanha vencida em 1918 não é algo fácil. Seria uma ação inútil, maçante demais? Às vezes ela se faz essa pergunta. Einstein, por sua vez, logo abandonará o comitê. Marie não viverá o suficiente para saber que, após a Segunda Guerra Mundial, nos primeiros trabalhos da ONU, em 1945, a delegação francesa conseguirá, por iniciativa do general De Gaulle e graças ao talento de Léon Blum como negociador, que a Organização das Nações Unidas para a Educação, a Ciência e a Cultura tenha sede em Paris, em frente à Torre Eiffel, sob a sigla Unesco.

A Unesco será a herdeira daquele comitê ao qual Marie dedica tanto esforço. Seu tempo não foi perdido. Teria ela podido imaginar que 25 anos mais tarde, em 1947, por ocasião da inauguração da Comissão Nacional Francesa para a Unesco, seu genro Frédéric Joliot-Curie, prêmio Nobel de Química, e François Mauriac, futuro prêmio Nobel de Literatura, fariam os discursos sobre uma Organização das Nações Unidas que tanto lhe deve? Sem dúvida, são dois homens reconhecidos por seus talentos que são chamados a fazer os discursos de abertura. Mesmo assim, não poderia ter sido convidada em primeiro lugar a filha de Marie Curie, igualmente prêmio Nobel, a dizer algumas palavras em lembrança dos trabalhos de sua mãe na Liga das Nações, durante o entreguerras? Em 1947, porém, o mundo da Unesco se conjuga no masculino: basta contemplar as fotos em preto e branco da época. A partir dos anos 2000, pela primeira vez na história dessa entidade, duas mulheres se sucedem na direção: primeiro a búlgara Irina Bokova, e depois, mais atualmente, a francesa Audrey Azoulay. Ambas defenderam e defendem com ênfase a promoção das mulheres na ciência, na cultura, na educação, assim como a liberdade de imprensa. Iniciativas que combinariam muitíssimo com a sede de justiça de Marie, Irène e Ève.

*

A América não faz Marie esquecer a Polônia, sua Polônia, a de Bronia e dos outros membros da família. E, sobretudo, o desejo de rever seu país libertado. A viagem, afinal, será mais curta do que a travessia do Atlântico em um navio e da América em um trem. E menos exaustiva. Para esse retorno à terra finalmente livre do jugo russo, na qual viveu sua infância, ela está cheia de esperança e emoção, à medida que redescobre lugares, paisagens, rostos familiares. Que felicidade, a de abraçar Bronia e seu marido Casimir Dluski! Os dois, porém, estão inquietos: a filha única, instalada em Chicago, continua a preocupá-los. E Marie, que na viagem à América só esteve com a jovem rapidamente, não pôde discernir se ela havia afinal encontrado a paz interior. Reflete então, com tristeza, que a irmã e o cunhado tiveram de resignar-se a deixar o sanatório de Koscielisko, que eles levaram vinte anos para construir e tornar famoso, salvando tuberculosos: a obra dos dois. Haviam feito esse doloroso sacrifício para viver mais perto de Varsóvia e assim cuidar de Helena, sempre ela.[14] Bronia e Casimir adquiriram uma propriedade verdejante nos arredores da capital e estão reconstruindo um sanatório em escala mais modesta. Continuarão a cuidar de pessoas, a salvar vidas, mas a tristeza permanece, Marie sente.

Por enquanto, Marie recupera alguma serenidade durante essa viagem através da Polônia, descansando por alguns dias com Bronia e Casimir. Neste mês de outubro, as árvores da floresta que ela avista de seu quarto ganham cores vibrantes, amarelo-douradas. É ali que uma evidência se impõe à cientista. Marie gostaria de criar em Varsóvia, tal como em Paris, um instituto do rádio que Bronia poderia dirigir. Sim, trabalhar em família é uma felicidade descoberta e compartilhada com Pierre, e que lhe faz falta. Uma família unida, que colocaria seu amor numa ação comum, num projeto que a ultrapassa. Afinal, ela já conheceu esse reconforto depois da morte de Pierre, quando Irène a acompanhava aos campos de batalha nas "pequenas Curie", durante a Grande Guerra. Sabe que Irène segue o mesmo caminho, mas se Bronia, por sua vez, pudesse ir ao seu encontro na aventura do rádio, seria um mais um alento em sua vida de pesquisadora, de cientista e também de viúva.

Contudo, Marie precisa retomar viagem através da Polônia, deixar Bronia e Casimir. Afastar-se por um momento. Ao menos, assim acredita. Mas alguém acorre para lhe falar. Ela deve, com urgência, entrar em contato com a irmã mais velha. Helena, a filha única de Bronia e Casimir, pôs fim aos seus dias, em Chicago. Problemas psiquiátricos, mais uma vez. Marie fica abalada. Após a morte do menininho de sua irmã, só lhe restara a filha, que lutava contra as sombras da doença. Agora, Bronia e Casimir já não têm descendentes. E a Polônia nem sempre é tolerante. O peso da religião predomina. Como se suicidou, Helena não poderá ser enterrada junto aos seus, nem mesmo ao irmãozinho em Varsóvia. Que crueldade! Sua sobrinha, privada de sepultura... Marie está transtornada. A temporada na Polônia, que representava tamanha alegria, tem agora um gosto de cinzas.

Marie se preocupa. Como Bronia e Casimir vão se recuperar da perda dos dois filhos? Somente o trabalho pode ser o remédio para aliviar tamanha dor. Para começar, explica Natacha Henry, "eles oferecem ao partido socialista sua propriedade da Mare aux Canards, a fim de que o local se torne um lar para crianças. Sob duas condições: a obra beneficente dever levar o nome de Helena e ser laica".[15] Marie, por sua vez, sabe que deve dar andamento ao seu projeto de um instituto do rádio em Varsóvia. Bronia poderia então tomar as diversas providências necessárias para obter financiamentos e um local. Iniciativa que exigirá tempo, energia, e que poderá ocupar os pensamentos de sua irmã mais velha. E tudo bem se esta, à noite, voltar esgotada para casa: isso talvez lhe permita recuperar um pouco o sono. Afinal, Bronia é médica, atenta a todas as novidades médicas, especialmente sobre o tratamento de câncer. Observou com entusiasmo a construção do Instituto do Rádio em Paris, após a morte de Pierre, e a inauguração do estabelecimento em 1914, por ocasião da declaração de guerra. Bronia também sabe que o rádio disponível se encontra nos Estados Unidos. Marie lhe descreveu com tantos detalhes as dificuldades para obter o produto que ela se sente capaz de, por sua vez, lutar para consegui-lo na Polônia. Sim, esse instituto será o dela, e talvez permita salvar vidas, se vier a existir.

De volta a Paris, Marie recapitula o último ano, dividido entre alegrias e o pesar pela perda de Helena, sua sobrinha, e ao mesmo tempo aquele magnífico reconhecimento internacional nos Estados Unidos, na presença de suas filhas, coroado pela doação de um grama de rádio indispensável à continuação de seu trabalho. É hora, neste início de 1922, de pensar unicamente em suas pesquisas. Contudo, uma surpresa a espera. Se a Academia de Ciências da França recusou-se a admiti-la em seu seio, a Academia de Medicina, menos misógina e tacanha, oferece-lhe um lugar. Marie, afinal, contribuiu para inventar novas terapias para os pacientes de câncer. Salvou vidas, e salvará outras mais. É hora de homenagear uma mulher de talento, dedicada à saúde dos outros em detrimento da sua própria, como demonstram suas mãos e seus olhos. Um lugar de honra. Portanto, ela merece amplamente se tornar a primeira mulher eleita na qualidade de associada livre. Dupla proeza. Como lembra Natalie Pigeard-Micault, curadora do Museu Curie, Marie não se candidatou. A lembrança da rejeição da Academia de Ciências, em 1911, deixou-lhe um sabor mais do que amargo. Ela teme que alguém possa recuperar dos arquivos o escândalo de sua ligação com Paul Langevin, as matérias jornalísticas maledicentes. Outra ofensa lhe seria insuportável, a tal ponto sua mente e sua carne continuam vivamente marcadas pelo assunto.

Com o falecimento, em 31 de julho de 1921, do zoólogo Edmond Perrier, uma cadeira na Academia de Medicina ficou vaga. O professor Antoine Béclère, médico e pioneiro em radiologia e radioterapia médica na França, lança em novembro do mesmo ano uma petição assinada por 35 acadêmicos. Mas aceitar uma mulher? Para as cinco academias do Instituto da França em 1922, que ideia estapafúrdia! Felizmente, a Academia de Medicina não é vinculada ao instituto. Portanto, seus membros podem, com plena autonomia, aceitar uma personalidade do sexo feminino. Mas a petição não obterá o sucesso esperado. Nessa assembleia de médicos, a maioria dos homens é de conservadores, e o então presidente se opõe com virulência a tal proposta. Mesmo assim, obstinado e corajoso, Antoine Béclère não desiste. Durante uma reunião secreta, faz-se uma votação dos membros da academia. Trata-se de garantir que, se a candidatura de Marie for anunciada oficialmente, ela não sofra uma nova humilhação. O resultado do pleito é mais do que animador. Ao ser divulgado, pois o sigilo é rompido, Paris ferve de rumores. Os outros pretendentes à vaga deixada por Edmond Perrier retiram suas candidaturas. Em 17 de fevereiro, Marie Curie é eleita por 64 votos, já que cerca de vinte acadêmicos preferiram não sair de casa. É uma vitória, um reconhecimento ao qual ela dará valor. Logo em seguida, decide ingressar nos comitês da academia, particularmente naqueles que concedem prêmios. Trabalha cada vez mais. Sem descanso.[16]

É então que seu velho amigo Albert Einstein a procura, graças a Paul Langevin, eleito professor do Collège de France desde 1909. Embora as feridas da Grande Guerra estejam longe de cicatrizar, Paul Langevin faz questão de que o amigo comum, dele e de Marie, apresente em Paris sua famosa teoria da relatividade. Nessa época, Einstein ainda não havia sido contemplado com o Nobel de Física. É um desafio corajoso, tanto para Paul Langevin quanto para Albert Einstein, o qual, embora seja suíço, é considerado pelos jornais franceses como alemão, e além de tudo é judeu. Reações hostis são previsíveis, e Marie se preocupa com a segurança dele. Na estação de trem, Einstein é obrigado a desembarcar antes de chegar à plataforma, para evitar não uma multidão delirante, como Marie nos Estados Unidos, mas, ao contrário, um público hostil. Com o anúncio de sua vinda, o Quartier Latin entra em ebulição. Na rue Saint-Jacques e na rue des Écoles, locais emblemáticos do ensino superior no país, diante da Sorbonne e do Collège de France, erguem-se barricadas espontaneamente. Ora, fazer conferências diante de cientistas de reputação francesa e ao mesmo tempo internacional é importante para o físico, que ainda não foi reconhecido por seu indiscutível valor. Injustiça que já dura há vários anos, uma vez que alguns não compreendem suas teorias. Certos membros do comitê Nobel também têm pontos de vista conservadores. Portanto, Einstein precisa convencer a audiência quanto à correção de suas demonstrações. No auditório, embora o acesso seja por convite a fim de evitar excessos, há uma multidão. Na primeira fila, seus amigos, Marie Curie e Paul Langevin. Há muitos anos eles se apoiam mutuamente. Fielmente. Albert Einstein se expressa em francês, às vezes secundado por Paul Langevin. Quanto à sua conferência na Sorbonne, será realmente um triunfo. Em contraposição, posições políticas vêm à luz. Membros da Academia Francesa ameaçaram sair da sala, se ele falar. Por sua vez, lembra Denis Brian, biógrafo do físico, o jornal *L'Humanité*, e isso num momento em que a revolução bolchevique atinge o auge e assusta, declara que "para os estudiosos franceses é uma honra ter neste momento um convidado como Einstein, cujas teorias geniais revolucionaram nossas concepções mais gerais sobre o mundo exterior e, em particular, nossas concepções de espaço e tempo".[17]

Marie logo se tranquiliza. Ela conhece suficientemente o amigo para saber que ele conseguirá subjugar o auditório por sua sagacidade, seu humor, sua inteligência e sua simpatia. O cientista, contudo, tem mais do que ninguém uma consciência bastante aguda dos perigos do antissemitismo, da atmosfera que pouco a pouco se torna irrespirável. Sua inquietação justifica-se quando, um ano depois, em 1923, em Munique, Hitler tenta um golpe de Estado e faz discursos que inquietam cada vez mais a comunidade judaica. Além disso, do outro lado do Reno, a derrota de 1918 gerou rancores e ódios. O Tratado de Versalhes divide o povo alemão. Em Berlim, o antissemitismo ganha as multidões. Hitler, ainda não muito conhecido, já é o dirigente inconteste do partido nazista, que mantém uma violência endêmica, enquanto a República de Weimar vive seus primeiros anos. A nomeação de Walter Rathenau como ministro dos Assuntos Estrangeiros inquieta e suscita ameaças de morte e tentativas de assassinato. Um ministro judeu, num posto tão estratégico, escandaliza os nazistas.

Albert Einstein acompanha com inquietação essas tensões políticas. Walther Rathenau, que recusou sérias medidas de segurança que o protegessem dos fanáticos da extrema direita, continua usando um veículo conversível. É assassinado com dois tiros disparados por um motociclista. Einstein assiste às suas exéquias em meio a uma multidão. Ele leva cada vez mais a sério as ameaças que recebe. Decide sair um pouco de circulação, viaja e empreende uma turnê triunfal pela China e pelo Japão. No outono de 1922, no navio de volta, pouco tempo após deixar Tóquio, Einstein toma conhecimento de ter sido laureado com o Nobel de Física relativo a 1921, ano em que este não fora concedido. Finalmente! Mais de dez anos se passaram até que tal reconhecimento lhe fosse atribuído, a despeito do apoio de muitos de seus predecessores. Ao saber da notícia, Marie Curie se sente aliviada e feliz. Fez-se justiça àquele que, mais tarde ainda, irá demonstrar-lhe, assim como às filhas dela, apoio e amizade. Quando Albert Einstein se dispõe a deixar o comitê de cooperação intelectual, no qual já não acredita, Marie tenta dissuadi-lo.

Do laboratório e do Quai de Béthune, a jovem Irène acompanha essas batalhas ideológicas e científicas. Política e ciências lhe parecem cada vez mais ligadas. Será sob essa influência que, mais tarde, ela se engajará contra as ditaduras fascistas na Alemanha, na Itália, na Espanha, em Portugal? É uma suposição. Em todo caso, ela tem, ainda muito jovem, uma aguda consciência dos desafios de liberdade, de democracia, da necessidade da luta das mulheres pela igualdade. A terrível descoberta do antissemitismo irá acompanhá-la até o fim da vida. Irène cresce e amadurece em torno de fortes personalidades comprometidas com a defesa dos direitos fundamentais da humanidade e de suas pesquisas científicas. Quanto a Ève, ao retornar da América ela precisou retomar o caminho do colégio Sévigné, estudar seriamente segundo as instruções de Mé. E aperfeiçoar seu piano, incomodando o mínimo possível as outras duas Curie. Ève também é uma filha atenta e, sendo mais jovem, está mais disponível do que Irène, de modo que vai cuidar de Marie a cada cirurgia oftalmológica que ela faz, ajudá-la a se alimentar e a ler a correspondência. Sua mãe, tão impaciente por dar continuidade às pesquisas, precisa dela. Quando se recupera dessa provação, Marie leva Ève a Genebra, para uma reunião do comitê dos intelectuais. Na Suíça, mãe e filha passeiam à beira do lago Léman, em companhia de Albert Einstein, que conhece a caçula desde a primeira infância e se dirige a ela com ternura e bom humor, fazendo-a rir. Ève ainda não sabe, mas, dentro em pouco, retomará os caminhos do lago Léman, que se tornará em sua vida uma garantia de serenidade.

5

Esplendor e crepúsculo de uma cientista

"Que mulher insuportável e fria! Não sei se vou continuar trabalhando neste instituto."

Este jovem vigoroso, bonito, esguio, loquaz e encantador obteve o primeiro lugar ao concluir a Escola de Física e de Química de Paris, instituição cara à família Curie, onde ainda é viva a lembrança de Pierre Curie, dezoito anos após sua morte. Um professor recomendou Frédéric Joliot a Marie: o próprio Paul Langevin, com quem ela manteve e manterá uma relação de amizade e de ternura. Em dezembro de 1924, enquanto a juventude se esbalda em plenos Anos Loucos, Marie confia a Irène a tarefa de formar o recém-chegado. Não será simples. Irène, que recentemente viveu algumas decepções amorosas, mantém uma abordagem fria, seca. A loquacidade e a libertinagem masculinas a incomodam. Já Frédéric tem uma concepção arcaica sobre o papel das mulheres na sociedade. Embora dê valor à chance de incluir em seu percurso profissional o título de "preparador particular de Marie Curie",[1] não suporta os julgamentos e as críticas provenientes de uma mulher. Azar o dele: Irène, mais ainda que Marie, não o poupa. Frédéric, tal como os outros, deve aprender, e ponto final.

Por sua vez, a mais velha das jovens Curie sabe que sua vida será consagrada à pesquisa. Nada mais natural. Ela prepara as aulas de Marie na Sorbonne, assiste-a em seus trabalhos sobre o polônio. Em 1922, explica Louis-Pascal Jacquemond, biógrafo de Irène, "ela aperfeiçoou um eletroscópio que mede a radioatividade dos adubos agrícolas que contêm urânio ou tório. Em 1923, concentra-se em seu objeto de estudo, o que a obriga a utilizar fontes importantes de polônio. E então desenvolve processos de separação do polônio e do radônio que provém da desintegração do rádio."[2]

Com semelhante clima, o rapaz continuará trabalhando nesse laboratório? Sente que não terá paciência para tal. Contudo, pouco a pouco, valendo-se de suas estratégias de sedução, consegue fazer Irène sorrir, e mais tarde rir, uma proeza. Eles descobrem duas paixões comuns, a natureza e o esporte, e também, no fundo, uma sensibilidade política semelhante, leituras análogas. Esta filha de prêmios Nobel talvez não seja tão antipática quanto parece à primeira vista...

Frédéric ainda não pediu demissão quando, em 27 de março de 1925, se vê num anfiteatro lotado, com várias centenas de cientistas franceses e estrangeiros, assim como dc curiosos, para ouvir a jovem Irène defender sua tese sobre "os raios alfa do polônio", tema diretamente ligado às descobertas da família. A impressionante multidão escuta. Variada, mesclada, inclui muitos homens e mulheres vestidos com elegância, em trajes de corte refinado, símbolos de sua prosperidade. Totalmente o contrário de Irène. Marie está ausente. A estrela do dia é sua filha, e ela não quer que sua presença desvie a atenção do público. Tout-Paris assiste ao espetáculo dessa jovem celebridade. Os ouvintes sorriem, cochicham, mesmo não entendendo nada. Não importa: Irène, ocupada com suas anotações e sua exposição, mal os distingue. Após uma rápida deliberação da banca julgadora, Irène é aceita, sob aplausos, como *docteure d'État*. No jardim do Instituto do Rádio, sob um céu sem nuvens, e a despeito do frescor dos primeiros dias da primavera, Marie espera a filha, os amigos, a família, os colegas. Os copinhos do laboratório são usados para oferecer champanhe, os instrumentos servem como bules de chá, alguns pires normalmente empregados nas experiências estão agora cheios de biscoitos. As pessoas se espalham pelo jardim do instituto, tentam degustar um biscoitinho, provar o champanhe, mas não há o suficiente para todo mundo.

Quase dez anos depois de ter estado nos campos de batalha com as "pequenas Curie" para salvar vidas, torna-se doutora em ciências físicas. Irène conhece o tema, e suas competências profissionais são impecáveis. Ela se sente ao mesmo tempo comovida e tranquila. Principalmente, confia em si mesma, com razão, e pode tornar-se uma inspiração para outras mulheres. O ano de 1925 representa para Irène seu ingresso no mundo, embora se trate de um mundo bem diferente do de sua irmã. Ève, que em dezembro completará 21 anos e, portanto, será maior de idade, vai dar seus primeiros concertos de piano. Um desafio.

Por enquanto, a imprensa internacional, particularmente a americana, entusiasma-se pela defesa de tese de Irène. O *New York Times* lhe consagra uma matéria importante. Ninguém esqueceu a viagem das três mulheres aos Estados Unidos e o grama de rádio entregue pelo presidente. Os jornais americanos publicam reportagens elogiosas. Mas a imprensa francesa não deixa de interrogá-la sobre sua condição feminina. Com apenas 28 anos, ela não tem medo de exercer uma profissão afinal dificílima e cansativa para uma mulher? À pergunta do repórter do *Quotidien*, sua resposta é clara: "De modo algum. Creio que as aptidões científicas de uma mulher e de um homem são exatamente as mesmas. Mas uma mulher de ciência deve renunciar às obrigações mundanas. – E as obrigações familiares? – Ela pode aceitá-las, desde que assuma os encargos correspondentes; além disso... quanto a mim, eu considero a ciência o interesse primordial de minha existência".[3] Albert Einstein lhe envia um telegrama de felicitações.[4] Missy Meloney se manifesta lá dos Estados Unidos, onde continua sua cruzada e encoraja as mulheres americanas a escolherem as carreiras profissionais que lhes interessam. Irène exulta, apesar dos invejosos que a criticam por ser filha de dois premiados com o Nobel, como se ela não tivesse provado, desde os dezessete anos, seu empenho no trabalho. A imprensa se apodera do evento, como fará por ocasião dos primeiros concertos de Ève, no mesmo ano. Afinal, as duas não são filhas da maior cientista francesa?

Uma Curie pode ocultar uma outra, e os jornalistas estão de olho. No apartamento, Ève se exercita ao piano. Prepara-se para dar seu primeiro concerto público quando se tornar maior de idade, daqui a um mês. Vinte e um anos em 6 de dezembro de 1925. Estranha sensação. Ève espera existir, brilhar numa área artística, certamente estranha aos seus pais e à irmã mais velha, sempre superior a ela desde sua primeira infância. As notas do piano ressoam no apartamento, pontuadas pelos apitos das barcaças que passam ali perto. Ève toca durante horas, com o gato ao seu lado, saltitante e sério, e ao qual ela às vezes escreve cartas engraçadas, quando está no Arcouest.

Mas, à esperança de empreender uma carreira brilhante, segue-se a preocupação. O eminente musicista Alfred Cortot, conhecido por seu talento de professor de música, recusou-se a tomá-la como aluna. É um choque. Mesmo assim, o mestre aceitou testar o nível dela. E então Ève começa a sonhar. Em dezembro deste ano de 1925, os Ballets Russes de Diaghilev e Charlie Chaplin com *A corrida do ouro* encantam Paris. Nesse filme, o cineasta e ator britânico denuncia, com sutileza, a miséria, a pobreza. O inamovível diretor do FBI, J. Edgar Hoover, fica furioso e considera Chaplin um perigoso comunista. Irá persegui-lo e azucriná-lo até seu último dia de vida. Ève, por sua vez, finalmente dará o primeiro recital, em 8 de novembro de 1925. É certo que não se trata de uma sala prestigiosa. A Salle des Agriculteurs é um anexo da Escola Normal Superior de Música, estabelecimento privado cujo diretor artístico é Alfred Cortot. Na véspera, os jornalistas, intrigados, foram entrevistar a mais nova das irmãs Curie. Ainda não a conhecem. Que ano para a família! E se a jovem Ève também revelasse um talento fora do comum?

Ainda assim, que diferença em relação àquela irmã mais velha, que encontrou seu caminho há tanto tempo... Trajando um vestido elegante, Ève encanta os jornalistas com sua elocução calma, seu tom modesto. Eles irão ouvir o recital. Marie está na primeira fila; todos a observam discretamente. Ela se sente orgulhosa e, sobretudo, tem esperança. Ève teria realmente encontrado o próprio caminho? Estará finalmente feliz? Dentro em pouco receberá a herança do pai, que sua mãe fez frutificar, e poderá alugar um apartamento. Ève, porém, continuará jantando no Quai de Béthune com a mãe. Ainda não faz ideia do número de convites, de passeios, que irão envolvê-la como um turbilhão.

Terminado o concerto, as críticas são simpáticas, polidas, embora não entusiásticas. Seria efeito do nome prestigioso das Curie? O jornalista do *Temps*, diário de referência, sublinha a desigualdade em sua performance, mas elogia "uma concepção inteligente e segura, a ideia e a chama, a paixão e [...] uma singular autoridade".[5] Os comentários dão a entender a Ève que ela ainda precisará trabalhar com empenho. A jovem se esforça e apresenta um segundo recital três meses mais tarde, em fevereiro de 1926. Com um elogio mais enfático do mesmo crítico musical do *Temps*: "Parece que o toque adquire mais harmonia e desenvoltura, e o timbre, mais variedade".[6] A honra foi salva, mas a partida, Ève sente, não está ganha. E sua carreira, longe de estar garantida.

*

Em Varsóvia, acompanhada pela irmã e pelo cunhado, ao lado do presidente da República polonesa, Marie finalmente lança a pedra fundamental do instituto do rádio que ela pretende confiar a Bronia. Talvez isso ajude o casal a recuperar alguma serenidade após o luto pelos dois filhos. Já faz quatro anos que Helena deu fim aos seus dias. Marie não dispõe de um segundo grama de rádio que ela possa dar para garantir a instalação de um laboratório de pesquisas, mas reflete sobre o assunto e tem esperança de encontrar uma solução. Dentro em pouco, talvez seja aberto um centro de pesquisas e de diagnóstico do câncer. É preciso ajudar a Polônia, finalmente libertada, a se reconstruir. Vasto e necessário desafio. Há vários anos, Marie vai à Polônia para rever os seus, sua irmã, e sobretudo abrir em Varsóvia esse novo instituto que levará seu nome. Como sua filha Ève lembrará mais tarde, esta é sua obsessão após o fim da Grande Guerra e a libertação da cidade. Enquanto as primeiras pedras são instaladas, Marie não consegue se impedir de pensar no caminho percorrido em alguns anos desde a ida das irmãs para Paris, sua terra prometida para estudos universitários. As duas se voltam para o chefe do Estado. Stanislas Wojciechowski não foi um companheiro de juventude em Paris, quando os três eram estudantes poloneses longe de suas famílias?

Marie não quer se limitar à Polônia e à França. Um ano mais tarde, após a América, que lhe deu tanto apoio, aceita viajar pelo Brasil, desde que uma das filhas a acompanhe. Será Irène, com quem ela poderá se revezar nas falas sobre suas pesquisas científicas em comum. A viagem se anuncia sob os melhores auspícios. Ève não irá. A caçula hesitou em tornar-se jornalista, ofício pelo qual Marie, ferida pelas matérias hostis a seu respeito por ocasião das cartas trocadas com Paul Langevin, alimenta desprezo, acusando-o de mentiras e exageros com o único objetivo de aumentar as tiragens. Mas o encontro com Missy Meloney, a quem a cientista deve o grama de rádio, moderou sua posição. Ève, que está em busca de si mesma, tem dúvidas. O coração pesa, ela se sente sozinha e um tanto perdida. Vinte e um anos, daqui a pouco 22, e a jovem está em plena crise existencial. Ter sucesso na vida, achar o próprio caminho, como a mãe e a irmã, não lhe parece uma evidência. Do navio italiano que a leva ao Brasil, Marie dirige à caçula uma carta na qual a preocupação transparece: "Querida, esta manhã, ao chegar ao convés, recebi seu despacho me anunciando que o contrato [de concertos de piano] para os Estados Unidos está concluído. É uma grande decisão, filhinha, e recordo que você estava preocupada. Mas trata-se de agarrar sua coragem com as mãos e de fazer um esforço para levar a termo esse empreendimento, e você pode, se quiser, e certamente vai querer".[7]

Outra carta, alguns dias mais tarde, quando o transatlântico está prestes a acostar: "[...] Eu nunca me vi tão longe de você com tanta demora para a correspondência, e isso me preocupa e me incomoda muito. Aliás, duvido que esta viagem me dê algo que valha a pena, ante um transtorno tão considerável".[8] Na chegada, a acolhida é calorosa, na presença do embaixador da França. A atmosfera é indubitavelmente solene, com recepções e conferências, e não existem a multidão, os atropelos que ela conheceu cinco anos antes. Sempre de vestido escuro, a cientista faz preleções sob o olhar cúmplice da filha mais velha, sua dublê. "Ela se sai muito bem", escreve Irène a Ève. Marie prepara suas palestras, faz sua ginástica diária, toma banhos de mar.

Mas fica sabendo das notícias da França. A cientista desconfia que Ève não tem confiança em si mesma e, ademais, a última carta que recebeu dela no Brasil a deixa abalada. Sua caçula acaba de romper o contrato para a turnê de recitais de piano nos Estados Unidos. Marie se interroga. Problema financeiro com o agente ou problema amoroso? Questão de autoconfiança? Ève se mantém misteriosa sobre os homens que a cortejam, e os rumores sobre suas conquistas circulam por Paris. A última das Curie impressiona, encanta. Marie lhe dá dois conselhos: trabalhar com afinco, mas também, agora que as férias se aproximam, partir para a Bretanha ou para Cavalaire, não ficar mofando em Paris. Em 9 de agosto de 1926, Marie escreve a ela: "Agora é preciso não se aborrecer mais com esse assunto, e somente trabalhar com perseverança para alcançar um nível que possa satisfazê-la." Marie e Irène seguem viagem, descobrem as maravilhas fitológicas da Amazônia, que elas observam na condição de cientistas, estimulando o interesse de seus colegas botânicos e naturalistas. A cientista se inquieta. Por que, afinal, a caçula não saiu de férias? Arrisca-se a uma estafa neste inverno. Haveria um desgosto amoroso que sua filha, ainda tão jovem, não quer mencionar?

*

Ainda é cedo, o dia nasce sobre o Quai de Béthune, o gato mia e reclama. A viagem ao Brasil já passou. À mesa, Ève e Marie parecem meio sonolentas. Irène se inclina para a mãe, dirige-lhe um sorriso, observa-a de esguelha. Com voz doce, monocórdia como sempre, anuncia que vai se casar com... o preparador do laboratório! Marie se paralisa; Ève, pasmada, solta uma gargalhada: "Certa manhã de 1926, Irène, a calma, anuncia aos seus o noivado com Frédéric Joliot, o mais brilhante, o mais fervoroso dos colaboradores do Instituto do Rádio. A harmonia da casa fica transtornada. Um homem, um rapaz surge de repente nessa moradia de mulheres onde, à exceção de alguns familiares [...], ninguém entrava jamais".[9]

Marie está estupefata. Certamente vai ganhar um homem na família, um genro, ela que não teve filho homem, mas sente a angústia crescer dentro de si. Será que vai perder a filha, aquela que, desde a morte de Pierre, sempre esteve ao seu lado? Faz exatamente vinte anos que as duas observam juntas o mundo, comentam-no, e avançam em suas pesquisas mantendo uma relação simbiótica. Frédéric, tão alegre e brilhante, vai tomar-lhe a filha, sua dublê. Claro, Irène continuará trabalhando no laboratório. Marie, porém, conseguirá se entender com outro homem em sua casa, um homem que não é e jamais será Pierre? Além disso, um homem mais jovem, que poderia ter pretensões a herdar o Instituto do Rádio. Marie se inquieta. Sem dúvida, não pode impedir Irène de desposar esse rapaz que seduz todas as mulheres em seu caminho, mas deve proteger a filha, seu trabalho, e a obra familiar do rádio, a obra Curie. Consegue persuadir Irène a casar-se sob o regime de separação de bens. Assim, o rádio e as descobertas delas permanecerão integralmente como propriedade das mulheres Curie. Marie conhece demasiado a vida, as aflições e as reviravoltas financeiras, como o pai dela as viveu, as traições, e por isso não quer correr o mínimo risco. Assinado o documento, sente-se um pouco mais tranquila. Ainda assim, inquieta. Agora, será preciso habituar-se a esse jovem tão loquaz e animado que, no fundo, está lhe tirando a filha.

No entanto, foi ela que contratou Frédéric, calorosamente recomendado por Paul Langevin... Em 24 horas, estava convencida. Mas, agora, o apartamento não ficará grande e muito vazio? Irène e Frédéric não poderiam morar ali por algum tempo, antes de terem filhos? Marie começa a sonhar: seria uma solução mais branda, menos penosa para ela. E eles saberão acrescentar móveis à biblioteca e ao piano de cauda. Ah, outra coisa: se ficar ali, o casal não deverá tocar nos incontáveis convites para repastos oficiais, recebidos nestes últimos anos, e que Marie guarda preciosamente. Não por vaidade, embora, às vezes, os nomes das iguarias mereçam um sorriso, mas porque o verso desses cartões se revela bastante útil para anotar seus cálculos científicos ou as urgências a resolver.

Em 9 de outubro de 1926, é celebrado um casamento simples no 4º distrito, no Marais, perto da Île de la Cité, seguido por um almoço no apartamento, com a família e amigos íntimos, e pelo retorno de Irène e Frédéric ao laboratório, na mesma tarde. A pesquisa não espera. Trata-se portanto de uma formalidade, cumprida rapidamente e sem complicações, como convém. Em suma, um casamento tão simples quanto, anos atrás, o de Pierre e Marie. Com as bicicletas a menos, e as bancadas de laboratório do instituto e os produtos químicos a mais. Sem viagem de lua de mel, e aliás no dia seguinte Marie parte em missão para a Dinamarca e leva consigo Ève. Por uma semana, Irène e Frédéric, finalmente tranquilos, podem aproveitar sozinhos o apartamento. Mas Irène tem um agudo senso de igualdade entre homens e mulheres, tanto que pretende manter o sobrenome de solteira, como sugerira a feminista Hubertine Auclert, anos antes.[10]

E, para Marie, será um alívio saber que Irène e Frédéric aceitam ficar morando por algum tempo naquele que é o lar da tribo. Os serões e os fins de semana serão mais alegres. Frédéric, tão vivaz, amoroso, brincalhão, enfeitiça as três mulheres, dispostas a ser conquistadas. Mas Irène desconfia. Ève já não é uma criança, mas uma moça encantadora e elegante que também gosta de desfrutar de sua beleza, de seu humor e de sua inteligência. Estará se aproximando demais de Frédéric? Irène parece ter medo. É hora de se mudar para um apartamento no Quartier Latin, que Marie disponibiliza para o casal num imóvel à rue Froidevaux habitado por outros cientistas, perto da rue

Daguerre, fervilhante de lojas, e da praça Denfert-Rochereau, diante de um jardim público onde as crianças disporão de um pequeno espaço para brincar.

Em silêncio, sem demonstrar a própria tristeza, Marie e Ève ajudam Irène e Frédéric a descer suas bagagens e descobrem o bairro não distante do cemitério de Montparnasse, dos restaurantes La Coupole e La Rotonde, Le Dôme e La Closerie des Lilas, templos dos Anos Loucos. Os cafés são lotados de artistas e turistas do mundo inteiro, o que dá uma aparência de festa permanente, de alegria que não desagrada o casal. O apartamento fica bastante longe do Quai de Béthune, porém mais próximo do laboratório. No crepúsculo, Marie e Ève jantam sozinhas, em *tête-à-tête*, com o gato ao lado. Ève sonha com jantares para os quais é convidada e onde gosta de aparecer usando trajes elegantes, emprestados pelos grandes costureiros. Seu físico de manequim, seus concertos, sua cultura fazem da caçula do casal triplamente premiado com o Nobel uma personalidade misteriosa e fascinante. Ela não demorará a aparecer nas capas de revistas, de vestido longo, uma estrela do mundo da ciência, a quem *Paris Match* presta homenagem. Às vezes alguns homens, perfis conhecidos de Tout-Paris, são identificados ao seu lado. Ève não conta a Marie sobre essas relações. Nada de confidências. Aliás, o que a mãe compreenderia de sua vida?

*

Marie respira fundo. Sorri. Irène está esperando o primeiro filho. A vida recupera seus direitos. Uma nova geração Curie, que Pierre não conhecerá. Outra injustiça, mas essa gravidez é promessa de alegria. E, quem sabe, talvez de futuros herdeiros ou herdeiras do rádio. Irène é jovem, e à mestra franco-polonesa não é proibido sonhar com uma linhagem de cientistas... Em

19 de setembro de 1927, menos de um ano após o casamento, Irène dá à luz uma menininha, Hélène. Marie está empolgada com a visão do crescimento da neném, que lhe sorri e, muito cedo, imporá suas vontades. Afinal, esse casamento lhe traz uma alegria que ultrapassa sua expectativa. Irène, por sua vez, está comovida. De repente, já não é filha de Marie Curie, mas mãe de uma criancinha que precisa dela, que é sua carne, seu sangue. Agora, a felicidade se divide entre o laboratório, a pesquisa científica e a maternidade. Em família. Tal realidade a comove. Ser feminista e mãe, ser mãe e cientista, nada disso se revela contraditório, pelo contrário: esses mundos se completam. Mas sua saúde sofre as consequências da gravidez. O médico pede exames. Vem o baque. Tuberculose. Irène, afirmam os médicos, não deverá ter mais filhos. Mas a jovem estudiosa não pode se deixar abater. E, contra tudo e todos, retorna ao instituto. Para trabalhar.

Ève, por seu lado, percorre as recepções, os concertos, os jantares, e se atordoa. É preciso esconder este mal-estar, esta indecisão sobre qual será sua carreira. Marie tenta apresentar-lhe uma visão positiva do mundo, incita-a a admirar a beleza da natureza e das coisas: "Sei que o raciocínio não basta e que é preciso ficar em estado de receptividade – estado de graça, com certeza –, pois nossos transtornos interiores nos ocultam e mascaram para nós o benefício que nos vem de uma serena contemplação da beleza do mundo".[11]

Então ocorre à jovem uma ideia. Por que não se voltar para a escrita, ela que tantas vezes demonstrou seu talento em cartas incisivas? Recebida na Tout-Paris mundana, cortejada e admirada por sua inteligência e elegância, Ève se interroga. Como sua mãe vai encarar tal escolha? Jornalistas destruíram a reputação de Marie em 1911. Uma profissão de coveiros e, às vezes, de mentirosos. Que violam a intimidade de pessoas honestas. Não importa, ela ousa. Afinal, não é maior de idade? Enquanto a noite cai sobre o Quai de Béthune e as barcaças sobem o Sena, Marie escuta a caçula. Não diz nada. Ève, inquieta, conclui seu discurso de defesa. A mãe irá protestar?

Silenciosa em seu vestido preto, Marie suspira, mantém a calma. Antes de tudo, ela é mãe, e preocupa-se com a filha. Sim, talvez Ève pudesse experimentar esse caminho. Afinal, nunca se sabe. É importante que a jovem ganhe sua vida, e ame aquilo que faz. Já que não é dotada para as ciências, e que o piano não funcionou, é melhor tentar outro rumo. Marie concorda, e o gato também. Ève se sente aliviada. Disposta a escrever, a sair. Tem pressa de conhecer homens e mulheres do mundo da arte, da criação, da moda, dos livros, do cinema, da pintura, da fotografia, do desenho, dos museus: atividades que a seduzem, todas elas. Os grandes costureiros não demoram a lhe emprestar seus últimos modelos, fotógrafos realizam reportagens. Mas, sobretudo, Ève vai escrever. Cada vez mais. Esses artigos, ela ainda não sabe, irão servir-lhe de aprendizagem, de prelúdio para uma obra mais considerável. Ao apoiar a caçula nessa nova carreira, Marie não pode imaginar em quais aventuras a filha vai entrar e, a exemplo das outras mulheres Curie, brilhar.

*

"Vou para Genebra", anuncia Marie.

Mais um deslocamento da mãe delas neste ano de 1929. Mais uma ausência. O desafio que Marie pretende reabrir é considerável: não passar de novo por outra guerra mundial, evitá-la a qualquer preço. Em cartas, a cientista descreve às filhas essa tarefa laboriosa, lenta e complicada de criar dentro da Liga das Nações, ancestral das Nações Unidas, a Comissão[12] de Cooperação Intelectual. Com Albert Einstein e Paul Langevin, ela realiza um trabalho fastidioso e interminável. Como inserir os valores da democracia na educação, nas ciências e na cultura? Ao cabo de várias reuniões em Bruxelas e em Genebra, Marie constata que seu trabalho não resulta em nada de concreto. Contudo, apesar dessa tarefa maçante, ela pretende perseverar. Escreve sobre isso a Ève:

> Estamos enormemente preocupados aqui com a necessidade de reorganizar o trabalho da Comissão e do Instituto que foi objeto de numerosas críticas. Imagine o quanto as mentes estão excitadas. Quanto a mim, creio que o trabalho internacional é uma tarefa muito pesada, mas é indispensável exercitar-se nele e aprendê-lo, ao preço de muitos esforços de renúncia a uma atitude demasiadamente pessoal. Deveria ser possível aprender isso em Genebra se todos concordassem em assumir esse ponto de vista, algo que seria então uma obra de grande alcance para o futuro.[13]

Mas a caçula tem outros problemas na cabeça. Fará sucesso na carreira de jornalista? A jovem experimenta os tormentos da independência. As preocupações de Marie com a Liga das Nações não lhe concernem. Ou melhor, ainda não. Os desafios internacionais ainda não ocupam o centro de suas inquietações. No entanto, ao dar ouvidos à mãe, Ève se sensibiliza frente aos grandes problemas e estratégias a elaborar. Sem saber, ela aprende. Irène não avalia a evolução da irmã. Nessa fase, vê unicamente inépcia e fragilidade. No entanto, no que se refere às questões internacionais que vão abalar o mundo do século XX após a Grande Guerra, as irmãs Curie irão se reencontrar, confiantes em suas visões agudas, inspiradas pelo espírito científico da família, e, portanto, sem concessões quanto à realidade que se anuncia.

*

É outono, um belo mês de outubro, fresco e ensolarado, em Paris. Mas é preciso partir. Mais uma viagem de navio, em busca do rádio, é claro. Seis intermináveis dias no mar. Sozinha durante o percurso sobre o Atlântico, sem filhas, secretária ou dama de companhia. A cientista descansa num quarto mais amplo do que a maioria deles, "3,50 x 3,50m"[14], escreve à caçula. Quarto adequado, embora ela reconheça que muitas pessoas, em Paris, não têm a oportunidade de dispor de tal espaço. Marie tenta se proteger das intrusões, do vento e do enjoo, mantendo-se deitada na cama. Felizmente, há vários aposentos e escadas, ela pode se esconder: "O navio é tão vasto e tão complexo que as pessoas não se encontram facilmente... O que mais me faz falta é a luz na cabine".[15] A chegada ao porto de Nova York, neste dia de 1929, revela-se menos insana do que em 1921, ainda que estejam presentes dezenas de jornalistas. Com a ajuda do comandante e de Missy Meloney, a amiga fiel, aquela que lhe proporcionou notoriedade mundial, Marie consegue desembarcar por uma escada de serviço e se enfurnar num automóvel *dernier cri*. E então não consegue evitar um sorriso, a tal ponto essa aventura lhe recorda Ève, maravilhada pela velocidade, inebriada pela sensação de liberdade após a compra de seu primeiro carro. Nesse momento, a cientista compreende melhor por que concordou em fazer à sua filha mais nova um empréstimo para essa aquisição que, à primeira vista, lhe parecia um luxo, uma loucura. Em Nova York, um motorista foi posto à sua disposição, e ela é tratada como uma personalidade oficial, situação que não a desagrada. A Ève e a Irène, Marie confessa seu prazer: "O dia aqui está magnífico e bastante quente [...] fizemos um percurso sensacional de Nova York a Long Island. À nossa frente, um policial de motocicleta com a sirene ligada, e afastando, com um movimento enérgico de uma ou da outra mão, todos os veículos do caminho, de modo que corríamos como um carro de bombeiros indo apagar um incêndio. Foi realmente divertido".[16]

Marie tem de comparecer a banquetes oficiais. Tudo o que ela teme, que a cansa e que a entedia. Polonesa e francesa, herdou dessas duas culturas um senso agudo das situações, reforçado por uma abordagem científica. Por ocasião do jantar em homenagem a Thomas Edison, sente-se intrigada por esse inventor e industrial americano, fundador da General Electric, pioneiro da eletricidade, inventor do cinema e da gravação de som. Ao registrar patentes para cada uma de suas criações, esse homem agiu em sentido contrário ao do percurso de Marie. Ela jamais quis obter um centavo das descobertas sobre o rádio com Pierre, embora pudesse ter ganhado somas consideráveis que lhe permitiriam financiar seu laboratório, suas pesquisas e a aquisição dos preciosos gramas de rádio. Fazer pesquisas sem problemas orçamentários, um sonho feito realidade nos Estados Unidos, mas que ela mesma não alcançará jamais, porque esse sonho é contrário aos seus princípios de universalidade e de bem geral.

Contudo, tanto Thomas Edison quanto Marie Curie são aventureiros da pesquisa. Aos doze anos, Edison já inventara vários procedimentos automáticos de transmissão em Código Morse e instalara, no trem onde trabalhava, uma prensa que lhe permitiu imprimir seu primeiro jornal noturno e vendê-lo aos passageiros. Dotado, desde a infância, de uma imaginação insaciável e exuberante, foi demitido de numerosos empregos por causa de experiências químicas que, às vezes, resultavam em explosões. De sua juventude insaciável, Thomas Edison extraiu algumas certezas: "Nunca inventar algo com que as pessoas não queiram lidar". Tal como Marie, aprende a partir de cada uma de suas aventuras e aperfeiçoa todas as máquinas de transmissão.

Dormindo ao lado do teletipo que informa a cotação do ouro e dos metais, durante a noite ele estuda a máquina e a conserta, por ocasião de uma pane geral. Por fim, em 1874, aos 27 anos, funda sua empresa e seus laboratórios de pesquisa em Nova Jersey, não longe de Nova York. Ao mesmo tempo supervisionará quarenta projetos e chegará a registrar 1.093 patentes, das quais 106 no domínio da eletricidade e da luz.

Nesse jantar, Edison fala pouco. Afetado por surdez desde a adolescência, em consequência de um acidente, essa deficiência lhe permite isolar-se mais facilmente e concentrar-se em suas pesquisas. Marie, sentada em meio aos numerosos convidados, descobre com prazer o quanto os discursos oficiais, nos Estados Unidos, são mais curtos do que aqueles, frequentemente intermináveis, dos integrantes do meio universitário francês. A resposta de Edison também é breve. O inventor, já muito idoso, morrerá dois anos depois. Ela fica sabendo, porém, que Ford deseja criar um museu sobre a história das descobertas de Edison e sobre a eletricidade, assim como sobre o laboratório. Terá sido aí que nasceu a ideia daquilo que será mais tarde o Museu Curie? Seja como for, os americanos sabem ser corteses e homenageiam a cientista duplamente premiada com o Nobel: "Disseram-me coisas amáveis nos discursos, até mesmo na mensagem de rádio enviada por Richard Byrd do Polo Sul ou dos arredores de lá".[17] No ano anterior, o explorador americano tivera sucesso em sua primeira expedição à Antártica, a qual pudera ser acompanhada graças a um equipamento de rádio. Um mês após sua homenagem a Marie, Richard Byrd, arriscando a própria vida, e isso ao longo de dezoito horas, conseguirá sobrevoar o Polo Sul em baixa altitude, algo que lhe valerá, em seu retorno, uma triunfal acolhida com confetes nas ruas de Nova York.

A viagem ainda não acabou, e Marie percebe o excesso de fadiga. Descreve, tanto a Ève quanto a Irène, seu temor de contrair um resfriado que a esgotaria. O acúmulo das radiações, às quais a cientista não alude, desencadeia nela muitas vertigens e momentos de esgotamento, sem contar seus problemas de visão e as sequelas das cirurgias. Marie já sofreu tantos problemas de saúde que admite ser frágil. As filhas também estão conscientes disso e preocupadas por sabê-la sozinha, sem família, do outro lado do Atlântico. Justamente, um telegrama ambíguo de Missy Meloney semeia a perturbação nas duas irmãs. Marie estaria gravemente enferma? Mas é somente um mal-entendido. Isso prenuncia muitos alertas, recaídas, provações. Os efeitos da radioatividade vão se inserir na vida cotidiana das três mulheres.

Na semana seguinte, Marie teme a visita a Washington, verdadeiro destino de sua viagem, a fim de receber um grama de rádio para o instituto em Varsóvia. Também ali, visita oficial, com mais obrigações às quais ela não poderá se furtar. Hospedar-se na Casa Branca, uma honraria impossível de recusar, tanto mais quanto o chefe de Estado lhe entregará o grama de rádio. Afinal, o predecessor dele organizara em 1921 uma primeira cerimônia nesse sentido. Oito anos depois, o presidente Hoover não pode fazer menos do que isso.

Esta quinta-feira de outubro de 1929, cinco dias antes de Marie Curie ser recebida na Casa Branca, deveria ser um dia comum na Bolsa de Valores de Nova York. De repente, as cotações despencam. Pânico. Alguns investidores se jogam dos edifícios ou dão um tiro na cabeça. Outros vendem suas ações às pressas. No país inteiro, homens e mulheres correm aos bancos, tentando salvar um pouco de suas economias. Este 24 de outubro se tornará na história "a quinta-feira negra", primeiro momento de uma crise em Wall Street que vai durar cinco dias de loucura e desencadear anos de depressão econômica, de desemprego nos Estados Unidos e no mundo ocidental, inclusive a Europa. Marie se instala na Casa Branca em pleno caos:

"Vim parar aqui em pleno pânico financeiro, do qual vocês certamente ouviram falar por aí. Isso me deixa desolada, pois tenho a impressão de que todos estão preocupados, e temo estar sendo um incômodo. [...] Apesar disso, estou sendo muito bem recebida. Ontem jantei com Hoover e sua família, e hoje, apesar de tudo, tivemos o almoço. Ele é um homem muito reservado, que fala com voz bastante baixa, mas parece ocupadíssimo com os assuntos do país".[18]

Hoover, apesar da crise, deseja manter sua palavra em relação à cientista. A despeito dos agitados dias e noites da semana em que a Bolsa quebrou, das idas e vindas de seus conselheiros, de homens de negócios, de políticos, ele mantém a cerimônia durante a qual entrega a Marie um cheque de 5 mil dólares. No último jantar, sem dúvida esperando que a crise tenha passado, o chefe de Estado se revela mais loquaz, como Marie escreve a Ève: "A catástrofe financeira que se desencadeou aqui parece atenuada. O governo e os bancos compraram ações em massa e provavelmente fizeram bom negócio, ao mesmo tempo em que contiveram o pânico. Para mim, foi muito penoso ouvir falar de tudo isso, e eu preferiria, se pudesse, não estar aqui durante a tempestade".[19] E assim, por um triz, o rádio foi obtido...

*

Três anos após o *crack* da Bolsa, uma chegada inesperada na família oferece a Marie uma sensação de renascimento. Em 12 de março de 1932, cinco anos após o nascimento de Hélène, e contra a opinião dos médicos por causa da tuberculose, Irène dá à luz um menino. Os pais o denominam Pierre, claro. É uma vitória sobre a doença, os sofrimentos, a fragilidade física da filha mais velha do casal Curie. E também uma confirmação de sua determinação. Marie está emocionada. Esse nome, o mesmo de seu falecido marido, que ela não consegue pronunciar diante das duas filhas, ainda que adultas, ela deverá ouvi-lo e dizê-lo àquele que é seu neto. Pierre revive, 26 anos após sua morte. A vida recomeça, esfuziante. Marie e Irène parecem felicíssimas.

Em silêncio, Ève as observa. Deveria se alegrar: agora tem um sobrinho que traz o nome de seu pai, do qual, à diferença de Irène e Marie, ela não tem nenhuma lembrança. Portanto, um nascimento que conjuga a alegria e a dor do pai ausente. De fato, será preciso habituar-se a isso. Há dois anos, Ève compartilha sua vida com Marc Chadourne, escritor viajante, ex-administrador das colônias na Oceania e mais tarde em Camarões. Um homem que frequentemente parte para lugares longínquos. Quando ele recebe o prêmio Femina, em 1930, por *Cécile de La Folie*, a moça está ao seu lado, desanimada. Sente que, entre duas ausências nas colônias, essa relação não levará a lugar nenhum. Na viagem seguinte, ela o abandona. Por despeito, o escritor fará o retrato de Ève no romance *Absence*, publicado em 1933, de que ela se torna protagonista e no qual Tout-Paris descobre as etapas da separação. De passagem, Marc Chadourne faz um retrato ferino do homem que o substituiu, descrevendo a ofensiva deste para conquistar uma das mulheres mais famosas. Um homem mais velho do que ele? Como seria possível? O diálogo no romance o confirma:

> – Por que não seria possível? Ele ainda tem prestígio junto a certas mulheres. E, principalmente, recursos consideráveis. É um homem que sabe se esforçar. Bombardeou-a com flores, jantares aqui, ceias acolá. De fato, lembrou-se de um jantar no Ritz sobre o qual ela lhe escrevera alguma coisa e, vagamente, do comentário.[20]

Realmente, em sua ausência, enquanto ele se encontra em Xangai, a caçula de Marie conhece nos jantares badalados um homem bem-sucedido que a corteja, convida-a para todos os eventos mais chiques de Paris, deixa-a tonta com elogios e presentes. E também um homem, na opinião de seus próximos, de caráter difícil, rodeado de escândalos, autor de peças de teatro, algumas de bulevar, outras retomadas bem mais tarde por Alain Resnais, como *Melodia infiel.* Esse homem se chama Henry Bernstein. Nascido em 1876 numa família de banqueiros judeus, o dramaturgo, cujo retrato em criança foi pintado por Édouard Manet, é riquíssimo, temperamental e muito poderoso no mundo literário e teatral. Nessa relação há somente dois problemas. Henry Bernstein é casado e tem 54 anos, ao passo que Ève tem apenas 28. E, ao mesmo tempo em que são tiradas fotos dos dois em recepções, ela sabe que não pode esperar nada dele. A diferença de idade e de meio social a obriga a não mencionar o assunto no Quai de Béthune. Sem dúvida Marie ouviu falar desse personagem extravagante e esnobe, tão distante de seu estilo de vida, mas não imagina que a filha se lançou numa relação adúltera com ele. Contudo, estará presente à primeira apresentação da peça que Ève traduziu do inglês e encenou com Bernstein. *145 Wall Street* é o título francês dado a uma peça americana de George S. Brooks e Walter B. Lister, obra satírica contra os financistas americanos. Denominada, no original, *Spread Eagle*, foi escrita antes da quebra da Bolsa em 1929, mas o enredo se passa durante a Grande Depressão. É inspirada na vida do bilionário William Randolph Hearst, temido senhor da mídia que não hesita em publicar matérias sensacionalistas, fazendo e desfazendo reputações e causando conflitos militares. Pouco antes da estreia, em 25 de outubro de 1932, Henry Bernstein recebe os jornalistas agradecendo em primeiro lugar a ajuda de sua esposa e depois a de Ève Curie, ambas presentes... Será realmente tal relação que Marie sonha para sua filha? Duvida-se, e espera-se que ela não tenha entendido que sua caçula, jovem e bela, estava se perdendo junto a esse homem casado e de outra geração.

Alguns meses antes, em agosto, ela escrevera numa carta a Ève:

> Minha menininha, desejo que você tenha resolvido logo as inquietações e preocupações e organize sua vida de maneira mais calma e mais razoável. Talvez eu não saiba lhe explicar direito em que consiste a felicidade, mas certamente ela não está no drama, e esse elemento existe em demasia ao nosso redor, mesmo quando não o buscamos. Creio que vou passar o resto dos meus dias num temor constante do imprevisto que nos espreita para nos derrubar. Tranquilize-me, assim que puder, ao menos quanto ao presente mais atual e ao futuro mais próximo.[21]

Na última frase, Marie lhe manda um beijo, carinhosamente, como de costume. Em segredo, se interroga. Será que Ève encontrará um dia a paz interior? Ela não sabe mais.

6

As irmãs Curie, da sombra à luz

De repente, em janeiro de 1934, um telefonema de Irène à mãe, breve, febril, alegre, desencadeia em Marie uma felicidade imprevista. Chamada com urgência, em companhia de Paul Langevin, ao laboratório de Irène e Frédéric, ela sente seu frágil coração bater emocionado. Frédéric e Irène se preparam para oferecer a Marie o mais belo presente com o qual uma cientista pode sonhar. Eis a narrativa de Frédéric Joliot-Curie:

> Marie Curie foi testemunha de nossas pesquisas e eu jamais esquecerei a expressão de intensa alegria que se apoderou dela quando Irène e eu lhe mostramos, num pequeno tubo de vidro, o primeiro radioelemento artificial. [...] Para verificar o que lhe anunciávamos, aproximou-se do contador Geiger-Müller e pôde escutar os muitos "tops" do numerador de raios. Esta foi, sem dúvida, a última satisfação de sua vida.[1]

Bastante emocionada, ela quer compartilhar sua alegria com Ève. Então, no dia seguinte, envia-lhe uma carta cheia de entusiasmo. Propõe-se a explicar à filha, de viva voz, a descoberta do casal, que vai revolucionar a medicina e, de novo, salvar vidas.

Mas essa felicidade será de curta duração. A saúde de Marie desmorona. Esgotada, ela finalmente admite procurar uma clínica. Mais uma vez, Ève cuida de sua mãe acamada e consulta vários médicos, os quais diagnosticam uma insuficiência renal causada pelos raios X. Marie deve então partir para um sanatório nos Alpes. Ève e uma enfermeira acompanham-na. A viagem parece interminável, a despeito das paisagens verdejantes. As vibrações do trem são insuportáveis para Marie, e ela quase desmaia. O trajeto até Saint-Gervais e o sanatório de Sancellemoz parece não acabar nunca.

Finalmente internada, sob o pseudônimo de Madame Pierre, a cientista é examinada por um médico famoso em Genebra, o professor Roch. Ele anuncia um diagnóstico inapelável, que se opõe ao dos médicos de Paris. Segundo ele, Marie sofre de anemia perniciosa. Nenhum tratamento poderá ser eficaz e livrá-la de sofrimentos terríveis e inúteis. Único familiar presente, Ève, abalada, precisa disfarçar suas lágrimas, avisar Irène e Bronia, esta última na Polônia, e sobretudo esconder da mãe que já não há esperança de salvá-la. Em comum acordo, para não alertar Marie sobre seu estado, mais ninguém da família deve acorrer neste momento. Só existe uma prioridade: não a deixar sofrer, aplacar suas dores. Os médicos lhe dão analgésicos e soníferos. Iniciam-se então os últimos dias de Marie, algo que Ève, na biografia da mãe, qualificará de "morte suave".

Enquanto Bronia, em Varsóvia, embarca no trem, levando na bagagem um pouco de terra da Polônia, Irène e Frédéric chegam. Em 2 de julho, também estão ali, para tentar confortá-la. Porém Marie, na qualidade de cientista, é obstinada. A cada momento, analisa sua saúde. Sente-se melhor, acredita que o ar lhe faz bem. Em 3 de julho, exige medir sua temperatura, que baixou. Que alívio! Marie está salva. De repente, olha a xícara de café e, em sua névoa mental, preocupa-se: "Será que o fizeram com rádio ou com mesotório?".[2] Ao longo da noite, Ève, ao lado dela, segura-lhe as mãos gretadas de queimaduras, essas mãos que trabalharam tanto, lidaram com produtos perigosos, essas mãos que possibilitaram salvar tantas vidas. Ève se sente sozinha, embora médicos e enfermeiras permaneçam ao seu lado, devotados, atentos, silenciosos. Todos sabem que esta é a última noite. A última noite de Marie. No alvorecer de 4 de julho, Ève fecha os olhos da mãe. O rádio a matou, escreverá ela mais tarde. Marie tem somente 66 anos.

Rodeada pelos médicos, pela equipe hospitalar, Ève permanece à cabeceira da mãe, não larga suas mãos. A ternura a invade diante deste corpo, tão frágil, que lhe deu a vida. O médico, o dr. Tobé, divulga um comunicado: "A doença é uma anemia perniciosa aplásica de progressão rápida, febril. A medula óssea não reagiu, provavelmente porque foi alterada por um longo acúmulo de radiações".[3]

No instituto, estão todos abatidos. Chocados. De fato, suas pesquisas são supervisionadas por Irène e Fréderic Joliot-Curie, mas, havia quase meio século, Marie era a memória viva, em cinco idiomas, de todos os trabalhos sobre o rádio e a radioatividade. O velório acontece discretamente, pois Marie não quis cerimônia oficial. Todos se encontram no cemitério de Sceaux, diante do túmulo de Pierre. Os amigos, os dos bons e dos maus dias, das provações da morte de Pierre e do caso Langevin, estão presentes neste dia calorento de julho. Os Perrin, os Borel, Claudius Regaud e Paul Langevin demonstram seu pesar. Bronia e seu marido Casimir lançam punhados de terra da Polônia sobre o esquife. Na lápide, será gravado: "Marie Curie-Sklodowska, 1867-1934". A imprensa nacional e internacional presta a ela uma vibrante homenagem. Mas alguns jornais franceses criticam a simplicidade do enterro. Irène e Ève reagem por um comunicado, lembrando que se limitaram a respeitar a vontade da mãe.

Dessa perda, Irène sabe que sai mais forte do que a jovem Ève. Mas que abismo entre as vidas das duas irmãs! Irène encontrou o próprio caminho desde os dezessete anos, viveu com

Marie uma relação intelectual e afetiva quase fusional, desposou um homem a quem apelida, com ternura não dissimulada, *mon grand chéri** e exibe com ele uma cumplicidade intelectual, um mesmo olhar sobre o mundo. Ève, em contraposição, vive amores incertos, não hesita em assumi-los como uniões livres. Continua solteira, ao passo que a opinião pública e a pressão social só toleram as mulheres casadas.

Ève sabe, já faz algum tempo, não dispor do nível excepcional que lhe seja suficiente para empreender uma carreira de pianista internacional. Não serão os poucos artigos de crítica musical que vão lhe trazer um alento ou lhe abrir o caminho para a celebridade. Será que tem uma paixão secreta? Ela ama a arte da escrita, adora envolver-se em noitadas nas quais sua elegância, seu senso de humor, sua inteligência e sua beleza lhe abrem as portas de Tout-Paris. Sem dúvida, existem amizades como a de Colette, a qual reencontra, na independência da mais nova das Curie, sua própria liberdade e os escândalos que suscitou no *music-hall*, durante sua juventude. Mesmo assim, os eventos sociais não substituem para Ève a afeição dos seus. O amor de um parente. Irène, por sua vez, sente-se fatigada e comovida. Mé, tão próxima, tão cúmplice, foi seu alicerce desde o falecimento de Pierre, quando ela tinha sete anos. A família Curie tornou-se então uma tribo de mulheres, ainda que alguns homens, entre os quais o pai de Pierre Curie e depois o irmão, tenham trazido à casa delas uma constante presença masculina. Frédéric Joliot-Curie, objeto de ciúme por ter desposado a filha da chefe da família, acabou, apesar de tudo, por ser aceito e reconhecido.

Enquanto o caixão desce à sepultura, Ève sente um calafrio. Ter trinta anos e viver sem projeto: um futuro que se

---

* Algo como "meu queridão". (N.T.)

anuncia bem sombrio, ainda que o sol irradie, entre as pessoas presentes no cemitério de Sceaux, um calor insolente.

Felizmente, um telefonema arranca-a do torpor. A América a procura. Aquela América que deslumbrara a jovem Ève, aos dezesseis anos, quando as duas irmãs acompanhavam a mãe para receber o grama de rádio. Um editor americano, de uma casa prestigiosa, a Doubleday & Doran, lhe propõe escrever uma biografia da cientista. Ève hesita. Será capaz disso? O editor insiste. Historiadores, jornalistas que não conheceram Marie Curie ameaçam publicar biografias recheadas de erros. Somente ela tem condições de narrar a vida profissional, científica e privada de sua mãe. Sua intimidade. O argumento convence Ève, a qual aceita. Mas, do outro lado do Atlântico, o tempo urge. Convém agir depressa, assegurar-se de que esse livro será a primeira biografia de Marie. O editor americano, persuasivo, põe à disposição de Ève um tradutor. Ele verterá sistematicamente as páginas que ela datilografar a toda a velocidade em sua soberba máquina de escrever, que não a deixará durante anos. Porque o editor tem um objetivo: divulgá-la primeiro nos Estados Unidos, em inglês. Os leitores americanos e anglo-saxônicos serão sensíveis, ele tem certeza. São o seu público. Ele os conhece. Para Ève, é o início de dois anos de trabalho, de pesquisa, de redação em um ritmo sufocante.

Para os temas científicos, as pesquisas e descobertas da mãe, Irène lhe é necessária. Irène é a cientista; Ève, a literata. Então, a caçula precisará lançar mão de diplomacia para obter informações, documentos trancados no cofre do instituto, aos quais só Irène tem acesso e que só ela compreende. Claro que a mais nova promete deixá-la ler os trechos relativos a esses temas delicados. E lhe confidencia: "Durante este verão, não parei de trabalhar um dia sequer, e já não sei como alguém pode viver sem dispor de uma máquina de escrever".[4] Também se preocupa com a reputação da mãe após a outorga do segundo Nobel, em 1911: "As pessoas têm a vaga ideia de que Mé não fez mais nada de extraordinário depois de seu segundo Nobel e da guerra. Eu gostaria de lutar fortemente contra essa lenda, mostrando, de modo compreensível a todos, o desenvolvimento de sua obra, tanto por seus trabalhos pessoais quanto pelos de seus alunos".[5]

Inicia-se então uma corrida contra o relógio. Em silêncio. Em segredo. Ève ainda aparece na noite parisiense, em que tem lugar cativo junto a Henry Bernstein. Ele sabe do sigilo. Este bem-falante não a trairá. Por ser ele mesmo um dramaturgo, conhece bastante o valor do silêncio em qualquer projeto literário. Até mesmo se instalará perto de Ève em Lausanne, no mesmo hotel de luxo, quando ela escrever a Irène. Talvez até esteja feliz pela jovem. Aos poucos, Ève começa a acreditar que vai concluir o projeto. Sente-se reviver. Mas é preciso, cada vez mais, recorrer à irmã, cortejá-la, suplicar-lhe. O tom é polido, mas firme:

> Você poderia deixar à minha disposição, com sra. Razet, por exemplo, as cartas de Mé[6] que afinal você nunca me emprestou, e também as cadernetas de trabalho das quais Fred me falou, e que trazem, misturadas, as anotações de Pé e de Mé... Sei muito bem que, sem ajuda, não poderei compreender o significado técnico desses registros. Mesmo assim, eles podem me ser muito úteis e me proporcionar uma imagem concreta desse trabalho a dois.[7]

Os mexericos de Tout-Paris depreciam essa mulher jovem, famosa e apaixonada por um homem de quem não há nada a esperar. Discriminada por ser solteira numa época em que o casamento é a referência suprema. Claude Mauriac, filho do escritor François Mauriac, e que acaba de comemorar seus 21 anos, encontra em Pyla-sur-Mer, em agosto de 1935, "Bernstein e sua inevitável Ève Curie".[8] Ele zomba do dramaturgo. Este último, escreve Claude, sofre o peso da idade, não dirige a palavra a Ève Curie nem lhe demonstra seu amor, por medo de parecer ridículo: "Sente que as pessoas riem dele".[9] Em outubro do mesmo ano, de volta a Paris, registra em seu diário um "almoço na residência de Henry Bernstein... com Jean Fayard e, naturalmente, a dona da casa, Ève Curie... encantadora, retraída, bela, mas já desgastada, e com ar triste".[10] Triste, talvez; mas desgastada? A moça tem apenas trinta anos... A família Mauriac, de pai para filho, cultiva a mesma maldade misógina. Ève logo mostrará ao mundo que ainda não disse sua última palavra.

Por enquanto, prossegue com empenho na redação da biografia da mãe, enquanto sua irmã Irène e seu cunhado Frédéric são, por sua vez, contemplados com o Nobel de Química.

A cerimônia em Estocolmo é comovente, mas os jornalistas franceses se demoram na descrição física de Irène, o que eles não fazem em relação às outras premiadas presentes. Ela é a única mulher sentada no estrado, na primeira fila, ainda que no meio, entre dezoito homens, todos de smoking. Ao seu lado, Frédéric Joliot-Curie. À esquerda dos dois, o alemão Hans Spemann, embriologista e prêmio Nobel de Medicina. O traje de Irène é examinado pelos repórteres, que não deixam de fazer afirmações impregnadas de sexismo:

> Todos os olhares se fixavam, durante a cerimônia, nessa mulher de fronte magnífica, de simplicidade comovente; nenhuma joia, nenhuma bugiganga, perante uma sala povoada de fraques estrelados e toaletes multicoloridas. Comportadamente sentada entre o marido e o físico inglês sir James Chadwick, laureado de física, sobre um estrado florido, encimado pelo busto barbudo do

> benfeitor Alfred Nobel, ela, no entanto, mal continha sua agitação... Não importa haver descoberto o rádio sintético, a curiosidade feminina se sobrepõe. A sra. Joliot-Curie entreabriu seu diploma, admirou seu diploma [...]; e os outros laureados, encorajados por esse exemplo, tampouco resistiram à tentação. O espetáculo era encantador e os dignitários posudos, os acadêmicos e as velhas aristocratas que lotavam o auditório relaxaram e trocaram sorrisos.[11]

Não, Irène não é uma garotinha à qual alguém oferece uma boneca, muito pelo contrário, e essa descrição é caricatural, rebaixando-a ao nível de deslumbrada. Ela se lembra do menosprezo com que a mãe foi tratada por ocasião de seu primeiro prêmio Nobel, em 1903, com o marido Pierre. A mais velha das filhas dos Curie observa. Registra. À distribuição dos prêmios, segue-se um banquete muito protocolar. O alemão conclui seu discurso com uma saudação hitlerista, o que o repórter francês qualifica de "detalhe saboroso".[12] Os jornalistas não querem rebaixar o cientista que demonstra apoio às teorias nazistas e ao chefe do Terceiro Reich... O que Irène e Frédéric pensam dessa saudação nazista, eles que eram rodeados de amigos cientistas antifascistas ou, por serem judeus, vítimas de racismo e do fascismo? O amigo da família, Albert Einstein, já precisou exilar-se, como outros.

Em Estocolmo, Irène é a primeira a intervir, sem dúvida por menos tempo do que Frédéric Joliot-Curie, mas não queria deixar o júri tratá-la com condescendência, como havia sido o caso em relação à sua mãe em 1903. Então, como se explica que, no site oficial da Fundação Nobel, o discurso de Frédéric esteja incluído como um artigo, ao passo que o de Irène é simplesmente assinalado sem referência profissional?

Por ocasião dessa viagem à Suécia, mais uma vez, a irmã caçula está ausente. Ève não assistiu a nenhuma das três cerimônias Nobel nas quais sua família foi homenageada. No total, cinco prêmios Nobel. Os universos nos quais as irmãs evoluem são bastante diferentes. Elas parecem já não ter muito a se dizer, a compartilhar; no entanto, logo será necessário que se reencontrem. Em meio ao frio do inverno, à neve e à prática do esqui, não desconfiam que o ano de 1936 anuncia transtornos que ambas deverão enfrentar. Enquanto mulheres e, queiram ou não, enquanto irmãs. Impossível apagar os vínculos do sangue.

Diante de uma sala lotada, à margem da cerimônia dos prêmios Nobel, sempre neste mês glacial de dezembro de 1935, Irène faz uma palestra na Aliança Francesa de Estocolmo. Explica as últimas descobertas científicas de sua mãe, as suas próprias, e evoca o trabalho das mulheres.[13] Irène, a filha dos Curie mais calma, a comedida, que segundo sua irmã Ève não se irrita jamais, que não gosta de conflitos, inflama-se quando se trata das causas que lhe são caras: os direitos femininos, em particular o direito ao trabalho, a abertura do mercado de trabalho às mulheres, mas também a necessidade, para o Estado, de prever um orçamento decente para a pesquisa científica francesa. Porque a pesquisa custa caro, e ela está numa posição adequada para saber disso, com o difícil financiamento do Instituto do Rádio.

De volta a Paris, Irène tira proveito do prêmio para defender a pesquisa científica francesa e reclama uma parte considerável do orçamento nacional. Nem por isso se desinteressa da defesa e da promoção dos direitos das mulheres. A crise econômica de 1929 mergulhou o mundo num marasmo econômico bastante difícil até 1945. Em 1935, Irène se preocupa com o direito das francesas ao trabalho, questionado pouco a pouco depois das consequências econômicas da quebra de 1929. Então, dirige-se à opinião pública por meio da imprensa:

Neste momento assistimos, em todos os países, aos ataques contra o mais precioso direito das mulheres, o direito ao trabalho, direito sem o qual não existe liberdade individual. Na época em que Pierre Curie foi nomeado professor na Sorbonne, em 1904, ofereceu-se à sra. Curie o posto de coordenadora de estudos criado para seu laboratório. Minha mãe, que foi extremamente feminista, apreciou esse gesto pelo seu valor: não viu nisso unicamente uma marca de estima em relação a ela, mas também um belo exemplo do espírito liberal do nosso país, pois, naquela época, as mulheres ainda não haviam ingressado nos quadros do ensino superior. Dois anos depois, com a morte de Pierre Curie, ela foi nomeada professora na Sorbonne.
Assim foi que a França demonstrou, trinta anos atrás, a vontade de não fazer distinção entre mulheres e homens para a obtenção dos postos mais altos num dos mais nobres ramos da atividade do país.
Hoje, em 1935, o trabalho feminino mostrou seu valor em todos os domínios. Contudo, faz alguns anos, o direito da mulher ao trabalho está em regressão constante, e novas leis ameaçam diminuí-lo ainda mais. Essas leis, hoje dirigidas contra a mulher casada e servidora pública, não demorariam a estender-se às outras, tal como já aconteceu em outros países.
Será que veremos um governo, renegando o passado, retirar o direito que foi espontaneamente concedido a Marie Curie em 1904, o direito de acesso, nas mesmas condições que os homens, aos empregos para os quais elas são qualificadas por seu mérito e seu trabalho?
Lutaremos com todas as nossas forças para não ver isso acontecer.[14]

Tais páginas representam na época um dos textos mais combativos sobre os direitos das mulheres. Convém não esquecer que a própria Irène, apesar de seu prêmio Nobel, continua sem ter direito ao voto.

Alguns meses mais tarde, em março de 1936, ela fica desolada ante o estado de miséria dos laboratórios de seu país e declara:

> A produção científica francesa ocupa atualmente uma posição humilhante entre as das grandes nações. Isso é verdade em todas as áreas, exceto na das ciências matemáticas. Por quê? Porque as matemáticas demandam relativamente pouco dinheiro. As outras ciências são caras: ao que parece, esse é um luxo que nosso país não pode bancar. O que é verdade no caso da ciência é também verdade na maioria dos outros setores. A França tem uma taxa de analfabetismo mais elevada do que a maioria dos grandes países; o saneamento, aqui, está em nível mais baixo etc. Educação, saúde: luxo acima de nossos recursos. E as verbas científicas, as da instrução primária, as do saneamento foram reduzidas ainda mais.[15]

Época movimentada na Europa tanto quanto na França. A esquerda não se recupera da chegada de Hitler ao poder, em 1933. Escândalos financeiros, entre os quais o caso Stavisky, suscitaram manifestações de extrema direita. Até mesmo Marie, pouco tempo antes de sua morte, dirigira à sua caçula uma carta escandalizada sobre as ligações perigosas entre políticos e gângsteres. Os partidos políticos decidem constituir uma frente antifascista e progressista. Após as eleições de 1936, e quando Léon Blum é sondado para se tornar presidente do Conselho, as feministas passam a ter esperança. Esse político havia sido um fiel apoiador do direito feminino ao voto e, a partir de 1930, prometera nomear mulheres para o governo.[16] As mulheres, contudo, são consideradas como menores, mesmo casadas, não eleitoras e não elegíveis. Mas antes de sua chegada ao poder, em sua obra *Du mariage* [Sobre o casamento], ele insiste em que as mulheres disponham do próprio corpo e reivindica o direito à contracepção. Assim, observa Antoine Tarrago, Léon Blum afirma, desde o rascunho de seu livro: "Elas escolherão o momento de sua maternidade... Liberdade primeiro, filhos depois".[17] Tal posição, em si, é revolucionária. Léon Blum está adiantado em relação a muitos de seus compatriotas, inclusive certas mulheres. E pretende incluir mulheres em seu governo, uma inovação na história da República francesa.

Então, quais personalidades femininas escolher? A opção por Suzanne Lacore como subsecretária de Estado para a Proteção da Infância pode surpreender. Ela é uma professora primária aposentada, inegavelmente ativa nos grupos socialistas. Em contraposição, Cécile Brunschvicg, subsecretária de Estado para a Educação Nacional, é conhecida por seus engajamentos feministas de primeiro plano. Desde 1926, dirige o semanário *La Française*, criado em 1906 e que defende a causa do sufrágio das mulheres. Também acompanha a evolução da legislação e publica artigos sobre assuntos internacionais e sobre as condições das mulheres mundo afora. Suzanne Lacore e Cécile Brunschvicg trabalharão de comum acordo e conseguirão aprovar medidas para o desenvolvimento de cantinas escolares a fim de lutar contra a desnutrição das crianças, assim como outras reformas para a educação e programas de medicina escolar, numa época em que as condições de saúde são deploráveis em muitas famílias. Como lembra Antoine Tarrago, elas vão inclusive obter a aprovação de medidas para ajudar mães sozinhas que precisam de recursos e criar comissões para a proteção da infância.[18]

Na França, ao lado dessas progressistas que contribuirão para melhorar a condição tanto das mulheres quanto das crianças em seu país, faz sentido a decisão de Léon Blum de convocar Irène Joliot-Curie: com seu perfil atípico e excepcional, a cientista completa adequadamente esse novo governo. Por sua experiência, ela pode inspirar as mulheres e, por sua vez, propor iniciativas. Porque é também uma visionária.

*

Para Irène, ser uma das três primeiras mulheres a fazer parte de um governo francês representa um forte contraste com seu ofício de pesquisadora. A política está longe de ser uma ciência exata. Limita-se, para ela, como lembra seu biógrafo Louis-Pascal Jacquemond, a um "inútil palavrório". Tagarelices inúteis, frequentemente pretensiosas, que não resultam em nada de concreto e que estão cheias de mentiras e futilidades para alguém que é cético. Ela descobre que muitas vezes as mulheres, em posição subalterna, têm que deixar os homens se ouvirem falar. Para uma premiada com o Nobel que não consegue imaginar um só dia sem estar mergulhada em experiências concretas, isso é simplesmente insuportável. Irène convive com a misoginia desde a infância. Relembra os insultos contra sua mãe, "a polonesa", em 1911. Por sua vez, está sujeita às vinganças dos jornalistas, às suas zombarias e maldades. Ela não dá importância a isso, ainda que eles queiram feri-la. Irène não hesita em responder às críticas. A mídia, por sua vez, debocha de sua aparência física desprovida de elegância, enquanto sua irmã é fotografada pelas revistas de futilidades. Se Ève maneja a delicadeza e lança mão de olhares sedutores, Irène nem sempre recorre às fórmulas de polidez.

E não é a atitude do ministro Jean Zay, a quem é subordinada, que vai detê-la. Ainda incensada pelo prêmio Nobel de

Química recebido seis meses antes, Irène está estupefata. Ela não tem escritório! Três semanas depois, exige um mensageiro, um ou uma profissional em datilografia, e, de novo, um escritório. Silêncio por parte da administração. Não lhe dão nada. Jean Zay quer realmente mantê-la sob sua tutela. E que ela se cale. O ministro é ele. A política, também ele. Ao seu ver, Irène deve ser apenas uma "mulher-álibi"[19] para uma operação de comunicação útil ao governo, a Léon Blum e sobretudo a ele mesmo. Mas o político não pode impedir que Ève publique um artigo sobre sua irmã. "É uma intelectual. É filha de dois intelectuais. É esposa de um intelectual. E precisa ter uma individualidade fortíssima para conseguir este prodígio: não se parecer com ninguém, não imitar ninguém, nem mesmo aquela mãe ilustre cujas pegadas ela parece seguir, desde as descobertas até o prêmio Nobel."[20]

Irène aparece como a eterna boa aluna, sensata e discreta, equilibrada, em contraste com o que foi seu período escolar, com aquele gosto pelo esporte e por uma vida saudável que a mãe incutiu nas duas filhas. Para que os políticos e os jornalistas compreendam melhor as secas reações de sua irmã mais velha, Ève explica o quanto a franqueza e a retidão desta representam a consequência natural de um caráter difícil: "Nenhuma força humana pode obrigar Irène Curie a fazer o que a entedia, a se ocupar de seus vestidos, a ver pessoas importunas – nem impedi-la de bocejar numa recepção oficial [...] Ela é um ser implacavelmente verdadeiro que se mostra a todos exatamente como é, com seus méritos e suas falhas, sem procurar embelezar-se ou agradar".[21]

Esse retrato tem a vantagem de permitir que leitores e leitoras adivinhem o talento de Ève como escritora. Em conclusão, a caçula se diverte:

> A impassível física também se apaixona, agora, por questões sociais, e até por doutrinas políticas. E, como nossas

opiniões diferem quanto a certos pontos, eu consegui faz algum tempo ter com "minha-irmã-que-nunca-se--enfurece" uma controvérsia ardente, que durou pelo menos sete minutos! Maravilhadas e estupefatas por esse resultado inesperado, nós nos encaramos em silêncio. E começamos a rir.[22]

O humor de Ève agrada ao público e não desagrada a Irène, exasperada pela lentidão das decisões políticas e pelas intermináveis negociações. Por erro dos políticos, ela está perdendo tempo. E suas pesquisas se arrastam. O marido, Frédéric, está de muito mau humor. "Meu pai", conta Pierre Joliot-Curie, "ficou furioso por ter sido minha mãe a pessoa nomeada para o governo. Achava que isso caberia a ele. E não suportou precisar pedir a ela verbas de laboratório."[23]

À amiga americana da família, Missy Meloney, Irène escreve que aceitou o posto por causa de seu engajamento feminista, e também para dar um espaço mais considerável à pesquisa científica. Uma aposta que a Alemanha e a URSS compreenderam perfeitamente e integraram em suas estratégias nacionais. Irène reclama de seu ministro um aumento significativo do orçamento para pesquisa, e pretende alinhar "a condição das *sévriennes* à dos *normaliens** da rue d'Ulm: direito a uma bolsa e a um estágio num laboratório, direito de submeter-se a concursos para tornar-se professora no ensino superior, assim como no secundário, e direito a salários iguais aos dos colegas homens".[24]

De fato, a Escola Normal Superior de Moças de Sèvres forma as jovens cientistas que tentarão se tornar, a despeito do famoso "telhado de vidro" e das discriminações na carreira aca-

* Alunos da Escola Normal Superior. (N.T.)

dêmica, professoras universitárias e diretoras de laboratório. E essas moças precisam percorrer um caminho longo e pontilhado de obstáculos, antes de poderem atingir uma posição digna de seus diplomas e competências. Como Irène poderia esquecer que sua mãe, de 1900 a 1906, simultaneamente à Exposição Universal em Paris, lecionou física nessa escola, transmitindo às alunas um saber que as inspiraria ao longo de todo o século XX?

Tudo isso vem de longe. A luta pelo acesso das jovens ao ensino secundário havia provocado fortes resistências. Antes da criação de Sèvres, no final do Segundo Império, em 1867, elas não tinham direito a receber um ensino equivalente ao dos rapazes. Victor Duruy, então ministro da Instrução Pública, escrevera em 1866 à imperatriz Eugénie que "a influência da mãe sobre a educação do filho e sobre a direção das ideias é importante demais para vermos as mulheres permanecerem estranhas à vida intelectual do mundo moderno".[25] A imperatriz propôs que fosse oferecido um programa de cultura geral para moças na Sorbonne. Na presença das mães, claro, a fim de que elas não corressem o risco de "conhecer pessoas erradas"... A Igreja católica reagiu fortemente e levou ao fracasso esse programa. Contudo, um jovem deputado de trinta anos, Camille Sée, elaborou um projeto apresentado por Jules Ferry que resultou na lei de 20 de dezembro de 1880 para a criação de liceus e colégios de moças.

O problema persistia. Camille Sée especificara que esses estabelecimentos deviam ser dirigidos por mulheres munidas de diplomas regulares. Assim, para formar essa equipe feminina então inexistente, foi criada a Escola Normal Superior de Sèvres. Não sem resistências no Senado: "De que se trata? Trata-se de criar um novo tipo de instituto. Um seminário laico de moças, chamadas de professoras; eu não conheço este monstro".[26]

A lei que criava a École foi promulgada em julho de 1881. Após um estudo feito por Jules Ferry, decidiu-se atribuir ao estabelecimento a antiga manufatura de Sèvres, construída sob o reinado de Luís XV a conselho de Madame de Poupadour,[27] que estava sem destinação havia vários anos. Um prédio enorme, reservado, onde as moças ficariam protegidas de conviver com homens e, portanto, de pôr em risco sua reputação. Esse lugar representa um símbolo muito forte quando nos lembramos do papel e da considerável influência de Madame de Pompadour na promoção das artes e da cultura na corte de Luís XV.

Os resultados foram impressionantes. As primeiras alunas saíram da École em 1883, tornaram-se professoras de colégio e de liceu e, dentre elas, dez diretoras de liceu. Concederam-se bolsas de viagem, o que permitiu que essas jovens descobrissem outras culturas, ciências e maneiras de viver. Elas, porém, continuavam sem o direito de submeter-se ao *baccalauréat*! Para tal, foi preciso esperar 1910, ou seja, quase trinta anos após a criação da École, e isso quando Marie Curie ensinava lá desde 1900. O número de inscritas acabou aumentando, entre as quais alunas estrangeiras, pois no mesmo período, e Marie Curie vivera isso, não existiam na Europa ensino nem exames especiais para mulheres.[28] Elas vinham a Sèvres em busca de equivalências. Será preciso esperar o fim da Primeira Guerra Mundial para que o ensino secundário das moças fosse assimilado ao dos rapazes, em 1924, dando-lhes finalmente a esperança de uma vida mais aberta.

Desde sua nomeação para um posto político, Irène, apesar da má vontade de Jean Zay, conseguiu tomar iniciativas e decisões. Tudo é urgente. Ela não sabe por quanto tempo permanecerá nessa função, por maior que seja seu prestígio diante do grande público, de Léon Blum e dos pesquisadores. Irène não desistirá. Obtém autorização para que as alunas casadas continuem seus estudos. Consegue vincular a École Normale de Sèvres não mais à direção do ensino secundário, mas à do ensino superior. Tal decisão será homologada em dezembro de 1936, após sua saída do governo, e acarretará um aumento das verbas e a criação de empregos. Por fim, após a Segunda Guerra Mundial, as *sévriennes* poderão orientar-se mais frequentemente para o ensino superior, tal como as pesquisadoras que Irène e Marie formavam havia muito tempo no Instituto do Rádio.

Uma ex-*sévrienne* aluna de Marie, aprovada em primeiro lugar no concurso feminino da *agrégation* de ciências físicas e naturais, Eugénie Cotton, amiga dos Joliot, torna-se em 1936 diretora dessa prestigiosa escola, por iniciativa de Irène. Juntas, as duas irão reformar os estudos superiores femininos, aperfeiçoar o nível de ensino das ciências, em particular para as jovens, e, apesar dos preconceitos, encontrar mercado para elas, considerando que as *sévriennes* não tinham sequer o mesmo estatuto que os *normaliens*. Mais tarde, Irène Joliot-Curie prestará a ela uma vibrante homenagem:

> A sra. Cotton fez um esforço constante para conseguir que a Escola Normal Superior de Moças se beneficie de um estatuto equivalente ao da École Normale da rue d'Ulm. Sinto-me feliz por ter podido ajudá-la um pouco nessa tarefa quando eu era subsecretária de Estado para a Pesquisa Científica. Hoje, o resultado está obtido: as moças da École Normale podem preparar o licenciamento durante seus estudos e, após a *agrégation*, podem obter uma bolsa para trabalhos num laboratório, podem tornar-se professoras no ensino superior, no ensino secundário, e salários iguais aos dos colegas homens lhes são assegurados.[29]

Com seu olhar intenso, emoldurado por um sorriso luminoso, Eugénie Cotton, dotada, segundo suas ex-alunas, de inquebrantável força de vontade e de profundo desprendimento, em cinco anos deixará a própria marca nessa escola, apesar de ser aposentada por Vichy em 1941. Seu marido, Aimé Cotton, também físico, será detido várias vezes pela Gestapo. Assim, o período da Frente Popular faz surgirem os marcos de um percurso que, com a Libertação, permitirá que as mulheres possam ser cientistas de alto escalão. Já o Collège de France, mesmo após a guerra, continua fechado ao sexo feminino. Será preciso esperar 1988, ou seja, 459 anos após sua criação, em 1529, por Francisco I – mais de quatro séculos –, para que uma mulher, a helenista Jacqueline de Romilly, seja eleita professora e titular de uma cátedra nesse estabelecimento!

Irène logo se cansa das mesquinharias políticas. As reticências de Jean Zay em lhe atribuir verdadeiro espaço e visibilidade a exasperam. O ministro quer manter só para si as iniciativas na área de pesquisa científica, embora não tenha nenhuma competência na matéria. Diante de uma titular do Nobel de Química, o político trata de usufruir sozinho o benefício do trabalho de Irène. Ela lhe é útil, mas não assume o papel de mulher submissa, como ele pretendia. Com uma mulher da têmpera de Irène, impossível. Um desprezo que não cessa. Jean Zay se vinga e não lhe concede as verbas solicitadas. A essa sabotagem acrescentam-se as decepções de Irène em relação a Léon Blum. Um homem, contudo, que ela admira, e sobre o qual ouviu sua mãe falar. Ela o conheceu antes de entrar para o governo. Havia colocado nele muita esperança no sentido de melhorar a condição das francesas. Irène almeja a obtenção do direito de voto para as mulheres e, a partir de 18 de julho de 1936, data em que se desencadeia a guerra civil espanhola, um apoio mais claro da França à República espanhola, confrontada com uma insurreição militar.

Nova decepção aguarda a premiada com o Nobel. Em 30 de julho, a Câmara dos Deputados se pronuncia de novo a favor do direito de voto das mulheres, por 475 votos a 0. Mas dezenove membros do governo optam pela abstenção. Léon Blum não interfere, pois está ligado ao partido radical, que em seu programa não se comprometeu a atribuir às mulheres aquele direito. Portanto, o governo se abstém e não obriga o Senado a inscrever esse texto na ordem do dia. As feministas não se esquecerão disso, até porque as sufragistas iniciaram suas campanhas pelo direito de voto havia mais de quatro décadas, bem antes dos últimos anos do século XIX. Muitas feministas francesas já morreram sem ter podido, uma só vez, votar ou ser elegíveis. Quanto a Marie Curie, ela jamais teve a possibilidade de votar, ao passo que nos países anglo-saxônicos e escandinavos, na Nova Zelândia, na Austrália, as mulheres obtiveram finalmente esse direito. Assim, um imenso sentimento de exaustão invade as militantes francesas, após duas gerações de luta sem resultados. Irène constata que os direitos femininos não avançaram muito na França desde que ela e sua mãe conduziam as "pequenas Curie" até as trincheiras para salvar os soldados feridos.

Por outro lado, as notícias da Alemanha tornam-se cada vez mais preocupantes. Eleito chanceler em janeiro de 1933, Hitler desencadeou sua política antissemita muito rapidamente, após sua posse. Os mais eminentes cientistas alemães deixam a Alemanha e a Áustria pelos Estados Unidos, decidindo pôr o oceano Atlântico entre eles e o novo governo. As duas invasões alemãs à França, em 1870 e 1914, continuam presentes nas memórias. Albert Einstein, por exemplo, compreendera que Paris ficava demasiado perto de Berlim para que ele se sentisse seguro. Já em 1932, o físico preferira seguir para os Estados Unidos, tornando-se então professor no prestigioso Instituto de Estudos Avançados de Princeton,[30] embora o Collège de France tivesse pretendido oferecer-lhe uma cátedra. Intelectuais, escritores, filósofos, cineastas vão embora. Assim, o inglês Charlie Chaplin verá eminentes atores e diretores se mudarem para Hollywood. Ele estará entre os mais conscientes do perigo fascista e se lembrará disso quando se concentrar, a partir de 1938, no roteiro de seu filme *O grande ditador*, no momento da "noite de cristal", *pogrom* contra os judeus do Terceiro Reich.

Irène, por sua vez, pretende levar apoio ao governo de Madri, em luta pela própria sobrevivência. Léon Blum apoia o governo oriundo da Frente Popular da Espanha. A França, assim como a União Soviética, fornecerá armas à República Espanhola, além de aviões, especialmente, e de recursos financeiros. Possibilitará a ação das Brigadas Internacionais, cujos efetivos aumentam. Mas, no campo nacionalista, voluntários italianos e alemães também participam dos combates, tão intensos que o presidente do Conselho recua ante a ideia de enviar o exército francês ao caldeirão espanhol. Portugal, Alemanha, Itália e muitos países de língua espanhola apoiam a insurreição militar franquista. Léon Blum considerará sensato não mais apoiar a República Espanhola. Vários intelectuais, entre eles Irène, ficam feridos com isso. Irène decide então se demitir. Já provou seu valor e demonstrou que, para o país, era importante que mulheres ocupassem funções ministeriais. Porém, a pesquisa científica também deve receber um verdadeiro apoio do Estado francês.

Os jornalistas do semanário *La Française*, dito "revista do progresso feminino", fundada em 1906 pela jornalista e feminista Jane Misme, que a dirigiu até 1926, data em que é substituída por Cécile Brunschvicg, prestam homenagem a Irène, a qual justifica sua saída alegando motivos que não ofendem Léon Blum: "A sra. Joliot-Curie decidiu afastar-se de suas funções no governo por razões de saúde [...]. As feministas têm por ela uma viva gratidão por seu espírito de solidariedade, e todas se juntarão a nós para agradecer-lhe e desejar-lhe um completo restabelecimento".[31]

*

Ao digitar na máquina a última frase do retrato de Irène, Ève avança um passo na história de sua própria vida. Descobre que sabe escrever, transmitir ao público a emoção, o humor, o riso, a atmosfera. O domínio da escrita se torna uma força, um recurso, no momento em que ela abandona a carreira de pianista. Para superar esse fracasso, vai oferecer ao mundo a primeira biografia de sua mãe. E, tal como as outras duas mulheres da família, quer atingir o mesmo grau de excelência. Que desafio!

Para se proteger da ira da irmã, dá um tom leve à carta em que fala sobre os trechos que escreveu em relação à pesquisa científica da mãe delas: "Fiz da descoberta do rádio um relato científico (!!!) que entusiasmou meu adaptador... Agora, espero que o texto não deixe de cabelos em pé sua cabeça de especialista! Eu me inspirei no livro de Pé e Mé Curie, então talvez não haja muitos erros".[32]

Por fim, me dirá Hélène Langevin, entre Irène e Ève não haverá discórdia quanto à concepção do livro. Irène não gosta de conflitos, como sublinhava Ève no retrato que fez da irmã quando da nomeação desta para o governo de Léon Blum. Não haverá brigas. Em Lausanne, Ève trabalha desde a manhã até o entardecer, às vezes até a noite, e o tradutor designado e pago por seu editor se mantém à disposição no aposento ao lado, enquanto Henry Bernstein, sempre ele, não está longe.

Quando escreve a última palavra, a caçula de Marie se sente esgotada. Será que o livro vai interessar? Ela já não sabe. O editor, por sua vez, está confiante. Feliz. Esta biografia corresponde às suas expectativas e ele pretende fazer uma bela divulgação da obra. A publicação de *Madame Curie* nos Estados Unidos ultrapassa rapidamente todas as expectativas. Os mais atrozes críticos americanos não economizam elogios. Eleanor Roosevelt, cujas crônicas são lidas na imprensa americana por milhões de seus concidadãos, declara-se entusiasta. O sucesso aumenta. Em outubro de 1937, Ève Curie recebe pelo livro o prestigioso prêmio literário National Book Award de não-ficção. E sua turnê de conferências pela América ultrapassa, pela multidão de leitores que se deslocam, as mais loucas esperanças. Em seguida, a França. Mesmo sucesso, mesmo reconhecimento. Léon Blum e Colette lhe endereçam, assim como outras pessoas, palavras de felicitações. O público disputa a biografia a tapas.

*

À decepção pelo insuficiente envolvimento do governo da Frente Popular nos combates na Espanha acrescenta-se a supressão do posto ministerial previsto para a pesquisa. Como é possível? Irène sabe, e falou bastante sobre isso com Léon Blum, o quanto a França precisa reativar a pesquisa científica, garantia de progresso e de soberania num mundo que se rearma e no qual os Estados-membros do Eixo investem fortemente nos setores estratégicos. Já que ela não está mais no governo, só lhe resta a caneta para protestar:

> Permita-me transmitir-lhe, sem demora, a decepção sentida pelo mundo científico ante a supressão do subsecretariado de Estado para a Pesquisa Científica que o senhor criou [...] Resta muito a ser feito [...] Essa coordenação tão desejada, que seria tão útil e ao mesmo tempo tão produtiva para o Estado, pôde apenas ser esboçada. O subsecretariado de Estado para a Pesquisa Científica nos parecia o organismo mais capaz de realizar esse vasto projeto dentro de um espírito inovador.[33]

Irène se sente desamparada. A situação mundial está tensa, ela não esqueceu a saudação nazista do alemão Hans Spemann, contemplado com o Nobel de Fisiologia e Medicina em 1934, na presença dela e do marido, durante a cerimônia de entrega dos prêmios em Estocolmo.

E na França, em 1938, as notícias são preocupantes. Para começar, nos âmbitos familiar e médico. A Fundação Curie, aquela mesma criada à força de trabalho por sua mãe em 1920, centrada em "três missões: pesquisa sobre os tratamentos, conservação e transmissão dos saberes", com o objetivo de lutar contra o câncer e salvar vidas, está sem dinheiro. Corre o risco de fechar. Ève e Irène se dispõem a enfrentar juntas o problema. Em 4 de março, lançam uma campanha por doações. Ève, que o grande público teve oportunidade de descobrir nas revistas, e cujo sucesso nos Estados Unidos com seu livro repercutiu na França, dá entrevistas aos jornais: "Penso na angústia de minha mãe se seu hospital desaparecesse. [...] Ela, que não pediu nada e não aceitou nada para si mesma, dedicava uma verdadeira paixão à busca de recursos para sua obra".[34] Na realidade, o preço do rádio aumentou consideravelmente, e com frequência as doações feitas à fundação têm fins específicos, deixando de lado os salários e os encargos sociais. Os aparelhos de irradiação que precisam de onze gramas de rádio devem funcionar dia e noite. Cento e cinquenta pessoas se revezam. Apesar da ajuda do Estado à criação da fundação e de generosos doadores, tais como John D. Rockefeller e o dr. Henri de Rothschild, os recursos continuam faltando e a fundação está ameaçada de falência. Uma verdadeira catástrofe, quando se sabe que "os médicos afirmam que atualmente, para os cânceres externos, contam-se 95% de casos de cura definitiva, 80% nos casos médios, 12% para casos muito avançados".[35] Ève lembra que de 1919 a 1935, ou seja, desde antes mesmo da criação do hospital, a Fundação Curie, dotada de oitenta leitos, tratou de 8.319 pacientes.

Esses argumentos se revelam úteis, já que, bem depressa, a prefeitura de Paris intervém, assim como o então ministro da Saúde Pública. O Instituto Curie está salvo. Hoje, ele representa um centro hospitalar de ponta em oncologia, agrupado em três locais, Paris, Orsay e Saint-Cloud. É também um dos mais prestigiosos centros de pesquisa sobre câncer no mundo, com 88 equipes de pesquisadores. Ève e Irène, juntas, alcançaram seu objetivo.

*

Agora, porém, vemos Irène desesperada com a atitude da esquerda francesa ante a guerra da Espanha. Essa neutralidade, sob pressão da Grã-Bretanha, nem ela nem Frédéric podem compreender. Léon Blum os decepcionou. Na Alemanha, Hitler, por sua vez, deu apoio militar às tropas nacionalistas espanholas de Franco. O fascismo continua a se expandir, e muitos judeus da Alemanha e da Áustria fogem da Europa. Sigmund Freud se refugia de última hora em Londres, graças à ajuda da princesa Marie Bonaparte. A França não faz nada, Irène e Ève se preocupam. A Polônia faz fronteira com a Alemanha nazista. E se o país da mãe delas e de seus ancestrais for invadido novamente? Certa noite, ficam sabendo da notícia. Em Munique, Édouard Daladier, então presidente do Conselho, assinou com Hitler os acordos que autorizam este último a integrar ao Terceiro Reich os Sudetos, as minorias germanófonas alemãs da Tchecoslováquia, contrariamente ao que havia sido estabelecido pelo Tratado de Versalhes. Ceder diante de Hitler parece inconcebível às filhas dos Curie. As duas se perguntam: depois dos Sudetos, qual será a próxima exigência?

Ève está aterrorizada. Em seu apartamento da rue des Vignes, na margem direita do Sena, longe do Quartier Latin, ela agora compartilha sua vida com um jornalista político, Philippe Barrès, filho de Maurice Barrès. Esse homem de olhar penetrante retornou de um período de um ano como correspondente em Berlim, onde conheceu os dirigentes nazistas, entre os quais Hitler. Voltou estupefato com o conhecimento, pelo círculo do chanceler, sobre o pensamento militar francês e sobre as ideias inovadoras do coronel Charles de Gaulle, cujo nome os franceses, por sua vez, ignoram. Philippe Barrès se preocupa com o rearmamento moral e material da Alemanha, ao passo que a França se consagra unicamente a uma visão defensiva que vai devorar somas gigantescas na Linha Maginot, a qual será contornada pelas tropas alemãs.

Ève e Irène ainda não chegaram ao fim de suas decepções políticas. No verão de 1939, recebem uma notícia que as deixa desalentadas. Josef Stalin, o homem que aos olhos de Irène e Frédéric simbolizava a luta contra o fascismo, acaba de assinar um acordo de não-agressão entre a URSS e a Alemanha nazista. A visão otimista de Irène em relação a Stalin e ao comunismo se despedaça. Desta vez, ela não se alinha à doutrina do Partido Comunista e, em 30 de agosto daquele ano, publica nos jornais *L'Œuvre* e *Le Temps* uma declaração na qual revela novamente sua preocupação com a soberania da Polônia.[36] Em 1º de setembro, confirmam-se os temores do casal e de Ève. Hitler invade a Polônia, com a cumplicidade da URSS. Duas semanas depois, em 17 de setembro, começa a invasão da Polônia oriental. Ante um ataque em duas frentes, o exército polonês recua para a Romênia. Em 6 de outubro, Hitler e Stalin conseguem dar fim à República polonesa. Ève e Irène estão arrasadas e, mais uma vez, preocupadas com a família que permanece em Varsóvia. O que será do instituto do rádio, que Bronia dirigiu até sua morte, em abril de 1939? Mas a tia delas, falecida alguns meses antes, pelo menos não sentiu a dor de viver uma nova ocupação da Polônia. Enquanto a Alemanha anexa a Polônia ocidental e a antiga cidade de Danzig, a URSS incorpora os territórios conquistados na Ucrânia e na Bielorrússia. Poloneses fogem aos milhares, e Varsóvia deplora inúmeros mortos pela violência dos combates. O mundo da mãe delas, de seus antepassados, desaba novamente.

7

Irène e Ève separadas na tormenta da Segunda Guerra Mundial

Para Ève e para Irène, é uma dilaceração. A caçula vê naquilo a confirmação de que, na luta contra o nazismo, não se pode confiar nos comunistas. Irène é da mesma opinião, e está indignada pelo duplo crime cometido contra a Polônia de sua mãe. Inquieta-se com a debilidade das democracias ante os regimes totalitários, fica decepcionada com a neutralidade e o não-engajamento de certos países contra o fascismo. Escreve a Missy Meloney: "Não posso evitar sentir uma grande amargura. Os acontecimentos do ano passado demonstraram claramente que fascismo e comunismo são internacionais. Os fascistas dos diferentes países se ajudam mutuamente, e os comunistas fazem o mesmo. As democracias, se não elaborarem um sentimento de solidariedade internacional, certamente serão destruídas".[1]

O que fazer, então? No ano anterior, Ève tornara-se uma celebridade internacional que podia ser útil à França. Gosta de conversar com seu novo companheiro, Philippe Barrès, sobre as realidades estratégicas, sobre as pessoas que rodeiam Hitler, cujas apostas ela compreendeu. Não pretende se manter inativa, quer ser útil. Habituada a realizar conferências, conhecida por seus artigos e pela biografia da mãe, dispõe de rara visibilidade para uma francesa. Ela precisa agir e se engajar!

Em março de 1939, Ève fez uma turnê triunfal pelos Estados Unidos para a promoção de *Madame Curie*. Escoltada por policiais motociclistas, foi saudada pelo prefeito de Nova York,

Fiorello La Guardia, a quem ofereceu um exemplar do livro. Que realização, em menos de vinte anos! Em 1921, ela acostara no mesmo cais de Nova York, sob as aclamações em homenagem à sua mãe. Dezoito anos depois, com uma multidão um pouco menor, mas verdadeiramente fervorosa, é sua vez de receber uma ovação. A esse fervor acrescenta-se a fascinação do público, a tal ponto esta jovem encarna, por seu requinte e seus trajes de refinada modelagem, a elegância francesa. Ela atravessa de trem os Estados Unidos até San Francisco, aclamada pela multidão. Discursa na Exposição Internacional da Golden Gate, aperta duas mil mãos em poucos dias. Encontra Eleanor Roosevelt, a tão amada e controvertida esposa de um presidente popular, defensora dos direitos humanos e dos direitos das mulheres. A primeira-dama leu *Madame Curie*, é claro. Entre as duas, será o início de uma amizade, de uma cumplicidade. Assim, a guerra cria vínculos imprevistos. Por enquanto, Ève é descrita pela mídia como "uma das cinco mulheres mais célebres do mundo", sendo Eleanor Roosevelt uma delas. À sua chegada, uma orquestra executa para ela *La Marseillaise*, e é diante de um público entusiasmado que a caçula Curie faz conferências sobre "as mulheres e a ciência, as mulheres e a saúde".

Na França, os jornais relatam seu périplo americano, seus sucessos. Tendo-se tornado um orgulho nacional, ela retorna a Paris aureolada por essa glória americana. Uma multidão a espera no porto do Havre. Em 14 de julho, ela se torna cavaleira da Legião de Honra, e mais tarde cavaleira da ordem Polonia Restituta. A diplomacia francesa quer de fato solicitá-la. Ève é recrutada pelo Quai d'Orsay, a fim de integrar o Comissariado Geral para a Informação, dirigido pelo escritor francês Jean Giraudoux. Como suas conferências atraem grande público e seus retratos são reproduzidos nos jornais, ela deverá falar, intervir nas estações de rádio, sempre que possível, e escrever,

escrever bastante. Não há um dia a perder. É a guerra. Já em 15 de setembro ela está no rádio, contando como a mãe jamais teria desistido da Polônia então aniquilada, e teria continuado a crer na força de seu país. Insiste sobre a resistência à qual Marie Curie foi habituada desde sua infância na escola. Sua mãe, segundo a caçula, hoje continuaria a lutar pela libertação de seu país: "Tal como em 1914, ela acreditaria na vitória".[2] "Em 1919, minha mãe teve a imensa alegria de ver renascer a Polônia livre. Se fosse viva, ela estaria dilacerada ante a Polônia invadida e ensanguentada... mas, como em 1914, não hesitaria: iria se lançar à luta, e empenharia todas as suas forças a serviço das duas pátrias".[3]

*

Irène defende as mesmas ideias que a irmã. No sinistro ambiente daquilo que é chamado *la drôle de guerre*,* a proteção ao laboratório é sua prioridade. Ela pesquisa sobre os isótopos do fósforo e radioativos criados pelos bombardeamentos de nêutrons nos elementos pesados, tório e urânio. Acaba de descobrir, em janeiro de 1939, a fissão do núcleo do átomo. Seus trabalhos progridem bem. Outra prioridade se impõe. Proteger a si mesma. Sua saúde declina, a fadiga a invade, ela precisa tratar da tuberculose e passar temporadas no sanatório de Sancellemoz, aquele onde Mé faleceu alguns anos antes. Provações constantes, vaivém entre Paris e a Alta Savoia, mas este repouso forçado é atenuado pela beleza das

* Algo como "guerra de mentirinha", "guerra de araque". Refere-se ao período entre setembro de 1939 e maio de 1940, quando a França e o Reino Unido declaram guerra à Alemanha, enquanto esta invade França, Bélgica, Países Baixos e Luxemburgo sem enfrentar verdadeiros combates armados. (N.T.)

paisagens, pelo encanto dos vales, das árvores, das montanhas. Claro, não são as paisagens do Arcouest, aquele paraíso bretão no qual ela tanto gosta de relaxar com o marido e os filhos, um abrigo de paz, de doçura, onde pode ler, escrever, pensar sobre suas pesquisas. Sente falta da família, mas as cartas lhe trazem algum conforto. Contra todas as adversidades, ela quer viver, ir em busca de sua paixão.

Portanto, nem pensar em parar. Ève, por sua vez, é convidada pelo Quai d'Orsay e pelo Comissariado Geral para a Informação a retornar aos Estados Unidos e tentar dobrar os americanos, na esperança de que um dia eles se comprometam ao lado da França. Em 18 de janeiro de 1940, a caçula das Curie, sempre elegante em suas roupas de grandes costureiros franceses que fascinam o público americano, inicia uma nova série de conferências sobre "as mulheres e a ciência". Na realidade, trata-se de promover ao mesmo tempo a história de sua mãe com seu livro *Madame Curie*, ainda na lista dos best-sellers, mas sobretudo de defender a causa das democracias, ante os ditadores que reinam em vários países europeus, especialmente Franco na Espanha, Mussolini na Itália, Stalin na Rússia e, claro, Hitler na Alemanha. Mês a mês, as perspectivas na Europa se tornam cada vez mais sombrias.

Ela faz várias conferências nos lugares mais chiques de Nova York, e um jantar para 1,2 mil pessoas é oferecido em sua homenagem no hotel Astor. Em 2 de fevereiro de 1940, Ève é novamente hóspede da Casa Branca, a convite de Eleanor e Franklin Roosevelt. A esposa do presidente americano homenageia Ève em suas colunas de jornal:

> O Presidente ficou felicíssimo por vê-la de novo [...]. Em cada ocasião, ela se apresenta da melhor maneira, trava conhecimento com muita gente, tomando o cuidado,

> disso estou segura, de não fazer amizade com pessoas unicamente em benefício de si mesma, mas sim de seu país [...], deixando-as com uma lembrança mais amável e amigável em relação ao seu país, lembrança que elas não tinham. [...] A França tem sorte em enviar a srta. Curie, pois ela conquista os corações de todos os que se lhe aproximam, e as grandes realizações científicas de sua mãe firmam os alicerces de um sentimento mais amigável que comove as mulheres de nosso país.[4]

Essa homenagem não é a única. Dez dias depois, em plena turnê, Ève descobre sua foto na capa da famosa revista semanal *Time.* É a consagração. Que reconhecimento, esse de ter passado da sombra de sua mãe à mais impressionante das luzes, a de uma publicação lida no mundo inteiro! Momento histórico no qual as três Curie são apreciadas, cada uma pelos próprios talentos. Marie e Irène foram fotografadas para longas matérias nos jornais internacionais, mas nenhuma das duas fez a proeza de estar na capa dessa prestigiosa revista americana.

Ève publica na *Time* um artigo sobre "as francesas no trabalho", quando 6 milhões de franceses estão mobilizados. Enquanto ela dá um giro pela América, Eleanor Roosevelt lhe escreve antes de seu retorno à França: "Percebo que a senhorita volta ao seu país num contexto muito infeliz e deprimente. Meus pensamentos se dirigem à sua pessoa, e minhas orações por um rápido fim dessa situação horrível".[5] Ève lhe responde por uma carta que sua irmã, a qual não aprecia muito as fórmulas de polidez, seria realmente incapaz de redigir. Uma carta que transborda de cumprimentos e também de inquietação: "Espero que meu país saia vencedor, porque, se não for esse o caso, a vida se tornará dificílima para as pessoas que ainda têm uma concepção do bem e do mal [...]. Na América, ocorre que o melhor homem do país, o mais nobre e inteligente, está no poder. É uma oportunidade que pouquíssimos países têm".[6]

E conclui seu *tour*, que a conduz a Houston, Fort Worth, Tulsa, Nova Orleans, Toledo, Atlanta, Cincinnati, Nova York e, especialmente, Washington. Na volta, Paul Reynaud, presidente do Conselho, a felicita. Franklin e Eleanor Roosevelt desejaram evocar a viagem dela ao embaixador da França em Washington e elogiar sua atuação. Na realidade, um trabalho diplomático e de natureza estratégica sob a aparência de uma iniciativa pessoal, e não do governo francês. Uma operação política que, espera-se, trará seus frutos. Ève está envolvida na defesa de seu país. Lutar, lutar cada vez mais, agir, como sua mãe e sua irmã em 1914-1918.

*

Em 10 de maio de 1940, começa a verdadeira ofensiva alemã contra a França. As *Panzerdivision*, divisões blindadas do exército alemão, penetram no front das Ardenas. Irène e Ève estão em Paris quando, em 14 de junho daquele ano, os soldados alemães entram na capital e içam a cruz gamada à Torre Eiffel, antes de desfilarem pela avenida dos Champs-Élysées. Os militares, contudo, receberam de Hitler a ordem de contornar o Arco do Triunfo, para não marcharem sobre o túmulo do Soldado Desconhecido.

É uma terrível afronta. O exército francês, que em 1918 vencera a Alemanha, desmoronou ante a audácia e o preparo do exército nazista. Ève, num artigo, lança aos Estados Unidos um pedido de socorro. Mas a América não reage. O que fazer, então? Resistir? Ir para o exterior e se engajar a partir de lá? Como armas, a caçula Curie só dispõe de sua pena, de sua máquina de escrever, que não a deixa jamais, e de seu talento de oradora bilíngue. Ela sabe que a censura não vai demorar a amordaçar a imprensa. Para onde ir, a fim de publicar livremente? A primeira batalha contra a Alemanha está perdida.

Em 18 de junho de 1940, Ève embarca em Bordeaux num cargueiro britânico superlotado, o *Madura*, com outros 1,3 mil refugiados, entre os quais Henry Bernstein, seu ex-amante, e Pierre Cot, ex-ministro da Aviação. Ela dormirá ao ar livre, em cima de um banco, por várias noites, como muitos outros. Enquanto eles navegam rumo à costa inglesa, um jovem marujo lhes anuncia que um general lançou um apelo radiofônico: o general De Gaulle, o oficial cuja clarividência tática, conforme Philippe Barrès ouviu durante seu ano como correspondente em Berlim, foi elogiada pelo círculo de Hitler. Ève não ouviu o apelo, mas sabe que deseja ir ao encontro do estado-maior daquele oficial. Em 23 de junho, após uma difícil e perigosa viagem marítima, desembarca em Londres e finalmente chega ao quartel-general da França Livre. No corredor estreito, imobiliza-se. O apelo de 18 de junho está sendo retransmitido pela BBC na sala de espera. A emoção a invade. Ela sente que estava certa em partir da França. Seu caminho está ali, na aventura de uma guerra na qual exercerá um papel cuja importância ela ainda não imagina.

O general De Gaulle, por sua vez, necessita de personalidades para aumentar sua credibilidade. Mas a maioria dos altos funcionários, magistrados, diplomatas, especialmente, prestam juramento ao marechal Pétain. A carreira acima de tudo! Muitos judeus, perseguidos por Hitler, tentam fugir da Europa. Ève se lança ao trabalho, toma a palavra na Rádio Londres, redige artigos para o *New York Herald Tribune*. Isso já não lhe basta. Será que o homem da França Livre lhe confiará uma nova tarefa? É o que ela espera. Impacienta-se. Ser útil, como foram sua mãe e sua irmã durante a Grande Guerra. Entre as Curie, a Segunda Guerra Mundial será a guerra *dela*.

*

Em Paris, Irène está inquieta, sobrecarregada e exausta. É preciso salvar o Instituto do Rádio, antes que as pesquisas caiam nas mãos dos invasores. Frédéric Joliot-Curie deve proteger os trabalhos do Collège de France sobre radioatividade e energia atômica, além de preservar o estoque de água pesada e de rádio. Em 17 de junho de 1940, quando Ève está prestes a embarcar no cargueiro rumo à Inglaterra, Frédéric e Irène partem de carro até Bordeaux. Mas a viagem esgota Irène, que acaba de ter uma segunda crise de tuberculose, e por isso irá descansar num pequeno sanatório da Dordogne, perto de Périgueux, em Clairvivre.[7] Permanecerá ali por todo o verão.

A mais velha das irmãs Curie só voltará a Paris em setembro de 1940. As crianças, Hélène e Pierre, estão refugiadas no Arcouest, na Bretanha. Os Joliot-Curie estão separados, mas vivos. Frédéric retorna a uma Paris ocupada. Seu laboratório já foi vasculhado pelos soldados alemães, acompanhados por um de seus eminentes cientistas, Walter Brothe. Este, que conhece Frédéric Joliot-Curie, já localizou no laboratório as informações sobre o cíclotron que ficava no subsolo. Uma descoberta importante para os alemães, que não dispunham dessa máquina. Desde seu retorno a Paris, Frédéric é interrogado por um general alemão, sempre na presença do físico Walter Brothe. O cientista francês não hesita em mentir. A água pesada talvez estivesse num cargueiro, a caminho da Inglaterra. Que cargueiro? Ele dá o nome de duas embarcações que foram afundadas. E o urânio? Foi enviado a um destino desconhecido pelo ministério dos Armamentos. Os alemães decidem adotar uma atitude prudente em relação ao marido de Irène, um cientista importante demais para eles, e a quem esperam convencer a colaborar. Mas não é assim que Frédéric Joliot-Curie encara a questão. Salvar as ciências francesas não divulgando nada aos alemães é um exercício perigoso, pelo qual ele corre o risco de deportação. Quando faz os trabalhos recomeçarem, o pesquisador cuida para que aqueles sobre a fissão e a reação em cadeia sejam interrompidos. Isso significa, e Frédéric o sabe, que Irène e ele, assim como seus colegas franceses, vão perder o lugar de destaque no meio científico mundial. Um lugar que eles não têm certeza de poder reconquistar um dia. Mas o físico pretende continuar, e esperar o momento em que o país for libertado: "Joliot", escreverá Michel Pinault, "leva então uma vida dupla ou tripla, extenuante e perigosa – os laboratórios onde estão os alemães, a vida da universidade e da pesquisa, os industriais e os altos funcionários, a Resistência – ativismo, redes, funções dirigentes – ambientes nos quais está em jogo, desde que ele sobreviva, a conquista de seu status de 'líder' da comunidade científica".[8] A conduta de Frédéric é e será ditada pelo propósito de salvar a pesquisa francesa. O general De Gaulle se lembrará disso nos primeiros dias da libertação de Paris, em agosto de 1944, e lhe dará sua confiança, assim como o posto mais estratégico na reconstrução da pesquisa científica francesa.

*

Em Londres, na noite de 7 de setembro de 1940, centenas de bombardeiros alemães, os Heinkel, lançam explosivos num ritmo incessante. Casas destruídas, centenas de mortos, mas os ingleses não entregam os pontos. Em 15 de setembro, Hitler envia duzentos bombardeiros, centenas de aviões de combate, numa operação das mais assassinas, que poderia deixar a Grã-Bretanha de joelhos. Só que ele não contava com a resistência dos ingleses. A Royal Air Force reage com o mesmo vigor. Não é admissível deixar a supremacia aérea com os alemães. Hitler adota outra tática, a de alvejar durante a noite, cada vez mais, o máximo de cidades. Ève permanecerá seis meses sob bombardeio e rodeada por incêndios na cidade destruída, o que não a impedirá de escrever, de atuar na BBC, de encontrar Churchill e De Gaulle, assim como diversos poloneses refugiados na Inglaterra.

Como evocamos acima, De Gaulle necessita de porta-vozes para sua diplomacia de influência, de nomes prestigiosos a fim de tentar influenciar a opinião pública americana, sem a qual será difícil, ao presidente dos Estados Unidos, aliar-se à causa da França Livre e da Grã-Bretanha. Um trabalho árduo, de muito fôlego. Ève sabe seduzir as multidões e falar às autoridades, como fez várias vezes. De Gaulle a encarrega oficialmente de tornar-se uma das vozes da França Livre. Em janeiro de 1941, ela deixa uma Londres arrasada e viaja para uma turnê de conferências nos Estados Unidos e no Canadá. Entrevistas, encontros, declarações perante milhares de pessoas. Seu carisma e sua inteligência fascinam. E *Madame Curie* continua sendo vendido na América, após ter sido best-seller na lista do *New York Times* durante um ano. Portanto sua notoriedade, sempre atual, pode ser útil.

Em Vichy, os colaboradores de Pétain estão furiosos. A influência de Ève é levada a sério e considerada preocupante. É preciso destruir sua reputação. Ela é então acusada pela imprensa e pela rádio, ambas submissas a Vichy, de fugir da fome e do frio que maltratam os franceses. Mas Ève sabe se defender, e critica a colaboração desses veículos com o ocupante alemão. Nos Estados Unidos, beneficia-se de uma cobertura midiática excepcional. O sobrenome Curie inspira respeito. Ela faz questão de não deixar de lado nenhuma região dos Estados Unidos. Portanto, vai ao Middle West e, diante de salas lotadas, narra os combates que se desenrolam no outro lado do Atlântico pela sobrevivência das democracias. De volta à costa leste, é novamente alojada na Casa Branca. Em sua coluna lida por milhões de americanos, *My Day*, Eleanor Roosevelt apresenta mais uma vez o retrato de Ève:

> Durante sua visita aos Estados Unidos, a srta. Curie esteve no Middle West, e dentro em pouco vai iniciar uma longa turnê de conferências que a levará por toda a costa oeste... Ela viveu na Inglaterra desde que deixou a França, e creio que há momentos nos quais o estado de espírito de nosso país deve parecer-lhe um sonho irreal. Não se pode negar que, quando uma pessoa vê caírem bombas, mesmo que não a atinjam fisicamente, estas a situam numa perspectiva diferente. O que me impressiona, ao falar com Ève Curie, é a minúcia da organização necessária sob as difíceis condições nas quais vivem tantos britânicos. Em particular, nas cidades industriais.[9]

Em maio de 1941, de volta à Casa Branca, Ève, desta vez, não ousa conversar com Franklin Roosevelt. Em silêncio, estende a ele um telegrama que acaba de receber. A filha de Pierre e Marie Curie acaba de ser destituída da nacionalidade francesa, assim como o general De Gaulle. De pé, imóvel, bem ereta, impecável em seu tailleur chique, adquirido há tempos na França, ela aguarda a reação do presidente americano. Este, sentado, lê o telegrama, empalidece e o devolve. Sem uma palavra. Ève continua aguardando, espera uma palavra de conforto. Roosevelt se volta para outros convidados. Não lhe demonstrará publicamente seu apoio nesta provação, apesar da relação amigável entre os dois. Washington ainda mantém relações diplomáticas com o governo francês. Com Pétain, portanto. Aliás, no mesmo momento há um embaixador dos Estados Unidos em Vichy, legitimado pelo marechal Pétain.

E, afinal, ser destituída da nacionalidade francesa ao mesmo tempo que o chefe da França Livre não é uma honra? Ève, abalada, mantém o sangue-frio durante todo o serão. Mas desconfia do que a espera na França. Dentro em pouco, seu apartamento da rue des Vignes será saqueado e seus bens, apreendidos e vendidos pelas autoridades de Vichy. Sua família poderá resgatar, de última hora, algumas pequenas lembranças. Ela está desamparada. Os espiões alemães e os franceses próximos de Pétain são numerosos e ativos nos meios dirigentes de Washington. Ève sente que o perigo a ronda. E se ela fosse sequestrada e deportada à França para ser julgada, torturada, fuzilada? Afinal, o general De Gaulle não foi condenado à morte pela justiça francesa que prestou juramento ao marechal Pétain?

Eleanor Roosevelt, contudo, está atenta. Mais uma vez, presta-lhe homenagem. A proteção da primeira-dama, que a hospeda na Casa Branca, uma honra incomum, obriga as autoridades de Vichy a atenuarem seus ataques. Contudo, os documentos de identidade e o passaporte da moça já não são válidos. Churchill se apressa a remediar essa carência. Ève continuará a guerra com o passaporte de *British protected person*, que ela conservará até 1949. Na França, no palácio Berlitz, em Paris, de setembro de 1941 a janeiro de 1942 Ève pode ser vista numa exposição racista e antissemita, "O judeu e a França". Seu retrato, pintado num painel atrás do de Henry Bernstein, descreve-a como "meio judia", por causa de sua ligação com o dramaturgo. Sobre o painel, um título: "Perversão do gosto e do espírito franceses". Os professores e as professoras de ensino fundamental têm obrigação de levar as crianças para verem essa exposição asquerosa.

Mas fazer o tour pelos Estados Unidos, percorrer o país fazendo lobby em favor da França já não basta à caçula das irmãs Curie. E, por outro lado, Franklin Roosevelt tem consciência de que Ève poderia agir de outro modo, com seu senso crítico, seu estilo, e trazer muitas informações sobre o que acontece no campo de batalha. Ela é contratada para fazer reportagens como correspondente de guerra por dois sindicatos jornalísticos poderosíssimos, o *Herald Tribune Syndicate* e o britânico *Allied Newspapers*. Em 10 de novembro de 1941, em plena noite, Ève embarca reservadamente no hidroavião Clipper transatlântico da Pan Am, única mulher e jornalista autorizada a viajar entre esses mecânicos americanos que, na verdade, estão indo ajudar os exércitos aliados. Ela parte para ver aqueles que mais tarde, em suas memórias, denominará "os guerreiros" dos campos de batalha e escrever sobre o cotidiano deles. Munida do *British protected person*, seu único documento de identidade, e de várias cartas de recomendação de Eleanor e Franklin D. Roosevelt, percorrerá os teatros de operações desde o norte da África até a Ásia, a fim de informar o grande público sobre a realidade da guerra. Compartilhar os combates, é claro, e, discretamente, transmitir suas análises aos dirigentes aliados com quem mantém contato, Roosevelt, Churchill, De Gaulle. Após os navios cargueiros, é hora de viajar de outra maneira. De avião.

*

Para Frédéric e sua esposa, a situação está complicada neste ano de 1941. Apesar dos problemas de saúde, Irène voltou para casa, em Antony, nas cercanias do Parc de Sceaux. Frédéric continua a trabalhar em seu laboratório do Collège de France, vigiado de perto por cientistas alemães. Alguns cientistas se perguntam: por que o casal não fugiu para os Estados Unidos, permanecendo na França? No entanto, antes de voar rumo aos campos de batalha, Ève, tal como Missy Meloney, tentara convencer os dois a ir ao seu encontro nos Estados Unidos. Sem sucesso. Nem pensar em deixar o Instituto do Rádio, as pesquisas de ambos, e tampouco, para Frédéric, o laboratório no Collège de France. Enquanto puderem salvar suas descobertas e vigiar as ações dos cientistas alemães, eles se sentem úteis.

Pressentindo uma guerra iminente com os alemães, o físico registrara em 1939 três patentes secretas, entre as quais o princípio de um reator nuclear e o aperfeiçoamento das cargas explosivas. Sob essa ótica, a água pesada era necessária para desacelerar os nêutrons durante a reação em cadeia. Um elemento vital. Em fevereiro de 1940, o marido de Irène obtivera o apoio do governo francês para recuperar na Noruega o estoque mundial de água pesada. Por ocasião da invasão da França pela Alemanha, esse estoque, após múltiplas aventuras e apesar dos espiões alemães, pôde ser exfiltrado para a Grã-Bretanha e, desse modo, não cair em mãos nazistas. Frédéric Joliot-Curie também conseguiu enviar as reservas francesas de urânio para uma mina no Marrocos. Cientistas franceses próximos do físico acompanharão assim, até 1944, os trabalhos atômicos ingleses em Cambridge.[10] O marido de Irène está aliviado. Ao lado de outros, conseguiu realizar as duas primeiras proezas da Resistência francesa. Diante dos alemães, o físico banca o inocente, usa de astúcia. Irène pode orgulhar-se dele. A obstinação e a coragem de Frédéric vão ao encontro do comprometimento das mulheres Curie.

*

Em dezembro de 1941, os quilômetros se sucedem em meio aos soldados, sob o vento, a areia, o calor esmagador. África oriental, Chade, Nigéria, depois Líbia: Ève percorre rapidamente as distâncias no jipe que o filho de Churchill lhe disponibilizou, mas no qual certa noite uma parte de sua bagagem é roubada.

Esgotada, dorme dentro do veículo, e de manhã só tem uma xícara de água para sua higiene. O calor a sufoca, mas, em sua máquina, que jamais a deixa, sua companheira de guerra dia e noite, ela escreve reportagens que envia às imprensas americana e inglesa. Os textos chegarão a milhões de americanos. A coluna "Miss Curie says" é lida com expectativa pela manhã. Por toda parte, os militares aliados insistem em receber mais material bélico americano, ressaltando que a Alemanha dispõe de maior número de aviões e carros de combate do que eles. Em certos fronts, a situação parece desesperadora. E a jornalista não deixa de dar testemunho disso. Ève não se esquece de homenagear, em termos obsequiosos, aquele a quem qualifica de maior presidente de todos: Franklin D. Roosevelt. Sempre que pode, sublinha a sorte do povo americano em ter tal homem como governante, enquanto a França ocupada, esgotada, só tem Pétain... Cada reportagem serve de oportunidade para tentar induzir os americanos a se envolverem mais, mas isso não ocorre: os Estados Unidos continuam sem declarar guerra à Alemanha e aos aliados desta...

Agora, a caminho do Egito. Em Alexandria, espera-a uma surpresa da qual ela não se recuperará tão cedo. Longe da França ocupada, Ève encontra navios de guerra franceses! Ela não ousa acreditar. São novos, soberbos, e têm nomes da história da França, aquela história que os nazistas gostariam de apagar. É um momento de emoção que lhe devolve uma certa esperança, ainda que as notícias dos fronts não sejam muito animadoras. Ela corre para o Cairo, sofre uma crise aguda de malária, precisa ficar acamada. Durante a noite, alguém bate à porta. Golpes fortes. Gritos. Não é um ataque, mas um anúncio. Os japoneses bombardearam a base naval de Pearl Harbor, no Havaí. Os americanos sofreram perdas terríveis. Navios, homens, mulheres, materiais bélicos: na história dos Estados

Unidos, é a pior catástrofe militar. Duas ondas sucessivas de aviões bombardeiros se abateram sobre Pearl Harbor, afundando especialmente cinco couraçados, e danificaram outras dez embarcações de guerra. Sucesso imediato, sem dúvida, já que o objetivo era destruir o máximo de navios e de aviões, acabando na prática com a influência americana no Pacífico. Mas Ève, como tantos outros, compreende que a relação de forças, até então favorável à Alemanha e aos seus aliados, vai mudar. Durante a noite, vai ao encontro de oficiais ingleses. Todos estão estupefatos e cheios de esperança. Franklin Roosevelt não tem escolha, a não ser declarar guerra ao Japão e à Alemanha. Finalmente! A reação pela qual Ève lutou desde 1940 vai acontecer! Desta vez, ela não duvida de que o povo americano, em sua cólera, apoiará seu presidente.

O almirante Yamamoto, da marinha nacional japonesa, que organizou com mão de mestre o ataque a Pearl Harbor, declarará aos seus oficiais: "Nós despertamos um gigante, precisamos ganhar a guerra em seis meses, do contrário...".[11] A ofensiva japonesa está apenas começando. Em poucos dias, as bases americanas no Pacífico são aniquiladas, uma após a outra. Em fevereiro de 1942, dois meses depois de Pearl Harbor, as forças japonesas ocupam as Índias Orientais Holandesas. O Japão pode beneficiar-se das reservas estratégicas de petróleo e borracha. Para a América e os Aliados, uma dupla derrota. Mas Ève, como tantos outros, mantém a confiança. Um dia, pensa, a França acabará sendo libertada. Por enquanto, a frota de combate é reduzida, e os Aliados precisarão de tempo para recuperar as forças diante dos países do Eixo.

Líbano, Síria, Irã. Ève recomeça sua jornada de correspondente de guerra, mas também de agente de informação e de influência. Seus encontros em Beirute com o general Catroux e os oficiais franceses deixam-na consternada. Duas Franças se confrontam, trocam tiros: os gaullistas e os pétainistas. No Irã, ela tampouco se sente mais tranquila. Invisíveis, os alemães estão presentes por toda parte, seus produtos são vendidos nos bazares. Os iranianos admiram Hitler, um homem forte, um verdadeiro antissemita, um vencedor a quem nenhum exército resiste. Suas vitórias fazem dele um herói em todo o Oriente Médio, até porque são os vencedores que escrevem a História. Em 1941, o dirigente nazista encarna o vencedor invencível. Uma força que fascina os povos dos Orientes Próximo e Médio. Ève está preocupada. O xá do Irã, jovem chefe de Estado de 22 anos que tenta modernizar o país, mantém com ela uma conversa cortês e estéril que não a tranquiliza. O xá parece um tanto perdido nesse Oriente que ele gostaria de ocidentalizar. Inexperiente, e tão jovem assim, será capaz de enfrentar os gigantes da política mundial, Stalin, Churchill, Roosevelt e, claro, Hitler? Ève duvida. Mas o lugar dos Orientes Próximo e Médio é estratégico, lembra. Se o petróleo cair nas mãos das tropas alemãs, a luta contra Hitler se tornará incerta. É o que ela sentirá fortemente quando chega a Baku, que as tropas alemãs pretendem conquistar.

Precisará esperar vários dias para obter o visto das autoridades soviéticas. Finalmente, deixa Teerã para ir à URSS. Ela tem pressa de descobrir esse país comunista pelo qual sua irmã nutre simpatia e que fascina seu cunhado, mas em relação ao qual ela tem reservas. Relatos de jornalistas e de escritores franceses, entre os quais André Gide, alertaram-na sobre a condição do povo russo e sobre a ditadura instaurada por Stalin. Antes da guerra, já faltava de tudo à população, e Ève imagina uma situação ainda mais difícil. Pretende fazer uma ideia disso por si mesma, embora saiba que a propaganda estará agindo para lhe esconder as verdadeiras misérias que esmagam os cidadãos soviéticos.

Faz um frio glacial, como aquele que obrigou os soldados de Napoleão a dar meia-volta por ocasião da famosa retirada da Rússia, quando muitos deles morreram de frio. Uma temperatura que autoriza os russos a ter esperança. O inverno russo, fiel aliado, inimigo dos conquistadores, deveria dominar o exército alemão, ou pelo menos retardá-lo. Como no norte da África, mas, desta vez, sob um clima diferente. Ève tem o privilégio de aproximar-se das linhas de frente. Descobre homens e mulheres combativos, encarniçados, persistentes, decididos a expulsar o invasor. Nas conversas, eles lhe bradam seu amor à pátria. Diante dos policiais do NKVD,* é claro. Mas transparece uma vontade desvairada de pertencer ao povo da "constelação dos Kremlins",**[12] construídos por todo o território para resistir aos invasores.

Contudo, esse patriotismo a faz refletir. Porque ela não pode esquecer que os comunistas franceses, por ocasião do pacto germano-soviético, estavam dispostos a trair seu país e a sabotar as ferramentas francesas de produção militar. Uma atitude escandalosa, que sua irmã não parecia questionar! Ou haveria, da parte de Irène, cuja integridade Ève não nega, uma certa inconsciência e cegueira? Entre as russas, ela reconhece a mesma altivez que entre as inglesas, metódicas e determinadas, eficazes e obstinadas. Essas mulheres honram seu país, seu povo. Ironia da história: Ève relembra sua mãe, a infância dela sob a ocupação russa. Quantos sentimentos misturados despertam nela! Mas este não é o momento de criticar a ditadura estalinista. Trata-se de conter, de qualquer maneira, a formidável máquina alemã de guerra.

---

* Sigla, em russo, de Comissariado Popular para Assuntos Internos. (N.T.)

** Kremlins: complexos centrais fortificados. (N.T.)

Ève não esquece os interesses da França, e sabe que sua matéria chegará a leitores e leitoras americanos anticomunistas. Portanto, sua pena oscila num jogo permanente entre o subentendido e o elogio livre de ideologia, o hino à coragem de cada um e cada uma. Sua jornada de 19 de janeiro de 1942 lhe oferece uma bela reportagem. Algumas horas antes, após violentos combates, a propriedade do escritor Leon Tolstói fora libertada. Um forte símbolo para o povo russo, e também para Ève. Ela não deixa de notar que sua mãe, Marie, e o autor de *Guerra e paz* tiveram um ponto em comum. Sentiam-se privilegiados entre todos os pobres com os quais conviveram. Tolstói lecionou para crianças analfabetas, enquanto a jovem Marie, ainda Sklodowska, ela mesma pobre, embora menos do que os camponeses poloneses dos arredores, criou uma escola clandestina para os jovens da aldeia onde trabalhava como preceptora.

Comovida, Ève deixa a URSS, após um périplo longo e perigoso. Graças a Tolstói, reencontrou a alma da mãe. E apreende melhor a dos russos, ávidos por literatura francesa. Émile Zola, Honoré de Balzac, Victor Hugo estão nos lábios desses combatentes. Também viu as miseráveis condições de vida deles. Se seus deslocamentos são alvo de uma vigilância constante por parte da sinistra polícia de Stalin e servem à propaganda do regime, ela entra nesse jogo, no interesse do campo aliado. Mais tarde, vai se lembrar disso. Por enquanto, imagina a conversa que um dia talvez venha a ter com sua irmã. Perguntará então por que os comunistas franceses não exibem seu patriotismo como fazem os da Rússia, e por que recebem ordens de Moscou. De um país estrangeiro. Mas os japoneses avançam pela Ásia. Ève arruma sua bagagem para ir aos campos de batalha, onde correrá o risco de morrer ou, pior, de ser capturada. Sem notícias da família, tentará continuar viva para dar seu testemunho.

*

Na França, Irène vive a Ocupação mais intensamente do que muitos parisienses. Desde 1930, sua saúde se deteriora e ela não dá grande importância a isso. A pesquisa científica age como um remédio contra a fadiga, como uma droga que lhe proporciona algum conforto. Mas a doença vai ficando cada vez mais insidiosa, reforçada pela ausência de vitaminas nesse período de escassez de víveres. A alimentação deficiente agrava sua condição frágil. Tal como a mãe, Irène não se queixa e encara os fatos. Mas se preocupa pelos filhos e pelo marido, cujo envolvimento com a Resistência ela conhece e com quem nem sempre pode se comunicar. Entre 1942 e 1944, quando não tem notícias de Ève, é obrigada a deixar a França e refugiar-se na Suíça para restaurar suas forças. Essas idas e vindas entre Paris e o sanatório suíço deixam-na cansada e angustiada. E se seu marido for preso e fuzilado? O que seria do instituto, que ela já não sente ser capaz de dirigir? Frédéric, sempre em Paris, recebe convites discretos para ir aos Estados Unidos, fugindo da França e da Ocupação. Ele não quer, embora, sem dúvida, na América Irène poderia receber melhores cuidados. É preciso tentar salvar o que for possível dos instrumentos franceses de pesquisa. O físico se sente realmente sozinho, longe de Irène, que sofre de uma bronquite constante, na realidade uma tuberculose agressiva e dolorosa. Mas, afinal, na Savoie ela recebe um tratamento melhor do que em Paris, onde era privada de aquecimento neste inverno glacial, e onde a alimentação rudimentar que lhe era fornecida só fazia agravar seu caso.[13] Na vida de Frédéric Joliot-Curie ocorre então uma guinada, com sua adesão, secreta, ao Partido Comunista Francês (PCF), em 1942. Ele se lança numa intensa atividade para unificar os grupos comunistas universitários na Resistência. Seu ex-professor e amigo Paul Langevin, que o apresentara a Marie Curie, adere a essa iniciativa em reação à morte de um colega deles. O dinamismo de Frédéric, sua capacidade de arrastar homens e mulheres, introduz a Resistência no próprio seio do Collège de France e em várias universidades. Uma aventura que o levará a exercer um papel decisivo na Liberação de Paris em 1944.

*

Esgotada, única mulher no hidroavião que a levará até a Índia, Ève só acorda na escala em Bahrein, onde os trajes lhe recordam suas *soirées* de antes da guerra. Um mundo que lhe parece extinto e distante. Mais uma escala em Dubai, e finalmente chegada a Karachi. Algum descanso, acredita ela. Engana-se. Um bando de jornalistas bate imediatamente à sua porta, exigindo encontrá-la. Ève acaba aceitando, embora tema adormecer de repente. Não será o caso. Agitados, eles bradam contra o ocupante britânico. Quando ela os questiona sobre o quanto se preocupam com o avanço dos japoneses, clamam seu desejo de que a Inglaterra seja logo vencida e humilhada! Não, não apoiarão os Aliados contra Hitler, porque, aos seus olhos, nada é pior do que este império colonial britânico que oprime e humilha os indianos. Para eles, o chanceler do Reich representa um aliado.

Ao amanhecer, Ève finalmente poderá dormir, mas sua preocupação com o futuro dos combates no Oriente e a solidez do front dos Aliados aumenta. Ela deve partir para a Birmânia, ameaçada pelos japoneses. Com o auxílio dos oficiais britânicos, chega a Mandalay, a ex-capital régia com 730 pagodes, a fim de alcançar Rangum. Que espetáculo! Enquanto se aproxima do front, passa por birmaneses em fuga. Não cede ao pânico. E, no entanto, a cidade desmorona como um monumento de areia varrido pelo vento. Ela alcança tropas britânicas, das quais alguns membros leram a biografia *Madame Curie*. Os soldados ingleses não escondem sua inquietação. A guerra na Ásia ameaça ser ainda mais árdua do que Londres e Washington imaginam. Cabe a ela, a filha de Pierre e Marie Curie, convencer sobre isso Franklin Roosevelt e Churchill, já que conhece os dois muito bem. E a queda da Birmânia, com suas reservas de matérias-primas, prata, zinco, chumbo, estanho, ouro, cobre, rubis, tungstênio, bismuto, enxofre, jazidas petrolíferas, seria uma perda terrível para os Aliados.

Ève decide alertar os dirigentes ocidentais e passa a noite datilografando artigos em sua máquina de escrever. O sono ficará para mais tarde. Na América, na Inglaterra, esperam com impaciência suas reportagens e, claro, seus relatórios. Pouco antes de sua partida, a Birmânia desaba sob os ataques do Império do Sol Nascente. Agora ela precisa dirigir-se à China, que também é objeto de lutas ferozes com as forças japonesas. O Império do Meio está parcialmente cercado. Os grandes portos foram tomados pelos japoneses, que controlam as ferrovias. Todos os pontos estratégicos. Impossível abastecer a imensa população chinesa.

Com a ajuda de seus contatos ingleses, franceses e chineses, Ève precisará usar de astúcia. Deixa a Birmânia em plena noite, num avião com todas as luzes apagadas, para não chamar a atenção dos japoneses. Como lhe parecem distantes as futilidades parisienses e o Instituto do Rádio! O que sua mãe pensaria da caçula, que sonhava com uma carreira internacional de pianista e cujas reportagens sobre os combates sangrentos são hoje lidas por milhões de americanos? Não ficaria orgulhosa, ainda que preocupada? Ève encontra o próprio caminho na ação, na defesa de seu país, tal como sua mãe e sua irmã mais velha, vinte anos antes. Para isso, é confrontada com um mundo em fogo. Primeira escala em Kunming, em seguida Chongqing, cidade vertical construída em espaldeira. Para levá-la até as autoridades, transportaram-na em uma liteira, ombros inclinados para trás, pernas estiradas para o alto. Curiosa geometria, que ela descreve com humor, imaginando Tout-Paris de antes da guerra flagrando-a nessa postura singular, quase grotesca. Sem fotógrafo disponível, a imagem não correrá o mundo. Os chineses têm outras preocupações. Melhor assim. A China espera que os acordos feitos com os Estados Unidos, a Grã-Bretanha e a Índia permitam que suas tropas, as quais se retiram para o norte, longe dos portos, enfrentem a ofensiva inimiga.

Ève descobre uma realidade da qual a Europa ainda não faz ideia e que ela será uma das primeiras pessoas a compreender e a transcrever: "Após as duras humilhações que lhe foram infligidas pelos japoneses [...] o homem branco perdeu muito de seu prestígio no Oriente. Para empregar a expressão consagrada na China, ele 'quebrou a cara' para sempre".[14] As autoridades chinesas que ela encontra, sabendo que suas afirmações serão reportadas, reclamam aviões americanos. Mas, de todas essas conversas, Ève chega à seguinte conclusão: a China, país por enquanto sob a tutela dos ocidentais, irá se tornar uma grande potência com a qual será preciso contar. Como? Quando? Ela não pode afirmar. Mas sente a força desse povo, então dilacerado, pobre e, em grande parte, analfabeto.

Ao prosseguir viagem em direção ao norte da China, sente-se desanimada. As tropas chinesas estão exangues; os aviões, velhos, servem apenas para a caça. Em plena noite, ela vai em segredo ao esconderijo de um jovem general comunista chinês, desconhecido do grande público no Ocidente, mas não dos serviços ocidentais de informação, longe disso: quando era estudante, sua estada na França com um outro operário de dezessete anos, Deng Xiaoping, e suas manifestações e ações marcaram a polícia e a contraespionagem francesas. Mais tarde, o jovem Zhou Enlai será um dos homens fortes do regime comunista de Mao Tsé-Tung como ministro dos Assuntos Estrangeiros e depois primeiro-ministro. Dotado de extraordinária cultura internacional, ainda bem jovem ele viajou e observou as condições dos operários na Alemanha, na Grã-Bretanha e na França. Negociador talentoso, a partir de 1949 encontrará chefes de Estado e ministros estrangeiros que bem depressa compreenderão estar diante de uma personalidade temível. Por ocasião de seu encontro com Ève, o revolucionário insiste quanto ao deslocamento de escolas e fábricas, pelos comunistas, do sul para o norte, mas destaca que aos soldados do Exército Popular falta tudo. A ajuda dos Aliados é urgente. Ao mesmo tempo, escondido entre esses homens, mulheres e crianças, convivendo lado a lado com a miséria, Zhou Enlai não consegue deixar de ser otimista, além de visionário: "A Alemanha será derrotada primeiro, porque a luta contra Hitler não pode parar. É como uma máquina sem freios".[15]

Ao relatar as afirmações dele, Ève se mantém prudente. Precisa tranquilizar o público americano. O comunismo que Zhou Enlai e seus apoiadores preconizam, afirma, não se assemelha ao da URSS. Mostra-se bem mais flexível e democrático. Essa propaganda gera certa perplexidade, quando se sabe da selvageria com a qual, mais tarde, Mao se manterá no poder, ao preço de milhões de mortos. Chegará ao ponto de destruir a cultura e a história do país.

Ève deixa os comunistas para ir ao encontro dos nacionalistas chineses, ferozmente antimarxistas. Em particular, Chiang Kai-chek, que depois será presidente da República da China (Taiwan). Ele está rodeado por mulheres poderosíssimas, três irmãs, que Ève descreve em detalhes. Uma das três desposou Sun Yat-sen, o pai da República chinesa; outra, o banqueiro da

China,* e a terceira, Chiang Kai-chek. Aproximar-se delas pode intimidar. Não será esse o caso de Ève. Ela está habituada a mulheres de caráter excepcional, voluntariosas e intransigentes. Essas três chinesas querem, com seus maridos, tirar a China do feudalismo e da submissão às potências coloniais, para transformá-la numa nação potente e moderna. Que desafio, diante de uma população com três quartos de analfabetos, um país no qual regiões inteiras estão nas mãos dos senhores da guerra! Bem depressa Ève percebeu os desafios estratégicos e as potências emergentes que modificarão as relações de força nos séculos XX e XXI. É uma das primeiras pessoas a constatar como o poder vai se transferir do Ocidente para a China. E os Aliados dispõem, com Ève Curie, de informações de primeira mão.

É hora de seguir para a Índia e hospedar-se na antiga residência do vice-rei das Índias. Todos os britânicos estão preocupados. Os japoneses avançam para a fronteira de Bengala, enquanto o exército das Índias parece prestes a abandonar os britânicos. Os indianos se recusarão a aplicar a política de terra arrasada se Bengala for ocupada pelos japoneses. Fazem questão de manter intactas suas fábricas, até porque acreditam numa iminente independência da Índia. E, para eles, os Estados ocidentais parecem bastante fracos diante do poder de um só homem, Hitler, e do respectivo exército. O mundo está mudando, e o Ocidente, por conseguinte o Reino Unido, perdeu parte do prestígio.

O calor é sufocante e os ventiladores não adiantam nada. A umidade se gruda às roupas de Ève. Mas Jawaharlal Nehru, figura de proa da independência da Índia, aparece num traje impecável. Pouco tempo antes, esteve preso por haver combatido o governador das Índias, lord Mountbatten. Dentro de poucos

* Kung Hsiang-hsi (1881-1967), também conhecido como dr. H.H. Kung. (N.T.)

dias, Nehru vai casar sua filha Indira, futura primeira-ministra da Índia. Enquanto uma leve brisa agita as cortinas transparentes do salão, Ève se sente repentinamente só; a tristeza a invade. Nehru a observa, espantado e distante. Esse homem brilhante e sedutor teve força e senso político suficientes para se opor à Inglaterra. Próximo de Gandhi, não oculta sua cólera contra o país da rainha Victoria. Segundo ele, a Inglaterra, à diferença da França em suas colônias, não contribuiu para o desenvolvimento da Índia, não construiu estradas nem escolas no país, tendo como único objetivo, na realidade, o de "instituir uma verdadeira paz dos cemitérios".

Nehru deixa Ève ainda mais preocupada quando lhe explica não ver motivo para, se houver invasão nipônica, os indianos defenderem os opressores britânicos. Aliás, este homem próximo de Gandhi declarou em 15 de janeiro de 1942, diante do partido do Congresso: "As Índias subjugadas não poderão oferecer voluntariamente ou de boa vontade sua ajuda ao imperialismo arrogante, que em nada se distingue do autoritarismo fascista".[16] Tal cólera indiana não pressagia nada de bom, em caso de avanço dos japoneses, e Ève, mais do que ninguém, calcula o perigo disso. Os Aliados não têm garantia de vitória na guerra do Extremo Oriente. Por seus artigos, publicados na imprensa anglo-saxônica, ela insiste em alertá-los. Então, precisa entrevistar o outro opositor, Gandhi, o pacifista, o homem pequenino e franzino, mas de vontade férrea, que fascina os ocidentais. É hora de fazer ouvir sua voz na mídia, se ele concordar em recebê-la. Será que vai aceitar? Encontrar Ève seria uma bela oportunidade para sua causa.

Na brandura da noite, sob o olhar do general Wavell, que comanda as forças armadas britânicas na Índia, Ève desliga o telefone. Esboça finalmente um sorriso. Conseguiu uma entrevista, para a manhã seguinte, com aquele que o representante do Império britânico não tem o direito de frequentar: Gandhi, o inimigo número um. O general confessa à filha de Marie Curie que a inveja. A situação é grave, neste mês de março de 1942, para os Aliados. A derrocada, os mortos de Pearl Harbor em dezembro de 1941, poucos meses antes, estão em todas as mentes. No mesmo mês, o couraçado *The Prince of Wales*, seus noventa canhões e 1.521 homens da tripulação foram afundados, assim como o cruzador de batalha *Repulse*. Os bombardeiros e torpedeiros japoneses venceram dois importantes navios de guerra. Uma derrocada inglesa, após a derrota americana. Ève, como os ocidentais, fica impaciente. A máquina de guerra americana demora a funcionar. No entanto, ela confia na determinação daquele presidente com quem esteve várias vezes. Por enquanto, os Aliados recuam no Pacífico, as tropas japonesas avançam pelo litoral do mar da China e investem rumo à Birmânia.

O general Wavell confidencia a Ève que tudo lhe falta. Ora, não pode existir supremacia no mar se não houver supremacia no ar. E, para controlar o mar, frisa ela em seus artigos, é preciso controlar o céu. O general necessita urgentemente de aviões. Os japoneses progridem na Birmânia e ameaçam tomar a Índia. A entrevista de Ève com Nehru, entre dois períodos dele na prisão, não a tranquilizou. Pelo contrário. Os indianos não lutarão pelos britânicos, que os colonizam e oprimem. A entrevista com Gandhi se anuncia árdua.

Nessa noite, Ève dorme pouco. Suas perguntas estão prontas, e o encontro não a intimida. Pelo contrário. Desde a juventude, acostumou-se a que os amigos de sua mãe, de grande sabedoria, muitos de forte personalidade, dirijam-se a ela, debatam com ela e a respeitem. Ève sabe ouvi-los, entreter-se com eles, e sobretudo compreendeu que, por trás de toda celebridade, por mais impressionante que seja esta, há um ser humano. De madrugada, pensa na mãe, que já admirava esse homenzinho que enfrenta o sucessor da rainha Victoria. Aliás, o próprio Nehru lhe confessou ficar impressionado com a voz do Mahatma Gandhi, "doce e amável, com aço em algum ponto".[17] Marie não teria orgulho de sua caçula? Já de pé ao amanhecer, Ève se sente mais do que nunca uma Curie.

"Pare!", solicita ela ao motorista do general, a poucas centenas de metros da residência de Gandhi. Pretende concluir o trajeto a pé. Nada de carro, nada de ostentação. Aliás, ele não a convidou para compartilhar sua caminhada matinal? Em pé, ela tomará notas como puder: seja como for, sabe que as palavras ficarão gravadas em sua mente. E Gandhi exigiu reler a entrevista antes da publicação. Exigência aceita. Do outro lado do Atlântico, os jornais esperam, impacientes.

O homenzinho, tão magro, olhos emoldurados pela armação redonda dos óculos, está diante dela e sorri. Quase com cumplicidade. Seja qual for a circunstância, o Mahatma mantém sua política de não-violência. Até mesmo insistiu em que os ingleses se deixassem invadir pelos alemães e declarou que os Estados Unidos jamais deveriam ter entrado em guerra contra o Japão, apesar dos mortos de Pearl Harbor. E repete a Ève: "Se todos resistirem aos alemães pela não-violência, os alemães vão contemporizar antes que morram [...]. Acreditar que um país possa ser libertado pelos canhões é demonstrar uma impaciência demasiado grande. Para vencer os alemães – ou os japoneses – é preciso tornar-se mais forte do que eles".[18]

Ève se imobiliza. Encara-o, estupefata. Em poucos instantes, revive a resistência de sua mãe ao império do czar, a Polônia ocupada, a França invadida em 1914 e 1940, sua irmã Irène, que, aos dezessete anos, nos campos de batalha, não longe das trincheiras, orientava os cirurgiões obrigados a escutar a jovem. Graças à precisão das radiografias, eles podiam tratar no ponto exato as lesões causadas por fragmentos de obus e balas. A guerra não é uma questão pacifista, é uma batalha entre dois inimigos. E, para Ève, sua guerra é a que se trava em todos os continentes e, neste mesmo momento, no Pacífico. Então, por não ter medo de expressar aquilo que a experiência familiar lhe ensinou, é melhor, escreve ela, que este defensor da independência da Índia não faça parte de um governo em tempo de guerra.

Durante a caminhada, Gandhi a qualifica de burguesa. Ève não pode deixar passar tal ofensa. Então recorda a ele que sua mãe, a jovem Marie Sklodowska, viajara de quarta classe num trem rumo a Paris, a fim de encontrar a irmã Bronia, então estudante, frequentemente faminta e sem um centavo, na Sorbonne. Não, Gandhi está sendo muito injusto ante os sofrimentos das europeias e dos europeus. O encontro se conclui por uma incompreensão. Dois pontos de vista inconciliáveis se opuseram. Essas entrevistas com Nehru e Gandhi são o presságio de batalhas duríssimas contra os japoneses. As forças armadas hostis a Hitler e ao imperador Hirohito não poderão contar com o apoio do continente indiano. A reportagem ajudará Washington e Londres a avaliarem a necessidade de reforçar os exércitos do Pacífico? Ève assim espera, mas não sabe. Está muito longe das capitais para medir o impacto de suas matérias. Com a pesada máquina de escrever, cujas teclas, sob seus dedos, ressoam na noite, ela continua sua jornada, consciente do perigo. Para os Aliados e para ela mesma.

Um mês depois de se encontrarem com Ève, Gandhi e Nehru serão novamente detidos e lançados na prisão pelos ingleses. No caminho de volta para a América, a moça, apesar de tudo, mantém a esperança. Ela se tornou uma das correspondentes mais informadas do mundo. E também se tornou política. Suas análises, que ela transcreverá mais detalhadamente em dois volumes, *Journey Among Warriors*,[19] apresentarão uma visão geoestratégica dos pontos mais sensíveis da Segunda Guerra

Mundial, assim como uma compreensão dos dirigentes e de suas mentalidades, com uma aguda previsão do futuro de países que o Ocidente subestimava, como a China e a Índia. Na realidade, e Ève Curie o demonstra bem, as independências das colônias estão a caminho.

No avião, após o Cairo, Cartum e a Libéria, um viajante lhe repassa um exemplar do *New York Herald Tribune.* Ao longo de toda a viagem, Ève não teve acesso a nenhum, não sabe como seus artigos foram apresentados. Aos seus olhos, esse jornal representa um tesouro. Durante as horas de voo, ela precisa, como uma fome repentina, ler cada linha da publicação, inclusive as seções de esportes e de palavras cruzadas: é a América que lhe retorna por meio de cada palavra. Uma felicidade, uma emoção que ela não pode compartilhar com os outros passageiros, também absortos em leituras que os fazem esquecer a guerra, os mortos, os feridos, o calor insuportável, o front. Nos Estados Unidos, Eleanor Roosevelt leu suas reportagens como alguém lê um romance policial ou assiste a um western. A esposa do presidente Roosevelt a espera. Nada melhor do que uma conversa *tête à tête*. Ève tem muito para contar. Ainda há algumas escalas nesses aviões barulhentos, mas cada hora a aproxima daquela terra. Pela janelinha, ela contempla o céu, seus laivos de azul, suas nuvens, com infinita doçura.

*

Que felicidade, finalmente aterrissar nos Estados Unidos! Nas ruas de Washington reina uma energia, uma vitalidade que Ève não sentia há muito tempo. Um ar de primavera, neste mês de maio de 1942. Que contraste com a França, onde sua irmã, seu cunhado e seus sobrinhos sofrem a Ocupação! De novo, é hospedada na Casa Branca. De seu quarto, sempre o mesmo, contempla a cidade, os jardins, os espaços. Dentro de alguns minutos, será recebida por Eleanor Roosevelt. No dia seguinte, a primeira-dama voltará a falar de Ève em sua coluna cotidiana, *My Day*: "Foi extremamente interessante obter [com ela] impressões sobre os diferentes países onde esteve durante esse périplo extraordinário...".[20] A sra. Roosevelt se declara impressionada com a seriedade e o sangue-frio que Ève precisou manter durante os momentos perigosos da viagem, e conclui: "Ève Curie honra as mulheres".[21]

A primeira-dama não se limita a um elogio e a longas conversas com a filha de Pierre e Marie. Faz questão de que Ève seja recebida e ouvida. Desde o ataque japonês a Pearl Harbor, os *boys* americanos lutam em plena guerra, enquanto as americanas mantêm fábricas e empresas funcionando. Menos de um mês depois, Ève é convidada por Eleanor Roosevelt a falar diante de uma plateia de 4 mil pessoas em Nova York. A mais nova das Curie encontra as palavras para defender a França e devolver-lhe a dignidade: a França, observa ela diante de um público silencioso, "não se tornou um barquinho. Continua sendo um grande navio, mas que jaz sobre o costado". O evento repercutirá na imprensa americana, até porque a *first lady* presta a Ève uma homenagem enfática, elogiando sua seriedade, sua finura, seu espírito analítico e seu sangue-frio, e conclui mencionando a causa feminina: "Como mulher, sempre me sinto orgulhosa quando mulheres desempenham tão bem a missão que lhes foi confiada".[22]

Ève aprecia esse reconhecimento, mas, em segredo, se questiona. Depois de ter percorrido o mundo e enfrentado os perigos, dali onde se encontra, na América, que, em última análise, não está diretamente ameaçada pelas bombas de Hitler, já não pode ser muito útil ao general De Gaulle. Na França, os resistentes são detidos, deportados, executados, torturados.

Ela sente uma necessidade irreprimível de ação, uma vontade louca de fazer mais. É hora de passar a outro modo de luta pela libertação dos territórios. Só lhe ocorre uma solução: alistar-se no exército dos Voluntários da França Livre. Encontrar De Gaulle em Londres. Usar um uniforme, combater. O chefe da França Livre lhe dirige uma carta de agradecimento. Um nome de prestígio em suas tropas, uma mulher célebre que ele poderá destacar e citar como exemplo. Que bela oportunidade!

Ali está ela, então, num campo de treinamento na Inglaterra, dirigindo caminhões, aprendendo a fazer operações de camuflagem e transmissões radiofônicas, a tornar-se agente de informação. Ainda ignora qual será sua tarefa na reconquista da França. Não importa. À correspondente do *New York Times* em Londres, que publica um perfil dela em página inteira, declara o quanto está orgulhosa por participar desse contingente de 400 voluntários alistados. Sobre o uniforme cáqui que ela usa, uma cruz de Lorena: "Devemos estar prontas a ajudar os exércitos que vão libertar a França. A melhor maneira é ver-se, em tempo de guerra, num uniforme sob comando militar [...]. Devemos ser as intérpretes entre o povo francês e as forças aliadas".[23] Ève não sabe, mas o general De Gaulle recebe comentários muito elogiosos sobre a filha de Marie Curie. E ela concluirá com a patente de major o treinamento militar dos oficiais de ligação. Sem dúvida, espera participar do Desembarque, sobre o qual ainda não se sabe quando e onde ocorrerá. Mas logo reduzirá suas pretensões. O general De Lattre de Tassigny pede a De Gaulle que lhe ceda um oficial de ligação competente. Será Ève, que deve seguir sem demora para Argel. Em janeiro de 1944, ela chega ao estado-maior. Os combates se aproximam. Não será a Normandia, e isso a decepciona, mas aguardam-na outras aventuras. É o que ela espera. Participar da libertação da França, eis o que a anima.

Nesta Segunda Guerra Mundial, como na Primeira, as mulheres assumiram o lugar dos homens nas fábricas e nas empresas, e demonstram ser tão competentes quanto seus companheiros para garantir a produtividade econômica do país. As mais importantes mulheres pilotos, algumas das quais responsáveis por recordes mundiais, voluntariam-se para conduzir aeronaves civis ou militares. Mas a América também quer distrair seu público, inquieto e angustiado pela situação. Hollywood funciona a todo o vapor. Charlie Chaplin pôde finalmente estrear o filme *O grande ditador*, muito mal recebido pelos conservadores americanos, que têm relações comerciais com a Alemanha e esperam que Hitler livre o mundo do bolchevismo. No entanto, Churchill exige que esse filme seja exibido nos subsolos de Londres e das outras cidades inglesas. Mais do que entretenimento, trata-se de uma arma de guerra.

Em novembro de 1942, a Metro-Goldwyn-Mayer anuncia a Ève sua intenção de realizar um filme sobre o encontro da mãe dela com Pierre Curie e sobre a história de amor entre os dois cientistas. Os produtores têm certeza de que será um sucesso, inspirado na biografia de Marie lançada por Ève. As gravações deveriam começar um mês depois. Eles esperam que a escritora aprove o roteiro e até seja a narradora. A voz da própria filha de Marie Curie acrescentaria muito ao prestígio do filme!

Ève, porém, fica furiosa. O roteiro está cheio de erros históricos, de bobagens e de omissões. E a caçula não foi consultada sobre a escolha dos atores, que não sabem nada sobre a vida científica de Marie. Nessas condições, informa ela aos produtores, não lhe é possível participar do filme. E, aliás, sua irmã não o aprovaria. As mensagens se sucederão, em 1942 e 1943. A MGM faz algumas modificações no roteiro, enquanto as filmagens estão em curso. Baseado nessa correspondência, o diretor, Mervyn LeRoy, espera que Ève aceite finalmente assumir a narração. Nova recusa de Ève, que lhe solicita especificar com clareza que este filme é somente "inspirado na biografia *Madame Curie*". Um mês depois, novo esforço do produtor para que Ève aceite ver as provas e mude de opinião. Só mesmo não a conhecendo. Ela se recusa. Como apoiar um filme cujo roteiro não concede uma só palavra, uma só imagem, ao prêmio Nobel que Pierre e Marie ganharam juntos em 1903, nem ao que Marie recebeu sozinha em 1911?

O filme estreia em dezembro de 1943. Elogiado pela crítica americana, obtém tamanho sucesso que recebe uma dezena de indicações a Hollywood, inclusive para os atores que fazem os papéis de Pierre e Marie. Por fim, nenhum Oscar lhes será atribuído. Isso alivia Ève, a tal ponto esse filme a irrita. Outro problema surgirá mais tarde, na Libertação. Irène não teria sido informada de que Ève vendera os direitos de reprodução cinematográfica da biografia que escreveu sobre a mãe delas. Isso a teria magoado, mas nenhum vestígio dessa decepção aparece na correspondência entre as duas.

*

Outro sonho do qual nem Irène nem Ève participarão é o da libertação de Paris. Ève está longe, nas Forças Francesas Livres. Irène, sempre fragilizada, deixou Paris pelo povoado Le Russey, perto de Besançon. Assim, a jovem liceana Hélène prepara seu *baccalauréat* numa escola francesa. Mas os combates se aproximam de Paris. Irène e seus filhos já não se sentem seguros. Não há um minuto a perder para que, com a ajuda de *maquisards*,* eles tentem ir para a Suíça. A data escolhida pelos

---

* Integrantes do Maquis, movimento de resistência à invasão nazista. Originariamente, o termo maquis designa uma vegetação de arbustos e moitas. Nela se escondiam os integrantes desse exército clandestino. (N.T.)

resistentes para transpor os últimos quilômetros até a fronteira suíça lhes é favorável: em 6 de junho de 1944, os soldados alemães estão perturbados pelo anúncio do Desembarque e não se preocupam com os transeuntes franceses. Mas os suíços desconfiam dessa família. Irène, Pierre e Hélène são detidos pelas autoridades helvéticas, junto com outros migrantes considerados suspeitos. No entanto, Irène é um prêmio Nobel, e logo a revelação de sua identidade e de seu renome científico lhes permite partir para se refugiarem em Lausanne.[24] Ali passarão três meses, longe de Paris, onde Frédéric Joliot-Curie se movimenta, embora sua vida esteja em perigo. Os comunistas, com o coronel Henry Tanguy, estão em maior número para o levante. Aliás, De Gaulle preocupa-se com o risco de domínio dos comunistas sobre Paris e, consequentemente, sobre a França. Ève Curie, por sua vez, não tem nenhum contato com a família e, portanto, não pode obter a mínima informação sobre o que está sendo tramado. O chefe da França Livre envia Jacques Chaban-Delmas, jovem general de 29 anos, futuro presidente da Assembleia Nacional, para avaliar as tropas de resistentes em Paris. Muitos deles não têm nenhuma formação militar, ao passo que na cidade há 20 mil soldados alemães treinados.

Em 19 de agosto de 1944, quando o apelo à rebelião é lançado pelo coronel Henry Tanguy, para Frédéric Joliot-Curie chega o momento de levar, em pleno mormaço de agosto, duas malas cheias de explosivos à chefatura de Paris, cujos policiais pretendem se sublevar. Há vários dias, o marido de Irène faz secarem secretamente, nas salas superiores do Collège de France, duzentos quilos de algodão-pólvora, poderoso explosivo. Ouvem-se estrondos. Na verdade, essas partículas de pólvora podem estourar no ar e matar os resistentes, inclusive ele. O drama é evitado por pouco. É hora de levar para a Resistência todos os suprimentos que ele há um ano vem reunindo no Collège de

France, enquanto os alemães ocupam outra parte do prédio sem desconfiar de que esse prestigioso estabelecimento também serve de base e de entreposto para a Resistência. Uma saída hábil.[25] Após ter conseguido, no início da Segunda Guerra Mundial, o transporte do estoque de água pesada para a Noruega, Frédéric Joliot-Curie se torna uma peça importantíssima na sublevação da chefatura de polícia de Paris. No úmido porão, é preciso esvaziar as garrafas de álcool e preparar em cada uma aquilo que permanecerá nas memórias como os coquetéis "Joliot-Curie", de efeito devastador sobre os tanques alemães. Tais coquetéis se compõem de elementos que não precisam ser inflamados para destruir. Dois mil policiais se apoderam da chefatura e fazem flutuar a bandeira francesa sobre Notre-Dame, do outro lado da praça em que está a sede do estado de sítio. Irène acompanhará os combates de longe e com atraso, temendo pela vida do marido. Mas, se as irmãs Curie estão ausentes de Paris, Frédéric Joliot-Curie terá sido fiel ao espírito de resistência dessa família. E, já em 26 de agosto de 1944, ou seja, no dia em que os generais De Gaulle e Leclerc descem os Champs-Élysées aclamados pela multidão, o marido de Irène é nomeado diretor do CNRS* pelo comissário provisório para a Educação Nacional, antes de se tornar o titular do Comissariado para a Energia Atômica (CEA), um ano e meio depois.

A França retoma seu curso muito rapidamente, e Irène também poderá contribuir. Mas está preocupada, assim como Frédéric. Durante estes cinco anos de guerra, as pesquisas científicas dos anglo-saxões avançaram. Enfraquecida, a França está bastante atrasada, e Irène não sabe quais são os resultados dessas pesquisas. Assim como seu marido, tem à sua espera um

* Sigla de Centre National de la Recherche Scientifique, Centro Nacional de Pesquisa Científica. (N.T.)

gigantesco trabalho de reconstrução, e ao mesmo tempo um desafio no qual ela pode se sentir útil.

*

Em 6 de junho de 1944, Ève está longe da Normandia, onde gostaria muito de ter participado dos combates. Porque, sendo oficial treinada, quer combater. Já está ativa na campanha de reconquista da Itália, como oficial de ligação. Alguns dias depois, não longe de Roma, o jipe em que ela está acelera e acaba se chocando contra um tanque Sherman americano. O jipe fica destruído e o motorista, gravemente ferido. Ève também se machucou: rosto intumescido, hematomas, lábios inchados, uma ferida infeccionada na perna. Transportam-na depressa até Roma, cidade felizmente recém-libertada, para uma clínica mantida por freiras dedicadas e pacientes. Elas tentam acalmar a jovem militar que esperneia, quer seguir para o front e lutar.

Pouco a pouco Ève recupera as forças e não demora a preparar-se para outro desembarque, o da Provença. Os oficiais--generais compreenderam que não convinha segurá-la num escritório. Ação física num campo de batalha, é isso que ela quer. Então é designada para um estado-maior, o do general Diego Brosset, um dos que comandam as Forças Francesas Livres do Sul, que subirá em direção a Lyon e à Alsácia, e junto ao qual ela se torna oficial. Diego Brosset é um personagem caloroso, humano, dotado de profundo senso estratégico, amado por suas tropas. Ele foi ao encontro do general De Gaulle já em 27 de junho de 1940, ou seja, uma semana depois de Ève Curie. Suas batalhas são impressionantes. Ève o acompanha durante o desembarque na Provença, depois na subida para o norte e na Libertação, mais rápida do que o previsto, em 3 e 4 de setembro de 1944, e finalmente em 8 de setembro em Autun. Sem demora, escreve uma carta à irmã, com quem não pôde se corresponder durante vários anos. Com sua letra ampla e clara, resume para Irène seus quatro anos junto à França Livre e nos Estados Unidos, seus combates no front da Ásia, sem detalhar a história deles, no entanto cheia de aventuras, nem suas relações com as personalidades-chave da Segunda Guerra Mundial: Churchill, Roosevelt, De Gaulle, Zhou Enlai e muitos outros. Tem pouco tempo para mandar a carta à irmã. Ação, é hora de partir de novo, de subir rumo ao norte! É então que o general Brosset confia a Ève Curie uma missão histórica. Depois de atravessar em seu jipe, sob os aplausos da multidão, a cidade de Dijon libertada, o general Brosset deseja visitar uma de suas tias, de origem lyonense. Ele instrui Ève a garantir a junção dos dois exércitos, aquele que acaba de libertar a Provença e Lyon e a 2ª Divisão Blindada, dirigida pelo general Leclerc, que acaba de libertar Paris.

Que confiança, que honra! Oficiais a reconhecem e a fotografam. Ela interage com eles, quer que lhe contem sobre o desembarque na Normandia e a libertação de Paris. Com humildade e profissionalismo, redige seu relatório de oficial de ligação. E continua os combates junto ao general. Mas, no final de setembro, Diego Brosset recebe uma correspondência que o decepciona. Ève Curie deve deixar suas funções porque foi designada para o estado-maior dos exércitos em Paris, uma honra e uma responsabilidade militar. Ele não pode se impedir de lamentar essa medida e escreve ao gabinete do ministro da Guerra: “Meu caro Masson, a partida da tenente Curie é um duro golpe para meu 3º Bureau [...] Bem sei que ela pode parecer útil em outro lugar [...] Para mim, que a aprecio, sei o quanto, comigo, ela estava no lugar certo, pois não é fácil encontrar oficiais ao mesmo tempo inteligentes, calmos, metódicos e conscienciosos”.[26]

Durante os anos de ocupação alemã, Irène e Ève quase não receberam notícias de Varsóvia, e talvez tenha sido melhor assim. A guerra está violenta ali, e o instituto do rádio não será poupado. Em agosto de 1944, uma centena de soldados da SS invade o estabelecimento, conta Natacha Henry: "Lá dentro, noventa enfermos e oitenta membros do pessoal ou das famílias [...]. Os SS quebram, sujam, violentam. Quando descobrem que há pessoas escondidas no porão e nas lareiras, ateiam fogo ao instituto que Bronia concebera com tanto ardor. Em 170 pessoas, haverá três sobreviventes".[27] O grama de rádio que Marie trouxera de sua segunda viagem aos Estados Unidos está salvo. Mas quando souberem dessa destruição, Irène e Ève vão dedicar sua energia a apoiar a reconstrução. A despeito das dificuldades, não se deterão. De uma geração a outra, construir e reconstruir será o lema das mulheres Curie.

8

Uma família dilacerada pela Guerra Fria

Em Paris, que ela atravessa de jipe, Ève desfruta da liberdade tão duramente conquistada. Foi uma verdadeira guerra, tanto quanto a de sua mãe e de sua irmã, que salvaram tantas vidas em 1914-1918. Enquanto o veículo segue dos Inválidos em direção ao Trocadéro, Ève, num lampejo, redescobre a Torre Eiffel, aquela mesma onde Hitler fizera questão de ser fotografado para humilhar a França. Algumas ruas destruídas adiante, numa cidade desolada, ela desce a avenue Mozart, vira à esquerda e, de repente, vê-se diante de seu imóvel da rue des Vignes. Desembarca do jipe às pressas e sente o coração bater com força. Apreensiva, enfia a chave na fechadura, mas a porta foi arrombada pelos alemães. O apartamento está devastado. Os móveis, furtados e vendidos pelos nazistas. Suas coisas desapareceram. Será que, nessa hora, pensa na casa de Tolstói na Rússia, onde os alemães haviam transformado o quarto dele num cassino, com achas de lenha acesas diretamente sobre o assoalho? Ela se preparara para esse choque, ao menos assim acredita. Mas sente a violência na própria carne. Como estava certa em lutar! E dentro em pouco a França e a Europa estarão livres do jugo nazista.

Ève já não tem emprego, vive na incerteza. O que fazer agora? Em novembro de 1944, cria com seu companheiro Philippe Barrès um jornal gaullista, *Paris Presse*. Assim, retorna à atualidade com um título prestigioso. Em 18 de junho de 1945, é convidada pela rádio, não a da capital inglesa, mas pela Radio France, para contar seu retorno ao quartel-general da França Livre em Londres. De fato, os arquivos desapareceram numa embarcação afundada por um submarino alemão.

Outras provações aguardam as irmãs. Em 6 e 9 de agosto de 1945, duas bombas atômicas são lançadas sobre Hiroshima e Nagasaki. Ambas têm o mesmo pensamento: felizmente, sua mãe não viveu essa tragédia. Ève inclusive irá declarar à imprensa que o objetivo da energia nuclear era o de salvar vidas humanas, e não o de matar. O mundo da pesquisa dos pais delas no início do século XX parece agora tão distante...

*

Embora não tivesse visto a irmã durante muito tempo, vários anos, Ève não ignora que, hoje, ela está ainda mais próxima dos comunistas. Informada por seus amigos gaullistas, soube que Irène entrou para a União das Mulheres Francesas, oriunda dos comitês femininos comunistas da Resistência e criada por um congresso em 21 de dezembro de 1944, por iniciativa do PCF. Em novembro de 1944, o número de mulheres membros dos comitês era de 180 mil; em setembro de 1945, a União já conta 627 mil membros. À frente da União está Jeannette Vermeersch, companheira do secretário-geral do Partido Comunista, Maurice Thorez, e mãe de seus filhos. Ele mesmo não é um modelo de resistência, uma vez que preferiu se refugiar em Moscou durante a guerra a fim de manter-se fiel ao pacto germano-soviético de não-agressão entre Hitler e Stalin. Embora Hitler rompa o pacto em 1941 e certos comunistas entrem para a Resistência, Maurice Thorez permanece na URSS durante toda a guerra.

Por ocasião da Libertação, o Partido Comunista, apoiado por Stalin, obtém vinte e seis por cento de votos nas eleições e pode influenciar o governo provisório constituído pelo general De Gaulle, obrigado, em prol da paz social, a deixar quatro comunistas entrarem para o governo. Jeannette Vermeersch recupera a influência e torna-se uma figura central nos debates, particularmente sobre a questão dos direitos das mulheres. A associação também inclui entre suas fundadoras a amiga dos Joliot Eugénie Cotton, que se tornará presidente da Federação Democrática Internacional das Mulheres, por ocasião de sua criação em 1945, e vice-presidente do Conselho Mundial da Paz. De fato, os comunistas, muito habilmente, criaram grupos de pressão e de propaganda pró-soviética e pró-comunista, tais como existem então na URSS. Mas Ève se preocupa, pois Irène parece estar sendo influenciada. A irmã mais velha vai a Moscou em 1945 e escreve suas "Impressions d'URSS", logo publicadas, em setembro de 1945, na revista comunista *Femmes françaises*. Irène está impressionada pelas ações daquele país a favor da emancipação e da igualdade das mulheres, do acesso destas a todas as profissões, tanto físicas como intelectuais. Muitas mulheres são médicas, caso mais raro nos países ocidentais no pós-guerra. Enfim, está embalada pela ilusão de que, como a igualdade foi realmente atingida na URSS, a luta feminista naquele país já não tem razão de ser. Quando se sabe que às mulheres soviéticas tudo falta, essas afirmações parecem de grande ingenuidade – ingenuidade compartilhada então por uma ampla maioria de intelectuais franceses, seduzidos por uma propaganda cheia de discursos teóricos.

No congresso da União das Mulheres Francesas de 18 de novembro de 1944, Irène declara: "É preciso que todas as mulheres sejam educadas, preparadas para a vida política, pois são dotadas de finesse, generosidade, bom senso".[1] Educação que lhe parece tanto mais fundamental quanto ela sabe ter sido essa a razão pela qual as alemãs aderiram em massa às teorias nazistas e antissemitas. De igual modo, irá basear-se no exemplo de sua mãe para justificar, anos depois, suas posições feministas. No artigo "Marie Curie, ma mère", publicado em dezembro de 1954, escreve: "Havia questões sobre as quais minha mãe tinha opiniões de absoluta intransigência. Por exemplo, considerava que as mulheres deviam ter os mesmos direitos, e aliás os mesmos deveres, que os homens [...]".[2] E, num artigo de *Heures claires* publicado em maio de 1954, declarará: "Para que a mulher conquiste a igualdade com os homens, é necessário, indispensável, que ela tenha o direito de participar da vida política do país". Sem dúvida por seu estatuto de prêmio Nobel, mas também de esposa e mãe, Irène tranquiliza os comunistas. Também avalia que a igualdade obtida na URSS pelas mulheres deve ser uma inspiração para as mulheres francesas, especialmente "as pequeno-burguesas". Em contraposição, nos últimos anos de sua vida a mais velha das irmãs Curie se afastará das posições comunistas sobre os direitos das mulheres quando Jeannette Vermeersch se opuser ao acesso aos meios contraceptivos. Irène, ao contrário, apoiará os direitos à saúde sexual e reprodutiva.

Ève, por sua vez, se mantém cética quanto a essas declarações, que ela considera como propaganda, e preocupada com o deslumbramento da irmã e do cunhado pela ditadura stalinista. Certamente não esquece a coragem das mulheres soviéticas durante o pavoroso cerco de Leningrado – hoje, São Petersburgo – e ao longo da campanha da Rússia. Mas sabe, por diplomatas franceses de serviço em Moscou, que às mulheres russas falta tudo, a começar pelos produtos elementares de higiene, sabonetes, absorventes higiênicos, medicamentos, sem falar de uma ausência total de produtos domésticos, de limpeza, água quente, banheiro. Os postos-chave não foram ocupados por mulheres, mas por homens que as controlam. As jovens são alistadas e seu status de futuras mães é destacado como símbolo da Terra mãe. Por trás dos discursos revolucionários, pouquíssimas coisas mudaram em favor das mulheres, e a Rússia atual permanece, em última análise, conservadora.

*

A caçula se preocupa. O engajamento de sua irmã, tão próxima do Partido Comunista, e o de seu cunhado, membro do partido pró-bolchevique, poderia prejudicar sua carreira junto a autoridades gaullistas ou favoráveis aos Estados Unidos? Ela não ocupa cargos universitários, precisa conseguir um emprego na iniciativa privada, sem dúvida incerta. E agora que está na Filadélfia para uma conferência em homenagem ao trabalho da mãe e da irmã, eis que esta última também vai aos Estados Unidos. Em seu íntimo, Ève se inquieta. O que Irène vem fazer num país que ela rejeita, ela que se sente tão próxima da URSS, onde reina Stalin?

Sob um céu cinzento e fresco, neste mês de março de 1948, Irène desce do avião no aeroporto La Guardia, em Nova York. A mais velha das irmãs Curie é aguardada não só pelo comitê de ajuda aos refugiados antifascistas, cujo presidente de honra é Pablo Picasso, espanhol, comunista e pintor de *Guernica*. Personalidades de esquerda, próximas do Partido Comunista americano, vieram acolhê-la. Não estão sozinhas. Agentes aduaneiros a esperam. Embora ela disponha de um visto de quinze dias concedido pela embaixada dos Estados Unidos em Paris, a entrada no território americano lhe é recusada. Interrogatório, verificação da identidade e do motivo de sua vinda: a premiada com o Nobel sem dúvida esqueceu que à frente do FBI está Edgar J. Hoover, que conduz a caça aos comunistas. E o presidente Harry Truman não tem a mesma simpatia que Franklin e Eleanor Roosevelt em relação à família Curie. Irène está estupefata. É conduzida, como uma personalidade perigosa para a segurança dos Estados Unidos, a Ellis Island, ilha próxima da Estátua da Liberdade e filtro de entrada de milhões de imigrantes durante a primeira metade do século XX. Que lugar estranho para uma titular do Nobel, de sobrenome prestigioso, habituada ao reconhecimento e às aclamações mundo afora!

Mas há vários anos os serviços americanos de informação consideram-na uma vassala dos comunistas e, portanto, perigosa. No FBI, Edgar Hoover acompanha o processo. Como Irène Joliot-Curie se atreve a vir encontrar membros de uma associação vista como subversiva? No mesmo momento, os Estados Unidos mantêm as melhores relações com o regime fascista de Franco. Felizmente, um diplomata francês da representação permanente da França junto às Nações Unidas, vindo ao aeroporto para acolhê-la, alerta imediatamente o embaixador francês em Washington. Na manhã seguinte, após a intervenção diplomática dele, Irène é libertada.

Na Filadélfia, Ève se sente perdida. Essa detenção da irmã ameaça destruir sua reputação de amiga da América, reputação que lhe valeu o apoio dos Roosevelt. Como deve participar de uma homenagem à sua mãe, preocupa-se. E se os jornalistas lhe fizerem perguntas embaraçosas sobre Irène? Ainda que tenha enfrentado com sangue-frio os perigos concretos da Segunda Guerra Mundial, ela entra em pânico. Escreve a uma amiga, uma reconhecida jornalista que atuou para promover colegas de profissão. A Helen Rogers Reid, Ève não esconde a realidade:

> Minhas verdadeiras relações com minha irmã e seu marido não são boas, e deterioraram-se consideravelmente: só nos vemos duas ou três vezes por ano, eu evito falar de política com eles, e sei, por outras fontes, que meu cunhado repete em toda parte que meu jornal foi "comprado pela

> América". Contudo, estes não são elementos que devam tornar-se públicos, especialmente numa terra estrangeira onde minha irmã se encontra, ela mesma, em dificuldade. Meu coração sangra quando eu penso em minha pobre mãe, cuja memória é arrastada para dentro de tudo isso.[3]

Ève está pronta para se defender, para lembrar o quanto se opôs ao comunismo e apoiou a América, e isso desde sempre, como demonstra, se necessário for, seu engajamento junto aos Aliados durante os combates. Empreende essa viagem à Filadélfia não com um objetivo político, mas sim para falar da obra de sua mãe. Na verdade, contudo, precisará se justificar, a tal ponto os jornalistas estão intrigados. Ela lembra que as duas irmãs dividem entre si os diversos eventos oficiais de que participam e que comparecem a eles separadamente.

Em Nova York, desde sua libertação, Irène se aproxima, calma, dos jornalistas americanos e estrangeiros. Com voz clara, explica que foi bem tratada naquele centro sinistro de Ellis Island, mas não hesita em criticar a política americana, a qual, segundo afirma, protege mais os fascistas do que os antifascistas. A despeito dessas afirmações críticas em relação às autoridades americanas, muito suscetíveis em plena guerra fria, sua turnê de conferências pelo país é autorizada. Antes disso, Irène visita Albert Einstein em Princeton, a elegante cidade universitária situada ao sul de Nova York, na casa toda branca onde ele mora, na Mercer Street. A foto dos dois lados a lado durante esse encontro dá a volta ao mundo. Ela não será mais incomodada, embora certos jornalistas mantenham desconfiança sobre ela.

Da Filadélfia, Ève retorna a Paris, inquieta. As duas irmãs estão definitivamente rompidas. Elas já não têm nada a se dizer. Ève pensa então no sobrinho e na sobrinha. Não poderá manter uma relação afetuosa com eles, pois não se encontram regularmente. Ève sente-se triste. Sem filhos, gostaria de conhecer melhor Pierre e Hélène. Envolvê-los em sua vida, mimá-los, dar-lhes carinho e apoio. Esse sonho se distancia. O ano de 1948 lhe parece difícil.

E preocupante. Nos Estados Unidos, no final de setembro, o resultado das eleições francesas suscita consternação. Os comunistas obtêm trinta por cento dos assentos de deputados na Assembleia Nacional. O partido de Maurice Thorez, afiliado aos soviéticos, torna-se a principal agremiação política da França. Os dirigentes americanos, com o presidente Truman à frente, temendo a criação de uma bomba atômica francesa, concluem que já não é possível transmitir qualquer informação a Frédéric e Irène Joliot-Curie. Eles seriam capazes de repassar segredos científicos aos soviéticos. Portanto, impõe-se a máxima desconfiança em relação ao casal.

Em Paris, os resultados das eleições mergulham Ève na perplexidade. A vitória do Partido Comunista, que representa o oposto de suas convicções pró-De Gaulle e pró-americanas, ameaça pôr em perigo a tiragem de seu jornal gaullista. Sem carreira universitária ou de funcionária pública, o futuro de sua vida civil se anuncia mais do que incerto. Solteira, ela vive na insegurança. Voltar-se para quem? Para qual carreira? Ève não sabe mais.

*

Por sua vez, Irène vive, após a guerra, uma situação profissional à altura de seu talento. Finalmente. Já em 1937, depois da eleição de seu marido como professor no Collège de France, fora promovida a conferencista, ocupando a vaga deixada por ele. E em 1945, nova promoção: Irène é nomeada professora titular na Faculdade de Ciências de Paris, o que deveria ter acontecido dez anos antes, já que a universidade francesa sempre teve por costume atribuir rapidamente um cargo de professor universitário a todo francês laureado com um Nobel. Por fim, em 1946, André-Louis Debierne se aposenta da direção do Instituto do Rádio e Irène então lhe sucede.

No plano privado, na intimidade familiar, Irène precisa enfrentar uma realidade de que ela tão cedo não esquecerá. Abre-se a porta da casa em Antony, nos arredores do Parc de Sceaux, onde muitos convidados já estão reunidos. Entra uma convidada importante, cuja presença nessa recepção ela teme. No entanto, a senhora idosa que entra na casa de Irène e Frédéric Joliot-Curie sorri, troca saudações polidas e senta-se delicadamente. Devagarinho, Irène se aproxima, o coração aos pulos. Ela, que não suporta a mentira, a hipocrisia, terá forças para usar de diplomacia?

A velha dama mantém o sangue-frio: também para ela, o momento é difícil. Veem-se frente a frente, rodeadas pelos outros convivas paralisados, Irène Curie e a viúva de Paul Langevin, a mesma que em 1911 destruiu na mídia a reputação de Marie Curie. A mulher que humilhou Marie e aterrorizou Irène, então uma adolescente, obrigada a fugir de casa sob as vaias de desocupados que denunciavam "a polonesa", ladra de um marido francês. Mas, então, por que convidar Jeanne Langevin à residência dos Joliot-Curie? Essa pessoa, aliás de perfeita educação, é a avó de Michel Langevin, que neste dia de novembro de 1948 desposa Hélène Joliot-Curie. Não teria sido decente não a convidar. No entanto, Irène está dilacerada. Receber essa mulher sob seu teto não é trair a memória de Marie? Após algumas horas sem escândalo, Irène acompanha Jeanne Langevin à saída e a velha senhora se vai, sorridente e com elegância. Fechada a porta, Irène, segundo as lembranças de sua própria filha Hélène, dará um suspiro de alívio. De repente, começará a rir, a brincar, aproximar-se de seus convidados, alegrar-se com esse casamento. Tornar-se de novo ela mesma. Finalmente.

Um casamento científico, mais um: o espírito da família perdura. Hélène, física, de fato conheceu Michel Langevin por ocasião de seus estudos na Escola Superior de Física e de Química Industriais da Cidade de Paris. Escola pela qual era diplomado seu pai, Frédéric Joliot-Curie, e onde seus avós, Pierre e Marie, descobriram o rádio. Hélène sai dessa escola como primeira colocada, no ano seguinte. Defende sua tese de doutorado em 1956, dirige a divisão de física nuclear do Instituto de Física Nuclear de Orsay, preside a comissão de física nuclear de 1981 a 1985. Uma geração de Curie após a outra que se consagra às ciências, à pesquisa. Com paixão e felicidade. Pois, como escreverá mais tarde Pierre Joliot, irmão de Hélène, a pesquisa científica é antes de tudo um prazer. Até mesmo Ève, tão distante desse mundo, compreenderá isso.

*

Flores, mais flores, um buquê magnífico. Em sua suíte no hotel Crillon, à Place de la Concorde, bem em frente à embaixada dos Estados Unidos, Eleanor Roosevelt sorri. Não se surpreende com o cartão de visitas de Ève Curie. Afinal, não a recebeu várias vezes na Casa Branca, durante a Segunda Guerra? Não a convidou para falar diante de milhares de americanos em defesa da causa da França Livre, solicitando a intervenção dos Estados Unidos no conflito contra Hitler? Não se sensibilizou com a biografia escrita por Ève sobre a mãe, publicada em inglês antes da guerra? Tudo, na família Curie, agrada à viúva do presidente Roosevelt. A mãe e as duas filhas. Essas mulheres se construíram por si mesmas, realizaram e até ultrapassaram os próprios sonhos. Mostraram que as mulheres podiam ser ao mesmo tempo cientistas, mães e militantes.

A ex-*first lady* se aproxima da sacada envidraçada, de onde distingue ao longe, do outro lado do Sena, a ponte Alexandre III e a Torre Eiffel. Mas não se demora ali. Sopra um vento forte, glacial. Neste mês de dezembro de 1948, Eleanor Roosevelt está comovida. No dia seguinte, 10 de dezembro, fará ser adotada pelos poucos Estados-membros das Nações Unidas a Declaração Universal dos Direitos Humanos,* assim chamada embora os direitos das mulheres também estejam envolvidos. Mas o homem permanece como a referência suprema. A elaboração dessa declaração foi longa e maçante. Enquanto presidente da comissão de redação do texto, Eleanor organizou inúmeras reuniões mundo afora, lutando para que as mulheres não fossem ignoradas pelo documento e constassem dele, claramente mencionadas. Ela pensa numa outra mulher a quem vai encontrar, uma personalidade marcante da história da independência da Índia, agora esquecida e apagada por seu país. De fato, só importam Nehru e Gandhi, essas duas grandes figuras que sem dúvida marcaram a história da Índia por sua tenacidade, sua coragem e os período na prisão. Mas, ao lado deles, uma mulher, Hansa Mehta, tão corajosa e engajada quanto os dois, também lutou, também foi presa pelos britânicos. Ela presidirá a comissão de redação da nova Constituição da Índia. Hansa Mehta é um nome que as mulheres do mundo inteiro deveriam conhecer.

Eleanor Roosevelt pensa nessa mulher que impôs, no texto da Declaração, a formulação "todos os seres humanos" em vez de "todos os homens". Sem isso, os homens indianos afirmariam que o documento não abrangia as mulheres indianas. Foi necessário quase um ano de negociações suplementares para que adotassem esses novos termos! As mulheres do mundo inteiro

* Em francês, *Déclaration Universelle des droits de l'Homme*, o que explica o comentário feito a seguir pela autora. (N.T.)

sequer saberão o que devem a Hansa Mehta. Essa grande dama da independência da Índia e da Declaração Universal permanece como uma das figuras esquecidas da história da humanidade. Hoje, até mesmo os jovens indianos e indianas desconhecem sua trajetória...

Eleanor Roosevelt bem sabe que a história só retém os nomes dos homens. Fazer essa declaração ser adotada em 10 de dezembro de 1948 diante da Torre Eiffel, justamente onde Hitler fora fotografado em junho de 1940, representa um belo símbolo do retorno das democracias ao cenário internacional. As irmãs Curie estão em Paris, mas não assistem à conferência das Nações Unidas. Ève manterá uma relação epistolar com Eleanor Roosevelt até a morte desta última, em novembro de 1962. Sempre que lhe for possível, em suas conferências e entrevistas, a caçula Curie prestará homenagem a ela.

*

Irène, por sua vez, apesar da doença sorrateira e extenuante, pretende prosseguir suas atividades profissionais. A construção do CEA está em jogo, mas também novas experiências dentro do Instituto do Rádio. Desde 1946 ela sucedeu a André-Louis Debierne à frente desse instituto que sua mãe criou e dirigiu. Então, não importam as bronquites, os momentos de esgotamento; sua razão de viver é o trabalho. E, por sentir que seus dias estão contados, que um sobressalto mais insidioso da enfermidade poderia derrubá-la, ela quer avançar. Prosseguir a pesquisa nuclear, tão depressa quanto possível. Mas empenha-se calmamente em conversar com cada membro do instituto sobre suas pesquisas. Todas as suas antigas equipes descreveram sua disponibilidade, sua benevolência, apesar de uma aparência fria à primeira vista.

Sempre sensível à causa das mulheres, particularmente ao acesso equitativo à profissão que escolherem, Irène é então um dos seis integrantes do novo CEA criado por De Gaulle quando explode um escândalo que marcará época na conquista da igualdade pelas mulheres francesas. Na primavera de 1949, nas livrarias e nos cafés, o lançamento de um livro alimenta as conversas. O primeiro volume de *O segundo sexo*, de Simone de Beauvoir, é publicado e abala a opinião pública, os partidos políticos e a Igreja da França. Como ousar pôr em dúvida o caráter naturalmente submisso e discreto das mulheres? Como ousar denunciar os abortos clandestinos que a cada ano, na França, têm consequências desastrosas sobre a saúde das mulheres, especialmente daquelas de emprego precário, entre as quais operárias e agricultoras, mas também das que trabalham no setor terciário? Como ousar definir o casamento como segunda submissão de uma mulher a um homem, após a submissão ao pai? Conquanto os jornalistas aleguem que a igualdade dos sexos já é um problema resolvido, essa filósofa, cuja união livre com Jean-Paul Sartre suscita tanto repulsa quanto fascinação, aponta uma condição alienante. Simone de Beauvoir escreve durante horas em seu quartinho do hotel Louisiane, à rue de Buci, perto do colorido mercado a céu aberto. Ela só precisa atravessar algumas dezenas de metros para chegar às *terrasses** dos cafés De Flore e Les Deux Magots. Instalada nos bancos de couro do Les Deux Magots, sob a estátua do mandarim chinês, Simone de Beauvoir anota, corrige a versão definitiva desse texto que, nas cartas ao seu amante americano Nelson Algren, ela denomina "um livrinho sobre as mulheres". Livrinho que se tornará um dos ensaios mais traduzidos no mundo e, setenta anos depois, continua sendo publicado em novos idiomas, especialmente na Ásia.

---

* Calçadas de cafés, com mesas e cadeiras para os clientes. (N.T.)

A publicação dessa obra desagrada tanto à Igreja, aos franceses católicos, aos outros escritores e intelectuais do país, como Albert Camus – "A senhora ridicularizou o macho francês" –, quanto aos comunistas. "A direita não podia deixar de detestar meu livro... Eu esperava que ele fosse bem acolhido pela extrema-esquerda".[4] Erro desastroso! Sob vários aspectos, em 1949 a moral comunista vai ao encontro da moral católica. A própria palavra aborto é tabu, embora muitas operárias ligadas ao Partido Comunista se submetam clandestinamente ao procedimento. Calcula-se o número anual de abortos clandestinos na França em várias centenas de milhares, ou mais. Simone de Beauvoir ousa criticar o casamento, algo que Maurice Thorez e Jeannette Vermeersch poderiam haver compreendido, já que tiveram três filhos sem oficializar sua união. Jeannette Colombel, que ainda se chamava Jeannette Prenant, filha de um dos ex-dirigentes comunistas franceses, ataca o ensaio, referindo-se a Lênin com rabugice: "Analisar as reações da pequena burguesia através dos espelhos deformantes de uma filosofia da náusea...".

Porém, é sobretudo esse questionamento do pretenso dever de maternidade de toda mulher que deixa fora de si o Partido Comunista, para o qual a mulher é, antes de tudo, mãe. Tal ponto sem dúvida incomodou Irène Joliot-Curie. Como Marie, a Nobel de Química considera importante assegurar um equilíbrio entre a vida de mãe e a atividade profissional. Simone de Beauvoir apresenta o erro de não ser nem casada com o filósofo Jean-Paul Sartre nem mãe, e ousa reivindicar o direito de não ter vontade de gerar. Para os comunistas, "isso manifesta a que ponto a existencialista, encoscorada num monstruoso individualismo, é incapaz de conhecer o sentimento mais natural em todas as mulheres".[5] Essas duas grandes feministas francesas do século XX, Irène Joliot-Curie e Simone de Beauvoir, não tiveram oportunidade de se conhecer nem de trocar ideias. Pena.

*

Enquanto a URSS e os Estados Unidos preparam um potencial confronto mediante o desenvolvimento de programas nucleares avançados, os povos anseiam sobretudo pela paz. Uma palavra que ecoa nos corações, nos lares, e que todo mundo compreende. Uma palavra que lembra que a Segunda Guerra Mundial, tão dolorosa, ainda é um passado recente. E afinal, para Irène, uma guerra na qual as bombas atômicas americanas lançadas sobre Nagasaki e Hiroshima provocaram milhares de mortes de civis, semearam destruição e desolação. O conhecimento nuclear matou, destruiu. Irène relembra as declarações de seu pai por ocasião da entrega do prêmio Nobel de Física a ele e a Marie, em 1905. Ou seja, o desejo de que as novas descobertas científicas não caíssem nas mãos dos mercadores de morte.

Em Moscou, Stalin, incensado por sua vitória sobre Hitler e que reina como senhor e ditador, sabe agir como estrategista. Enquanto desenvolve a todo vapor os programas nucleares e militares soviéticos e fornece aos cientistas russos consideráveis recursos financeiros para realizá-los, e ao mesmo tempo em que, em 29 de agosto de 1949, a primeira bomba atômica soviética explode, o homem forte do Kremlin faz lançar, por intermédio dos partidos comunistas dos países europeus ocidentais, uma campanha de desinformação em escala mundial para alegar que a URSS só quer a paz. Assim é que, a partir de 1945, de ano em ano são montadas organizações mundiais "pela paz", na realidade para desacreditar os Estados Unidos e os países do Ocidente, os quais, por sua vez, também reativavam seus programas nucleares a fim de não se verem um dia sob a tutela soviética. A guerra fria atinge o auge.

Irène, portanto, sente que a campanha dos comunistas "pela paz" lhe concerne, até porque Frédéric atua na França.

Ele fala no Congresso Mundial pela Paz em abril de 1949, em Paris. Mas, sobretudo, lembra Louis-Pascal Jacquemond, 1950 é "para os Joliot-Curie o grande ano do pacifismo". A fim de desestabilizar os Estados Unidos e os países ocidentais, em março de 1950 o Movimento Mundial dos Partidários da Paz se reúne em Estocolmo, onde, na presença de Frédéric Joliot-Curie, e apoiado especialmente por Pablo Picasso, o Conselho Mundial da Paz lança "o apelo de Estocolmo", que exige "a proibição absoluta da arma atômica". O primeiro signatário do documento é Frédéric Joliot-Curie, a quem se seguirá Irène. É um sucesso estrondoso, pois milhões de homens e mulheres, comunistas em sua maioria, mas também idealistas, vão assiná-lo e dar-lhe uma publicidade imensa. Diversas personalidades subscreverão o texto, como Louis Aragon, Marc Chagall, Duke Ellington, Yves Montand, Édith Piaf, mas também os jovens Jacques Chirac e Lionel Jospin... A situação internacional ameaça até desencadear um novo conflito mundial, pois, dois meses mais tarde, em junho, explode a Guerra da Coreia. A tensão chegou ao paroxismo.

Valendo-se do sucesso desse manifesto, Irène envia uma mensagem a Albert Einstein, para a casa dele na Mercer Street, em Princeton, a fim de que o físico o assine. Em seus mais de setenta anos de idade, Einstein conheceu duas guerras mundiais, o antissemitismo, a fuga para os Estados Unidos, as ameaças de morte e muitas outras provações. Não quer saber de ditadores. Ao longo da vida, pôde analisar a força da manipulação dos povos pela linguagem desviada de sua verdadeira significação, pela desinformação, pela incitação ao ódio. Ele acompanha atentamente o acirramento dos conflitos entre os Estados Unidos e a URSS e, por sua vez, compreendeu o quanto o termo "paz" estava sendo distanciado de seu verdadeiro sentido unicamente em benefício do rearmamento da URSS.

Com educação e delicadeza, Albert Einstein se recusa a apor sua assinatura ao manifesto. Segundo ele, os comunistas são quem iniciou esse movimento. Ele que fugiu de uma ditadura, além de tudo antissemita, desconfia de todo regime totalitário, em particular o da URSS.[6] Considera que Irène, cuja integridade ele aprecia, é vítima de sua própria ingenuidade. Tal recusa é oportuna, pois, no mesmo momento, o FBI está investigando o físico e seu círculo. Edgar Hoover, sempre ele, desconfia desse cientista, judeu sobretudo de origem alemã, amigo de Charlie Chaplin, e desconfia de que Einstein é um perigoso comunista. As ações do senador McCarthy a partir de 1950 desencadeiam uma campanha contra o suposto "comunista Einstein", enquanto por sua vez o diretor do Instituto de Estudos Avançados, o físico Robert Oppenheimer, é objeto de ataques dissimulados e em seguida diretos e públicos, que logo irão se amplificar.

Em Paris, Irène e Frédéric Joliot-Curie acompanham essa caça às bruxas, assim como as decisões do presidente dos Estados Unidos, Harry Truman, no sentido de relançar a corrida armamentista. Essa tensão entre Leste e Oeste terá consequências no seio da vida científica francesa? É o temor de Irène.

*

Uma poeira de neve recobre as pistas de Courchevel neste dia de Natal de 1950. Irène se prepara para passar a noite em família, na montanha, com Hélène e seus filhos – um momento de convívio, como gosta. Irène conhece cada pista de Courchevel, aprecia cada cantinho, ali se sente serena. Mas a doença e a fadiga a surpreendem. Ela acaba de completar 53 anos e às vezes se sente esgotada, exausta. A vida política e científica tomou conta da vida do casal. Alguns meses antes, Frédéric passou pelo momento mais doloroso de sua carreira, uma bofetada difícil de aguentar, da qual ainda não se recuperou. Por causa de sua filiação ao PCF, próximo do Kremlin e, portanto, de Stalin, o governo francês o afastou das funções de alto-comissário para a Energia Atômica. Irène percebe que seu marido, em geral tão animado, está ferido. Ela mesma continua ocupando a função prestigiosa de comissária do CEA, única mulher entre outros com o mesmo cargo. Claro, não é filiada ao PCF, mas participa de muitos eventos ligados a essa tendência política. O que vai lhe acontecer?

Mal retorna a Paris, neste frio mês de janeiro de 1951, e a notícia cai como uma bomba. Seu mandato no CEA não é renovado. Uma página importante da vida e da carreira deles foi virada. Como esquecer os esforços do casal, em particular os de Frédéric, para evitar que os nazistas se apoderassem da água pesada? Tal como seu marido, Irène se ressente da ingratidão dos políticos franceses em relação a eles. Por sua vez, os comunistas se insurgem e a apoiam. A fiel amiga da família, Eugénie Cotton, demitida por Vichy de sua função de diretora da Escola Normal Superior de Moças durante a Ocupação, relembra o percurso tanto de Frédéric quanto de Irène no sentido de que o átomo fosse utilizado para fins pacíficos:

> Com sua descoberta da radioatividade artificial, Irène e Frédéric Joliot-Curie tinham conservado para a França um lugar de vanguarda na área das pesquisas atômicas. Grandes patriotas, em 1940 haviam conseguido esconder dos alemães suas descobertas mais recentes, e, assim que a guerra acabou, ele, alto-comissário para a Energia Atômica, e ela, comissária nesse mesmo organismo diretor, tinham formado uma equipe de pesquisadores decididos, como ambos, a trabalhar pelas aplicações pacíficas da energia nuclear. O governo francês os felicitara vivamente

> e lhes agradecera pela generosa doação feita por eles aos laboratórios de Châtillon de suas patentes e do urânio que possuíam de maneira exclusiva. [...] Assim, os dois únicos pesquisadores franceses vivos a terem recebido o Nobel por trabalhos de física nuclear estão atualmente excluídos da entidade que dirige na França as pesquisas nessa área![7]

Ève, por sua vez, está preocupada. Seu jornal gaullista *Paris Presse* sofre a concorrência do recente *France-Soir*, resgatado pelo grupo Hachette. *L'Intransigeant* ganha cada vez mais leitores. Para evitar o corte de seus jornalistas, Ève e Philippe Barrès se demitem. Em carta a Irène, ela declara estar "desempregada" e afirma que as democracias estão em perigo. Não sabe o que fazer, onde buscar trabalho; fala em escrever um livro, mas não atina sobre qual assunto. Em meio a essa incerteza, a situação internacional não é muito tranquilizadora. Stalin impõe uma ditadura a vários países da Europa central e oriental, entre os quais a Polônia. Em 1946, depois da instalação de cercas eletrificadas de arame farpado vigiadas a partir de postos de observação por soldados dos países comunistas prontos para atirar, Winston Churchill afirmara, numa frase que se tornou histórica, que Stalin havia erigido entre a Europa ocidental e a Europa sob tutela comunista uma "cortina de ferro". Na realidade, o objetivo dessa "cortina" era evitar que as populações europeias do campo soviético tentassem passar para o Oeste. Intensas negociações diplomáticas resultaram, em 4 de abril de 1949, na criação, em Washington, da Organização do Tratado do Atlântico Norte (Otan), aliança militar defensiva de dez Estados da Europa ocidental,8 entre os quais a França e o Reino Unido, com o Canadá e os Estados Unidos. Dada a fragilidade das economias e dos exércitos europeus no pós-guerra, a União Soviética está no apogeu de sua potência. Como na época os

Estados Unidos são o único país a dispor da arma nuclear, na prática esse tratado se destina a garantir que eles protegerão os países europeus ocidentais de qualquer eventual ataque por parte dos países comunistas.

Algumas semanas antes da assinatura do tratado, Ève se encontra em Washington, mais uma vez, para uma turnê de conferências sobre sua mãe e as mulheres cientistas. Empenha-se em prestar homenagem a Marie e a Irène, mas igualmente em trazer à ribalta notáveis cientistas do sexo feminino que foram apagadas pela história. De fato, o exemplo de sua família confirmou isso à exaustão: as pesquisadoras que fizeram descobertas, e que são tantas mundo afora, com frequência são invisibilizadas, apagadas da história das ciências. Somente os homens são destacados pela imprensa, pelo rádio e pelas obras históricas, o que dá a impressão de que somente o primeiro sexo contribuiu para o avanço da humanidade. Embora Ève não se declare feminista, sua atitude demonstra um desejo de defender as mesmas causas que sua mãe e sua irmã Irène em prol dos direitos das mulheres. E sua carreira, ainda que ela não espere isso, vai tomar um novo rumo.

Com a criação da Otan, abrem-se postos diplomáticos, militares e estratégicos para os representantes dos dez países. O primeiro secretário-geral da organização não é outro senão Lord Ismay, general e diplomata britânico. Ève o conhece bem. Durante a Segunda Guerra Mundial, ele foi o diretor do gabinete militar de Churchill. Fazia a ligação entre os militares e o primeiro-ministro britânico e o acompanhava em suas viagens para conversar com Franklin Roosevelt, em especial. Um homem talentoso, que sabe fazer diplomatas e militares trabalharem juntos. Mas, em 1949, nem Ève nem Lord Ismay podem estar seguros de que ele logo ocupará essa função estratégica. De fato, o diplomata inglês só retornará aos assuntos políticos quando

Churchill se tornar novamente primeiro-ministro, em 1951. Enquanto isso, a caçula das irmãs Curie procura uma posição. A criação da Otan devolve a esperança ao mundo livre. Ève não deixa de prestar homenagem à nova organização e se inquieta publicamente com o avanço dos comunistas no mundo, em particular com a chegada de Mao Tsé-Tung e Zhou Enlai ao poder na China, em outubro de 1949. Suas intervenções na imprensa, e os contatos que ela mantém com muitos dirigentes britânicos, americanos e franceses, em particular o general De Gaulle, possibilitam que vários diplomatas franceses e estrangeiros pensem no seu nome para integrar a equipe que constituirá a Otan.

*

É uma noite como muitas outras em Paris, em plena guerra fria. Enquanto sua irmã e Frédéric prosseguem seus trabalhos científicos, afastados do poder e das tomadas de decisão, Ève é convidada para os jantares organizados na embaixada dos Estados Unidos. Não está presente unicamente por seu nome e sua reputação, nem por ter participado do combate contra as forças nazistas entre 1940 e 1945. Por haver conhecido as ditaduras, a exemplo de sua mãe, ela se preocupa. As tensões entre os dois blocos estão no apogeu. E se explodisse uma crise entre as grandes potências? Na URSS, Stalin continua no comando.

Um boato não demora a circular por Paris. Ève Curie deverá ser alçada a um dos postos estratégicos na defesa do mundo livre. Até mesmo, murmura-se, um posto de confiança, que nenhuma mulher pôde jamais almejar. Ali está ela, nessa noite, num jantar elegante, ao lado de um diplomata americano da embaixada dos Estados Unidos. Um homem sorridente, bonito, e cuja voz a encanta. Que coincidência! Henry Labouisse está encarregado de implantar na França o plano Marshall, aquele que os comunistas apontam à execração pública, acusando os Estados Unidos de empreender uma política imperialista em relação à França. Um projeto que os companheiros políticos da irmã e do cunhado de Ève criticam vigorosamente. No entanto, esse plano de empréstimos permite reerguer a economia exangue da Europa, reconstruir as cidades e as instalações bombardeadas durante a guerra. O plano Marshall possibilitará a modernização das ferramentas de produção. Em troca, os empréstimos serão utilizados para importar produtos americanos, que costumam ter boa qualidade. Para reconstruir a França, é um arranjo que se revelará eficaz.

De fato, entre 1948 e 1951, o PNB da Europa ocidental dá um salto de 32%, a produção agrícola, de 11%, e a produção industrial, de aproximadamente 40%. A França pode assim modernizar todas as suas locomotivas e seu traçado ferroviário. Os agricultores franceses têm acesso a tratores modernos, que não existiam antes da guerra. Tal sucesso enfurece os soviéticos e, claro, Stalin. Pode-se considerar que esse foi o elemento principal da guerra fria e uma alavanca para o sucesso ocidental diante das ditaduras comunistas.

Henry Labouisse sente-se satisfeito com esse sucesso. E comovido por se ver, nesta noite, sentado ao lado de Ève. Os dois têm muito a trocar sobre suas vidas, suas carreiras, as aventuras diplomáticas. E têm a mesma idade. Nascido em Nova Orleans em 1904, o diplomata americano, originário de uma família da Louisiana, deve seu sobrenome aos antepassados *cajuns*.* Esse belo homem, de sorriso imenso que inunda seu rosto, dotado de grandes mãos dispostas a agarrar a vida, oculta dentro de si um pesar que ele comunica discretamente a Ève. Dez anos antes, sua esposa, muito jovem, faleceu vitimada por um câncer. Portanto,

* Descendentes dos acadianos, expulsos nos séculos XVIII e XIX do Canadá, que se fixaram na Louisiana. (N.T.)

ele é viúvo. E livre. Será que ela conhece uma escola que possa lhe indicar para sua filha, da qual ele cuida sozinho? Ève fica estupefata. Por que consultá-la sobre tal assunto, quando ela não tem filhos?, dirá mais tarde a Anne Joliot, sua confidente e sobrinha por afinidade, esposa de Pierre Joliot. Ève ainda não adivinhou, ou talvez não ouse confessar a si mesma. Para Henry, esta noite traz um sabor especial, como se ele recuperasse o gosto de jantar com uma mulher com quem, ele percebe, teria muito a compartilhar. E a busca de uma escola para a filha, que desculpa esfarrapada para revê-la... Dessa vez, num jantar somente a dois. Um *tête-à-tête* que, ele espera, continuará até sua morte.

Henry Labouisse se apaixonou. Ève, por sua vez, separou-se de Philippe Barrès, que se casou logo depois. Por enquanto, ela espera um posto na Otan. Tomara, pensa, que a atitude da irmã e do cunhado, alinhados com as instruções de Stalin e do Partido Comunista, não influencie os governos ocidentais na escolha que fizerem. Essa função, Ève sente, poderia ser a consagração de tudo aquilo pelo qual ela lutou, a liberdade e a democracia. E se isso significar ter menos contato com Irène e sua família, não importa. De qualquer maneira, ela só os encontra uma ou duas vezes por ano, ocasiões em que se fala de tudo, ou melhor, de coisa alguma, e principalmente nada sobre política.

Finalmente, chega a notícia. Lord Ismay decide incluir Ève em seu gabinete sob o título de conselheira especial do secretário-geral da Otan. Que reconhecimento! E, para uma mulher de sua geração, nascida em 1904, que avanço e que promoção, nos mundos diplomático e militar! Aos 45 anos, é alçada a um dos postos diplomáticos mais estratégicos para uma francesa! Ève deseja muito estar à altura da confiança que os dez países da Otan e o secretário-geral da organização lhe concederam.

Objetivo número um: proteger a Europa ocidental de uma eventual invasão soviética. Para isso, é necessário refletir sobre a estratégia a adotar. Ève faz tal comentário numa de suas anotações e o desenvolve num programa de ação de trinta páginas dirigido a Lord Ismay. A Otan, segundo ela, é frágil, e sua unidade é apenas aparente. As pessoas não desejam o rearmamento, mas sim pensar na reconstrução de seus países martirizados pela guerra, em recuperar um emprego e uma casa, uma vida mais calma. Portanto, será difícil convencer o público sobre a necessidade dessa organização militar, logo quando, na França, a classe operária vota majoritariamente no Partido Comunista, o qual, é claro, lança uma campanha contra a Otan.

A estratégia de comunicação enunciada por Ève será seguida por Lord Ismay e pelos representantes dos dez estados-membros. De fato, ela analisou com habilidade de que modo enfrentar as táticas soviéticas e comunistas destinadas a desacreditar a organização. Suas ideias, suas propostas, serão adotadas pelos homens, diplomatas e militares, que participam da edificação dessa organização, verdadeiro desafio de sobrevivência para o mundo ocidental do pós-guerra. Mas será que lhe foram gratos? Seu nome não é evocado nas instâncias diplomáticas que dizem respeito à Otan. E hoje, sua ação estratégica naqueles anos tensos da guerra fria, ação demonstrada pelo conteúdo de seus arquivos, suscita apenas um interesse polido, para não dizer nulo. De fato, como imaginar que uma mulher possa ter tido uma influência e um senso da estratégia dentro da Otan, entidade majoritariamente masculina há décadas? Mais uma vez, a ação determinante de uma mulher, por seu pensamento, sua inteligência e sua capacidade de visionária, não é reconhecida, setenta anos após a fundação dessa organização.

*

Certa manhã, Ève explode de raiva. Aquela irmã que ela tenta preservar no desempenho de suas funções profissionais, aquela primogênita tão próxima dos comunistas que ela combate, deixa-a totalmente indignada. De fato, como Irène se atreve a atribuir à mãe afirmações que ela não fez? Por ter trabalhado sem descanso sobre os arquivos de Marie para escrever *Madame Curie*, Ève conhece muito bem seus discursos e declarações. E, como as duas irmãs já não se encontram, só lhe resta escrever, registrar em seu elegante papel de correspondência o que lhe parece uma traição:

> Penso que o respeito aos mortos consiste, entre outras coisas, em impedir-se de lhes atribuir julgamentos ou opiniões que eles mesmos não decidiram expressar publicamente quando vivos [...] De igual modo, Marie Curie sempre evitou tomar partido politicamente. Mesma observação sobre o voto das mulheres. Sem dúvida ela era favorável a isso, mas, apesar de inúmeras pressões, sempre se recusou a associar-se a manifestações feministas nesse sentido, porque desejava que seu nome permanecesse associado unicamente ao seu ofício de cientista.[9]

Desta vez, Ève fica furiosa, e acusa a irmã de ter utilizado o nome de Marie para fins políticos ao denunciar a utilização da bomba atômica, quando uma campanha comunista se desenvolvia nesse sentido a fim de evitar que os países ocidentais se armassem e assim protegessem seus territórios. Segundo ela, sua irmã deve corrigir tais inexatidões o mais depressa possível. Por trás desses desvirtuamentos da verdade, pode-se supor a influência de Frédéric Joliot-Curie? Tal possibilidade parece insuportável a Ève, justamente no momento em que ela tem acesso a anotações secretas sobre a ofensiva comunista e seus perigos para o Ocidente.

Quanto aos direitos das mulheres e ao feminismo de Marie, de fato Irène parece ter exagerado um pouco. Pode ser. A mais velha da família não esqueceu sua temporada na Inglaterra junto às feministas inglesas em companhia da mãe. Ela bem sabe que no fundo, sem declarar isso para não ofuscar seu trabalho de cientista, Marie era feminista. Nessa primeira metade do século XX, o termo é, em si mesmo, muito pejorativo para o grande público, tal como havia sido durante mais de cem anos e como frequentemente continua sendo até hoje. Ève conclui a carta em tom mais suave, para anunciar a Irène a entrada de um homem em sua vida.

*

Bem depressa, Henry Labouisse constata que pedirá a Ève que se torne sua esposa, ela que conheceu vários amores, mas nenhum casamento. Uma mulher que manteve livres seu coração e seu corpo, que põe a carreira profissional a serviço das próprias convicções, uma pioneira talentosa, um exemplo para outras mulheres. Mas ainda existe uma reserva antes desse casamento. A adolescente Anne, filha dele, matriculada numa escola chique da costa leste que a jovem detesta, pois não suporta as maneiras esnobes e superficiais das mocinhas de ambientes grã-finos, deve ser informada. A famosa Miss Porter's School, situada em Farmington, Connecticut, teve Jackie Kennedy como aluna. De saída, Anne detestou o lugar, mas, apesar de tudo, ali permanecerá por três anos. Henry Labouisse a enviará em seguida para Smith College, uma das melhores universidades femininas dos Estados Unidos. Situada na cidade de Northampton, em Massachusetts, faz parte das Seven Sisters.

Catorze anos, órfã de mãe muito cedo, filha única, um pai mergulhado em obrigações profissionais, Anne se sente perdida no chiquérrimo ambiente da costa leste dos Estados Unidos. Quem poderia substituir sua mãe? Ela não sabe, e sua esperança já não existe. Uma criança tem somente uma mãe, e a dela morreu. Anne não sabe o que vai se tornar. Uma rebelde, seguramente. E eis que seu pai vem almoçar urgentemente com ela. O que vai anunciar?

Durante a refeição, inquieto e quase trêmulo, ele lhe pede permissão para casar-se com Ève. A jovem fica tocada pelo fato de o pai lhe solicitar essa autorização e concorda. Aliviado, Henry Labouisse retorna a Nova York. Tem o direito de se envolver, de amar, de ser feliz.

Para Ève, portanto, é hora de informar sua irmã sobre o assunto, por carta: "Vim me casar em Nova York para que a filha do meu futuro marido, que é viúvo há quinze anos, possa estar presente [...]. Ainda estou espantada comigo mesma por haver, tão tarde em minha vida, tomado a decisão de me casar. Mas sei que estou indo ao encontro de muita felicidade e serenidade".[10]

Embora nenhum dos dois, principalmente Ève, tenha verdadeiras convicções religiosas, eles se unem, aos cinquenta anos de idade, diante de um padre que é amigo e conselheiro. A jovem Anne está ali, cercada de muito apoio. Os pais da primeira mulher de Henry, que perderam a filha por um câncer, ofereceram o almoço. Trajando um mantô chique, complementado por luvas escuras e uma bolsa, aos olhos dos americanos Ève simboliza Paris, a elegância francesa. Volta-se para aqueles que têm a delicadeza de recebê-la, embora a própria filha deles já não esteja ali. Ève, que ficou órfã jovem demais para ter a mínima lembrança do pai, conversa com um homem que poderia sê-lo, e que a trata como tal, embora ele mesmo tenha perdido a filha. E brincam, trocam ideias, como se já se conhecessem há muito tempo.

Desde o primeiro dia, o casamento com Henry Labouisse proporciona a Ève um apoio ao qual ela não imaginava ter direito. E também aquela serenidade que evocou na carta a Irène. Ève pode então começar a ter esperança. Henry Labouisse lhe trará outras alegrias? Ela acredita nisso. E não pretende ficar parada. Conhece a ação diplomática, e também a estratégia de influência. Agora com cinquenta anos, não foi ela a mulher que conviveu e discutiu com tantos chefes de Estado, primeiros-ministros, homens de guerra e de poder? Sente-se pronta para ser útil e compartilhar sua experiência com o marido.

Está decidido. Será a conselheira dele. Sem salário. Mas pretende estar ao seu lado. E, para Labouisse, isso também soa como inevitável. O futuro já se anuncia. Partida para Beirute. Serão dois anos nos Orientes Próximo e Médio, onde ficarão baseados na capital libanesa. Como sinal de confiança da ONU, mas também de pressão das autoridades americanas, seu marido é nomeado encarregado da Agência das Nações Unidas para os Refugiados da Palestina no Oriente Próximo (UNWRA,* na sigla em inglês), financiada em grande parte pelos EUA e pela Grã-Bretanha. O mandato britânico sobre a Palestina terminou em fevereiro de 1947, e uma resolução adotada pelos Estados-membros das Nações Unidas previa um plano de partilha entre um Estado judeu e um Estado árabe. As duas partes o recusam. Segue-se um deslocamento das populações árabes, que não terão apoio de seus confrades. Henry Labouisse, através da UNWRA, é encarregado de coordenar o auxílio às pessoas deslocadas. Faz diversos contatos com os dirigentes árabes da região, os quais Ève conhece por já tê-los encontrado durante sua viagem por ocasião da Segunda Guerra Mundial. Portanto, ela participa das conversas e visita com o marido os campos de refugiados

* United Nations Relief and Work Agency for Palestine Refugees in the Near East. (N.T)

no Líbano, na Jordânia e na Síria. Nesses locais a população sobrevive em condições pavorosas, e Labouisse providencia a construção de tendas, serviços médicos, latrinas, logo destruídos. Mais tarde, investigações revelam que todos esses elementos de sobrevivência foram sabotados pelos chefes de Estado árabes para incitar os palestinos a deixar os acampamentos e os países deles. Ève e Henry prosseguirão sua ação, a qualquer custo. E esse trabalho árduo, ingrato, semeado de ciladas, é acompanhado de perto por Washington.

Anne Peretz, então secundarista na costa leste dos Estados Unidos, vai visitá-los no Natal. Também neste caso, a relação é tensa. Entre Paris, Nova York e Beirute, Ève descobre o papel de madrasta de uma adolescente rebelde. Como enfrentar isso? Não faz a menor ideia. Acompanhou muito pouco o crescimento de seus próprios sobrinhos, Pierre e Hélène. Só jantava com eles uma ou duas vezes por ano, ocasiões em que os cobria de presentes, sem com isso tornar-se próxima. Filhos de sua irmã, os dois eram apenas sobrinhos distantes. E agora a mais velha está casada, tem filhos, seus sobrinhos-netos, que ela também quase não conhece.

Perturbada por essas novas funções de madrasta, Ève implica com Anne, cita como exemplo a educação de sua própria mãe. Como se uma adolescente órfã e sem rumo pudesse suportar o peso moral de uma Marie Curie como ideal. Uma inabilidade que faz sofrer ainda mais a jovem em busca de ternura e afeto. Ève se questiona, preocupada. Terá um dia uma relação próxima com algum filho de sua família parisiense e de sua família americana? Sente uma espécie de desânimo. Por enquanto, concentra-se na relação com o marido.

*

Em Paris, Irène tem outras preocupações. O laboratório continua como sua prioridade, ainda que ela sinta suas forças diminuírem. Não quer que sejam mencionados seus problemas de saúde, esta fadiga crônica, às vezes acompanhada de esgotamento e recaída. Tampouco em família, nada de evocá-los. Desde 1930 ela apresenta sinais de fraqueza, às vezes desmaios. Ainda assim, continua. Empenha-se também na construção do centro de Saclay. Para Frédéric e ela, um dos objetivos principais é dar à França novos centros de pesquisas, especialmente o CEA. Pierre Joliot recorda ter ouvido seus pais "se preocuparem com o fato, mesmo antes da guerra, de as equipes de pesquisa se sentirem apertadas nos laboratórios da universidade de Paris e de não haver mais espaço disponível para instalar neles novos equipamentos. O problema se manifestou particularmente na área da física nuclear. A partir dos anos 1950, minha mãe então começou a procurar novos terrenos [...] Minha mãe continuou sua prospecção, e eu era seu motorista".[11]

Eles vão descobrir terrenos em todo o sul de Paris, inclusive o de um castelo à venda – Irène, em tom seco, ordena ao filho que pule a grade, correndo o risco de se ferir. Ele obedece à mãe, sem protestar. Nada feito. Por fim, o terreno adquirido fica perto da Gare d'Orsay. A aventura científica francesa continua e se abre para um futuro mais promissor. É o que Irène espera.

*

No mormaço de agosto que invade Paris, curiosos e anônimos desfilam diante do esquife de Colette, instalado nos jardins do Palais-Royal, em frente às janelas do apartamento que ela habitava nesse edifício e de onde podia observar os parisienses. Sua obra encantara as mulheres Curie, que gostavam de comentar cada um de seus livros. Ève, sobretudo, está triste.

Ela se lembra da carta calorosa e engraçada que a escritora lhe enviara depois de ter lido *Madame Curie*. O ano de 1954 representará um período especial para as mulheres criadoras. Alguns meses mais tarde, a filósofa e romancista Simone de Beauvoir será contemplada com o prêmio Goncourt por seu romance *Os mandarins*. No México, a pintora Frida Kahlo sucumbe às sequelas de um grave acidente de ônibus que sofrera muito tempo antes, aos dezoito anos. Assim, mulheres se apropriam do território da arte no plano internacional, enquanto o mundo se divide entre o bloco comunista sob domínio soviético e o bloco dito do Oeste. A declaração de Churchill sobre a "cortina de ferro" em 5 de março de 1946 em Fulton, no Missouri, revela-se premonitória. O fantasma de uma possível guerra nuclear assombra as mentes.

Desde 1948, a Polônia vive novos momentos dolorosos. O mundo mudou desde a morte de Marie Curie, vinte anos antes. Irène, ao aceitar ir a Varsóvia, não pode deixar de constatar isso. Marie não conheceu nem a Segunda Guerra Mundial e seus milhões de mortos nem a partilha dos povos da Europa central e oriental em Ialta, entre Roosevelt, Churchill e Stalin. Nem, portanto, a nova ocupação russa da Polônia. Mais uma! A guerra fria divide famílias, separa as irmãs Curie durante anos. Ao saírem do segundo conflito mundial, Ève e Irène já não confiam uma na outra. Os antagonismos, os discursos anticomunistas, a represália contra Frédéric e Irène Joliot-Curie no CEA, essas múltiplas humilhações criaram uma cortina de ferro familiar. Como as duas poderiam conversar sem discordar? Elas já não têm quase nada a se dizer. Após a morte de Stalin, no ano anterior, ainda não é hora da desestalinização, embora Nikita Khrushchev tenha tomado o poder após eliminar Beria, o homem dos serviços secretos e dos trabalhos sujos do ex-"paizinho dos povos". Pior: em 1954, a Polônia é oficialmente declarada

"República Popular", o que significa submissão ao grande urso soviético. Nova ferida, intolerável, de que Ève se ressente.

Para Irène, nem pensar em abandonar sua família polonesa, pois é preciso continuar a honrar a mãe. Acompanhada pelo filho Pierre, jovem estudante de biologia, vai a Varsóvia para inaugurar o Museu Curie. Encontra os parentes, evita criticar o regime em vigor. Afinal, ela compartilha dos ideais comunistas, ainda que, ao contrário do marido, jamais venha a ser membro do Partido Comunista Francês. Não pronuncia uma só palavra sobre a dominação russa, aquela mesma que, no tempo do czar, tanto fizera sofrer o pai de Marie, demitido pelos inspetores russos! Será que Irène pensa nas lágrimas de sua mãe, ainda menina, obrigada a recitar diante da classe, em russo, é claro, a vida do czar de todas as Rússias e os louvores a ele? Sem dúvida. Este museu em homenagem a uma cientista é um dos raros, no mundo, consagrado a uma mulher que não tenha sangue real. O gesto, em si, é excepcional e dá visibilidade e reconhecimento a uma pesquisadora. Irène e Ève sabem disso: habitualmente, somente a obra dos homens é divulgada mundo afora.

*

No ano seguinte, em janeiro de 1955, enquanto Ève, bem longe, acaba de festejar um estranho Natal entre os refugiados dos acampamentos palestinos, Irène, na França, se sente cada vez mais exausta. Os efeitos dos raios se tornam particularmente dolorosos. De vinte anos para cá, quantas vezes ela precisou interromper seus trabalhos para repousar? Irène não sabe mais, perdeu as contas. Pela quarta vez, tenta ser admitida como membro da Academia de Ciências, honra que foi recusada à sua mãe, embora duplamente premiada com o Nobel. Mas Irène não vai desistir de um reconhecimento que ela acredita merecer.

Em 1951, ano tão penoso, de perda de seu posto no CEA e do fim das funções de seu marido, ela já esperara ser eleita para a vaga de Aimé Cotton, amigo político e seguidor de sua mãe, cuja esposa, Eugénie Cotton, conhecia Marie desde a juventude. Rejeitada. Dois anos mais tarde, em junho de 1953, quem venceu foi um *polytechnicien** menos notório do que ela. Uma afronta. Um mês depois, em julho, Irène viu um amigo de infância, Francis Perrin, não titubear em ser seu concorrente. Ele foi eleito. Os homens, seus antigos amigos de juventude, não hesitam em se tornar seus rivais e se apresentar contra ela. A corrida às honrarias não se detém nunca. Nem trégua nem elegância por parte daqueles que ela acreditava serem seus amigos. Em novembro de 1954, candidata mais uma vez, Irène perde a eleição por pequena diferença.

Nesta primavera de 1955, ela não se resigna, mas não está muito otimista. Depois de sua mãe, ela é barrada pelo mesmo muro de solidariedade masculina. Será que recorda então que Colette não havia sido aceita para a Academia Francesa? A filha mais velha de Pierre e Marie é eleita membro de academias estrangeiras de ciências, na URSS, claro, e na Polônia, mas não na França... E também recebe o título de doutora *honoris causa* de várias universidades estrangeiras, tais como as de Oslo, Nova Delhi, Cracóvia. Na França, será preciso esperar o ano de 1979 para que a matemática Yvonne Choquet-Bruhat se torne a primeira francesa eleita para a Academia de Ciências, ou seja, 68 anos após a primeira candidatura de Marie Curie.

*

Há vários anos desprovida de forças, Irène abandonou os grandes passeios pela floresta, as longas caminhadas. Sem

* Aluno ou ex-aluno da Escola Politécnica de Paris. (N.T.)

dúvida, o advento da penicilina no pós-guerra pôde, vez por outra, aliviar suas dores. Ela sempre sentiu alegria e serenidade no intercâmbio com seus colaboradores e colaboradoras, sem exercer sobre eles uma hierarquia pesada. Mas também repousa em seu escritório, no sofá, que se torna seu segundo leito. Afinal, o instituto é sua segunda casa. Frédéric, por sua vez, não se sente bem e Irène se preocupa com a saúde dele. O médico lhe recomenda ar livre. Seguem para o chalé da família em Courchevel, onde Irène tenta esquiar. Hélène, seu marido Michel e os filhos do casal estão presentes. De repente, Irène apresenta febre alta, desaba. Retorna a Paris ao cabo de alguns dias que não lhe acrescentaram nada, pelo contrário: deixaram-na esgotada. O diagnóstico médico é categórico: mais do que uma anemia, trata-se de uma leucemia, os exames são muito preocupantes. Frédéric, recém-saído do hospital, finalmente a reencontra e fica sabendo que sua companheira está perdida. Portanto é preciso mentir, disfarçar e abandonar a esperança de cura. Em 15 de março de 1956, Irène falece, deixando Frédéric arrasado de dor. Hélène se sentirá culpada e abalada por não ter percebido em Courchevel que a mãe estava vivendo sua última provação. Mas como poderia imaginar isso, já que viu tantas e tantas vezes sua mãe esgotada, acamada?

Irène não teve tempo de ficar sabendo que nesse mesmo ano é criada na França, por iniciativa da socióloga Évelyne Sullerot e da ginecologista Marie-Andrée Lagroua Weill-Hallé, a associação La Maternité Heureuse,* cujo objetivo principal é difundir informação sobre controle de natalidade. Tal entidade exercerá um papel preponderante no acesso das francesas à contracepção e se tornará, em 1960, o Planning Familial, sob inspiração do Family Planning criado em 1916 nos Estados

* "A maternidade feliz". (N.T.)

Unidos pela militante americana Margaret Sanger. Sem dúvida, Irène se alegraria com tal iniciativa.

As cerimônias de despedida da premiada com o Nobel de Química, cuja candidatura à Academia de Ciências foi rejeitada por cinco vezes, não terão o caráter íntimo das de Marie. Sem dúvida, todos os que se questionam sobre a importância a ser atribuída ao seu falecimento, aqueles que têm o poder de decisão, são homens. Nenhuma mulher. Eles pensam sobretudo que deverão atribuir exéquias da mesma dimensão ao seu marido Frédéric Joliot-Curie, membro do Partido Comunista Francês, quando a guerra fria está no apogeu. De fato, a morte de Stalin não reduziu a tensão entre o Leste e o Oeste. Portanto, entre as autoridades francesas, trata-se de um dilema. O PCF ainda tem peso sobre o cenário do país, e os trabalhos científicos de Irène são reconhecidos mundialmente. A mídia evoca sua dedicação à ciência, causa de seus problemas de saúde desde os anos 1930. Aquela que acaba de partir se tornou, tal como sua mãe, uma figura mítica, uma esperança para as jovens gerações de mulheres que tentam realizar o próprio sonho, exercer a profissão que escolherem. Por fim, exéquias oficiais lhe serão concedidas, mas o poder se arranja para que não sejam imponentes demais. O presidente da República, René Coty, e o presidente do Conselho não comparecerão.

O desejo deles em relação a uma despedida sem grande visibilidade será atendido. Ao menos, é nisso que acreditam. Frédéric, Hélène e Pierre lhes facilitam a vida, recusando as honras militares que a cientista pacifista, traumatizada pela explosão em 1945 das duas bombas atômicas sobre Hiroshima e Nagasaki, sem dúvida não aceitaria. De igual modo, nada de serviço religioso, nada de cerimônia nos Inválidos. Nada de missa. A única religião de Irène é seu apego às ciências e à pesquisa científica. Mas as autoridades vão logo se desiludir. O corpo de

Irène fica exposto por dois dias no Grand Hall da Sorbonne, velado por alunas, pesquisadoras, doutorandas que se revezam. Entre elas está Josiane Serre, *sévrienne*, professora concursada de química, que está concluindo seu doutorado e conheceu a filha de Marie Curie. Quando muito jovem, Josienne sofrera um grave acidente por ocasião da explosão de produtos químicos nos laboratórios da Escola Normal Superior, à rue Lhomond, não longe do Instituto Curie, enquanto pesquisava para sua tese de química. Havia perdido movimentos de uma das mãos, dilacerada por minúsculos fragmentos de vidro. Mas, naquela noite, ela quer, tal como outras mulheres de ciência, manter-se de pé durante alguns minutos ao lado do ataúde, velar o corpo dessa grande dama que inspirou tantas pesquisadoras e tantos pesquisadores, e cuja vontade de lutar pelos direitos femininos e pela pesquisa científica se impusera como algo inquestionável. Mais tarde, Josiane Serre se tornará diretora da Escola Normal Superior de Moças (ex-Sèvres), onde Marie e Irène lecionaram.

Ou seja, se as autoridades esnobaram o enterro, gente anônima, mulheres, homens, certos membros do Partido Comunista, outras pessoas simplesmente comovidas por tudo o que Irène realizou ao longo de sua existência, arriscando a própria saúde para salvar outras vidas, primeiro com a mãe e depois sozinha no Instituto do Rádio, essa gente não a esquece. Quando o cortejo se movimenta pela rue des Écoles e depois atravessa Paris em direção a Sceaux, veem-se de repente bandeiras flutuando na brisa e uma multidão vestida de preto, fluida, como um balé na Ópera, sem ruído mas impregnada de emoção. E sem dúvida a família Curie avalia então o quanto Irène, como Marie, tem um lugar no coração das francesas e dos franceses. Sua morte lhes revelou essa ligação visceral que os vincula à família Curie, às mulheres Curie. Ève compareceu, mas chegou tarde demais para ver a irmã antes do falecimento. Está no carro fúnebre, para o último passeio de Irène, que se desenrola num ambiente de tristeza, doçura e ternura mescladas. Irène é a primeira cientista a receber tal homenagem por ocasião de seu funeral, ela que neste século XXI ainda é inspiradora, tanto por sua vida como pelo prêmio anual Irène Joliot-Curie, criado em 2001 para promover o lugar das mulheres na pesquisa e na tecnologia na França, e do qual se beneficiam jovens pesquisadoras, valendo-se de suas descobertas, apaixonadas pela investigação científica. Tal como foi ela mesma, desde sua primeira juventude. Será preciso esperar trinta anos após o desaparecimento de Irène para que se forme novamente em Paris tal onda de simpatia e de afeto, de gratidão do público, para as exéquias de uma mulher, desta vez sem cerimônia oficial, quando homens e mulheres vindos do mundo inteiro acompanharam em 1986 Simone de Beauvoir, a filósofa feminista de *O segundo sexo*, até o cemitério de Montparnasse, onde ela repousa ao lado de seu companheiro, o filósofo Jean-Paul Sartre.

9

Ève Curie, fidelidade à mãe e à irmã

Menos de três anos após a morte de Irène, agora sozinho na casa próxima ao Parc de Sceaux, Frédéric se sente perdido. Ele, que apoiou Irène com seu entusiasmo, sua alegria, seu ardor em pistas de esqui, em caminhadas na Bretanha, na montanha, e durante os banhos de mar nas águas do Arcouest, afunda em tristeza. A doença avança.

Meses antes de morrer, já enfraquecido, o físico assistiu ao desmoronamento da IV República e à chegada De Gaulle ao poder. Seu oponente político, claro, mas cujas trajetória, coragem e integridade ele respeita. De fato, conhece cada detalhe da história do general, seu engajamento para salvar a França do desastre. Apesar das relações distantes com a irmã caçula de Irène, Frédéric não esquece que Ève, única sobrevivente das filhas de Pierre e Marie Curie, foi enviada especial de Charles De Gaulle aos Estados Unidos como jornalista e correspondente, e mais tarde aos campos de batalha na África, nos Orientes Próximo e Médio e na Ásia. Esse mesmo De Gaulle se opôs aos americanos e a Franklin Roosevelt, o que não desagradou ao cientista, como militante comunista que é. Ele manteve pelo ex-chefe da França Livre uma profunda estima, e isso importa.

Em 14 de agosto de 1958, morre Frédéric Joliot-Curie. O general De Gaulle, agora no poder, logo decreta luto oficial, como acontecera por ocasião da morte de Irène, alguns anos antes. Ève e seu marido comparecem à cerimônia, vindos de

Washington. Ela se vê junto ao sobrinho e à sobrinha. Com Hélène, Pierre e os filhos deles, percorre o Instituto do Rádio. Disfarça a emoção. Este local, que de início foi o espaço de Marie e, mais tarde, de Irène e Frédéric, parece-lhe ao mesmo tempo familiar e estranho. Ève sente que será sempre bem-vinda ali, mas como convidada. Sua vida entre Nova York e Paris parece bem distante das preocupações dos pesquisadores do laboratório, onde ela jamais tocou numa proveta nem pousou suas mãos de pianista e de jornalista sobre frascos de química que repentinamente mudam de cor à menor mistura e ameaçam explodir entre os dedos de quem os manuseia. Mas, agora que Irène e Frédéric já não estão ali, a caçula não pode se deixar levar pela emoção? Ela mesma não se desmereceu, não ficou estagnada. Afinal, não trabalhou sem parar, os dedos machucados pelas teclas da máquina de escrever que ela transportou, quebrou, consertou, sacolejou através dos continentes? A biografia de sua mãe não foi traduzida no mundo inteiro? E, ainda que a irmã e o cunhado possam ter-se chocado, ela provou seu valor na Otan como primeira conselheira do primeiro secretário-geral, o mais prestigioso posto diplomático então ocupado por uma francesa.

Ao percorrer o austero gabinete da mãe, Ève se sente duplamente órfã, de Marie e da irmã. Única sobrevivente de sua geração. Arrasada de tristeza, percebe atrás de si a presença do marido. Henry está ali, atento. Ela avalia o caminho percorrido em alguns anos. Já não está sozinha. O homem com quem se casou lhe dá apoio contra tudo e contra todos, respeita-a e a encoraja. Está apaixonado, todo mundo nota isso. E ele não deixa de se dirigir a Pierre e Hélène, que perderam os pais, e que pais! Esse embaixador americano lhes fala calorosamente, interessa-se por eles, tenta criar um vínculo que não existia quando Irène e Frédéric eram vivos.

Ève, apesar da tristeza, sorri. Que contraste, após os anos de frieza com a irmã e o cunhado! Pierre e Hélène, de repente descontraídos, conversam com ela. Afinal, a tia é a única sobrevivente de quem são herdeiros. Quem sabe se um novo casulo não poderá se constituir? O vínculo partido por anos de afastamento e pela política talvez possa ser restabelecido. Por enquanto, Ève acompanha o cortejo funerário do cunhado numa procissão interminável, bandeiras vermelhas desdobradas, "Le Chant des partisans"* e a "Internacional", homenagens impressionantes, uma onda ininterrupta de comunistas, homens e mulheres vindos de toda a região parisiense, autoridades públicas e anônimos. É preciso deter e em seguida reiniciar o cortejo envolto pela multidão até chegar ao cemitério de Sceaux, recoberto de flores e de árvores, onde já repousam Pierre, Marie e Irène. No jazigo, não há espaço previsto para Ève. Não importa, ela sabe que repousará em outro lugar, longe dali. Num movimento imprevisto que não consegue controlar, a tia segura pelo cotovelo os sobrinhos, dois adultos que ela quase não viu crescer, mas que representam o presente e o futuro dos Curie, os filhos que ela não teve. Sente-se então no direito de demonstrar a eles sua ternura, seu amor reprimido há tanto tempo, por medo de desagradar Irène. Finalmente. Quanto a eles, talvez um dia venham a lhe demonstrar um pouco mais de afeto. Ela não está segura disso, mas tem esperança.

*

Concluída a missão em Beirute, Ève e o marido voltaram aos Estados Unidos. Em novembro de 1960, um homem jovem

* "O canto dos partisans", ou "A canção dos resistentes", principal hino da resistência francesa contra a ocupação nazista durante a Segunda Guerra Mundial. (N.T.)

carismático, John Fitzgerald Kennedy, é eleito presidente dos Estados Unidos. Henry Labouisse, atuante no partido democrata, conheceu-o. O casal Labouisse é até mesmo convidado para jantar na Casa Branca. Ève sente-se comovida por retornar ao local, tendo dormido ali muitas vezes a convite de Eleanor Roosevelt. Desde então passaram-se anos, mais de quinze, e hoje Jackie Kennedy observa Ève. A nova *first lady* dos Estados Unidos, de origem francesa, é muito sensível ao talento, ao refinamento dos grandes costureiros franceses, assim como a filha caçula de Marie Curie. Mais velha do que Jackie, ainda assim Ève continua simbolizando a elegância à francesa. Naquela noite, enquanto se assegura de que os preparativos para o jantar estão em andamento, a primeira-dama conduz Ève e Henry à sala onde estão os vinhos que serão servidos. É hora de abrir as garrafas. Jackie Kennedy volta-se para Henry Labouisse e, por saber da reputação dele como exímio conhecedor dos vinhos franceses, pede-lhe que experimente um daqueles e adivinhe o nome do vinhedo e a safra. Sob o olhar de Ève, um tanto inquieta, ele obedece. E, de saída, passa no exame. O jantar pode começar...

Quanto a John Kennedy, ele tem em mente outras ideias que não a gastronomia francesa. Recém-eleito, pede a Henry Labouisse que se encarregue de coordenar a International Cooperation Agency (ICA) e de fundir todos os programas americanos de desenvolvimento mundo afora. Ève então lhe sugere chamar a nova agência de US Aid, ou seja, "ajuda dos Estados Unidos". Uma denominação simples, prática, fácil de memorizar e de boa publicidade. Henry Labouisse espera, após um trabalho de coordenação elogiado por Kennedy, tornar-se o diretor dessa agência. Mas isso é ignorar a oposição dos jovens tecnocratas da Casa Branca, os quais o julgam muito fraco, na realidade não suficientemente jovem... Meses depois, Kennedy lamenta haver seguido seus conselheiros, eles mesmos às vezes jovens demais e inexperientes, e suplica a Labouisse que afinal assuma a direção do órgão. O marido de Ève foi humilhado, portanto nem pensar. John Kennedy então lhe confia um posto estratégico durante a guerra fria, o de embaixador dos Estados Unidos na Grécia, país próximo da Turquia, da Bulgária comunista e da URSS. Trata-se de barrar o acesso dos soviéticos às águas do Mediterrâneo e de dar mais peso a esse país membro da Otan, organização que Ève deixou pouco tempo antes e cujos desafios estratégicos ela conhece perfeitamente. Sua presença junto a Henry Labouisse em Atenas só pode ser proveitosa para a diplomacia americana e ocidental.

Ao chegarem, para sua grande surpresa, Ève e o marido descobrem que os gregos não gostam de cultivar a terra e confiam esse trabalho aos búlgaros comunistas, que tentam subtrair as crianças gregas às influências do Ocidente. Para ambos, parece importante um apoio à formação dessas crianças e adolescentes, apoio que, ao mesmo tempo, evitaria que eles aderissem ao comunismo. O casal Labouisse-Curie está impressionado pelas realizações da Fazenda Escola, The Farm School em inglês, fundada por um americano quacre, homem de fé.* Quando a escola reabriu após a Segunda Guerra Mundial, em 1945, as meninas foram finalmente admitidas, em igualdade com os meninos. As crianças dali, em sua maioria, são órfãs. Ève e o marido logo se sentem próximos das ações dessa instituição que salva jovens, oferecendo-lhes uma razão de viver. Eles vão apoiá-la enquanto viverem, oferecer um terreno para ampliá-la, acompanhar a evolução escolar e depois a vida desses jovens, algo que, anos mais tarde, até faz Ève declarar que, se ela é a única das Curie a não ter sido laureada com um Nobel, seu próprio prêmio Nobel é essa famosa escola. Até seu último dia de vida, ela irá

* A autora provavelmente se refere à escola fundada em 1904, em Tessalônica, pelo missionário americano John Henry House. (N.T.)

visitá-la partindo de Nova York, sem se importar com o longo tempo de voo nem com a diferença de fuso horário. Hoje, uma das construções traz o nome de Henry Labouisse. E para Ève, que não conheceu a maternidade, a causa das crianças entrou em sua vida na Grécia para não mais sair... e até ganhar, alguns anos depois, uma dimensão internacional, da qual por enquanto ela não suspeita.

*

Em uma Nova York efervescente de vida, as folhas das árvores do Central Park explodem nas cores outonais. De manhã cedo, no apartamento de Sutton Place, Henry Labouisse mostra à esposa o telegrama que acaba de receber de Oslo. Ambos sorriem e tentam recuperar o fôlego. Ève está comovida. As lembranças de sua juventude ressurgem de repente. Se é verdade que, neste ano de 1965, dentro de algumas horas o Unicef será contemplado com o Nobel da Paz, desta vez Ève comparecerá à cerimônia da premiação. Embora não tenha podido assistir a nenhuma das entregas dos cinco prêmios Nobel atribuídos à sua família, ela agora estará ao lado do marido para receber este, conferido ao Unicef.

Henry Labouisse corre aos escritórios da entidade, na época instalados muito perto dali, em alguns andares do edifício das Nações Unidas. Ordena aos seus colaboradores e colaboradoras que não falem sobre a novidade, que ainda não é oficial. Trabalho perdido. A notícia já se espalhou pelas redações. Em poucos minutos, os jornalistas acorrem, e um do *New Yorker* consegue se infiltrar. Em meio às explosões de entusiasmo, aos risos, aos aplausos, o marido de Ève concede a ele uma entrevista. Vários de seus colaboradores fazem o mesmo:

> No Unicef, nós evoluímos de uma organização de socorro urgente a uma agência que tenta ajudar as nações a encontrar e desenvolver suas próprias soluções mais globais. Existem países onde os ministros da Educação e da Saúde, por exemplo, não se comunicam entre si! Antes de qualquer iniciativa ou campanha de nutrição das crianças, nós tentamos fazer com que esses ministros se encontrem. Nosso trabalho não consiste unicamente em dar leite a cada criança. Ele visa a convencer os políticos locais de que a criança é um recurso tão importante quanto o carvão e o aço.[1]

Para o marido de Ève, esse reconhecimento pelo comitê Nobel significa que o cuidado com a infância ultrapassa os interesses de um só país, de um só regime político, no momento em que a guerra fria chega ao auge. Crianças do Terceiro Mundo, crianças de países subdesenvolvidos, de países comunistas ou capitalistas, não importa: o Unicef mostrou que se ocupava do conjunto desses meninos e meninas a despeito das oposições dos chefes de Estado. Mas um jornalista americano não deixa de criticar Henry Labouisse. Afinal, por que os Estados Unidos deveriam preocupar-se com as crianças dos países comunistas e com as carências de que elas são vítimas? O diretor-executivo do Unicef lhe responde com vigor:

> É especialmente importante cuidar dessas crianças. Afinal, em qualquer lugar no mundo, uma criança é uma criança [...]. Se eu aceitei este posto, foi sem dúvida porque, por um lado, os Estados-membros queriam um cidadão americano, e por outro Washington apoiava minha candidatura, mas sobretudo porque, aqui neste país, temos os recursos para resolver os problemas, ao passo que a maioria dos países não os tem.[2]

Na realidade, o desafio é gigantesco para o marido de Ève, que havia assumido recentemente suas funções à frente da organização. O Unicef dispõe, em 1965, de um orçamento modesto, ao passo que ele pretende dirigir-se, com Ève ao seu lado como conselheira, a diversos países, a fim de lançar programas indispensáveis, em sua opinião, para salvar inúmeras crianças – muitas das quais são analfabetas e vivem em deploráveis condições sanitárias. Quando, tarde da noite, ele volta para casa ao encontro de Ève, ambos sabem que uma imensa luta os aguarda, a da causa das crianças. Uma aposta que teria agradado tanto a Marie quanto a Irène. A isso se acrescentaria uma ponta de nostalgia pela Polônia, pois o fundador e primeiro diretor-executivo do Unicef, Ludwik Rajchman, era um médico bacteriologista polonês. Ele havia fundado o setor de saúde da Liga das Nações na época em que Marie se empenhava, durante o entreguerras, em construir, com Albert Einstein, Paul Langevin e outros, as bases daquilo que viria a ser, após a Segunda Guerra Mundial, a Unesco.

Em 10 de dezembro de 1965, Ève está ao lado do marido, em Oslo. Das três Curie, ela é a única a não ter sido laureada com aquele prêmio, mas está determinada a se lançar na batalha em prol das crianças mundo afora. Dois anos após o assassinato de John Fitzgerald Kennedy e no momento em que são sensíveis as tensões entre o Ocidente e os países comunistas, vale a pena retomar o desafio. Eles cuidarão tanto das crianças do Vietnã do Norte quanto das do Vietnã do Sul, e, alguns anos mais tarde, arriscarão suas vidas no conflito entre Biafra e Nigéria, durante o qual muitas crianças morrem de fome. Após essa tragédia, os médicos do Unicef prepararão um soro caseiro que reidrata e possibilita salvar vidas. Eles lançarão uma campanha mundial para "salvar as crianças de Biafra" e conseguirão alcançar uma parte de seu objetivo. Em 1979, um ano após o Ano Internacional da Criança decretado pelas Nações Unidas, Henry será recompensado a título pessoal por seus sucessos, muito além daquilo que o mundo podia esperar no plano diplomático. Graças à sua capacidade para reunir, e não para dividir, ao preço de uma centena de deslocamentos internacionais e de encontros com chefes de Estado, todos na presença de Ève Curie, ele faz com que a Unicef esteja presente em toda parte mundo afora, seja qual for o regime político.

Assim, levando em conta os conselhos, a experiência diplomática, o senso de estratégia junto ao marido, Ève, afinal, não prosseguiu a obra da mãe, a qual desejava que suas descobertas pertencessem a todos? A caçula luta para que nenhum menino e nenhuma menina sejam excluídos da educação e do acesso à saúde. Por sua vez, ela se sente um pouco útil.

Quando Henry se aposenta, em 1979, após mais de catorze anos à frente da organização, Ève deseja realmente continuar, junto com ele, a ocupar-se indiretamente do museu Curie e da Farm School da Grécia, onde, também ali, são criados cursos para garotas gregas. Pela causa da liberdade e da educação, ela não se deterá.

*

"Não tenham medo!", exclama em 1980 diante de milhares de fiéis João Paulo II, primeiro papa polonês, Karol Wojtyla, ex-arcebispo de Cracóvia. Em Nova York, Ève e Henry Labouisse ficam estupefatos. Será possível que a Polônia ouse se rebelar contra o ocupante soviético? O casal Curie-Labouisse, devido às viagens ao redor do mundo pela Unicef, conhece a realidade do desmoronamento das economias comunistas e da perda de confiança, por parte dos jovens, nos dirigentes dos países próximos da URSS. Revoltas contra o alto custo de vida já eclodiram quatro anos antes, em 1976. E eis que o governo polonês, embora acossado, aumenta o preço da carne em julho desse mesmo ano. Greves explodem, espalham-se pelo país até a fronteira soviética, sob o risco de acarretar uma feroz repressão ordenada pelo Kremlin. Será que essa revolta resultará num banho de sangue, como em Budapeste em 1956 e em Praga em 1968? O mundo ocidental se fortaleceu, ao passo que o mundo comunista se fragilizou, com fábricas ultrapassadas e uma agricultura decadente. O poder político polonês entra em pânico e recua. Em 19 de junho de 1980, ou seja, menos de três semanas após o início das revoltas, ele concede aumento de salário aos operários. Em Moscou, o escritório central do PC respira aliviado, é desnecessário fazer o exército intervir.

Que erro de leitura por parte do Kremlin! Por toda a Polônia, os operários recuperaram a esperança numa vida menos pobre. E, por inabilidade, a direção do estaleiro naval de Gdansk, acreditando que qualquer perigo está afastado, demite uma militante dos sindicatos livres. Desta vez, foi demais. Os operários entram em greve e, apesar da censura, transmitem essa informação ao Oeste, inclusive aos países-membros da Otan, entre os quais os Estados Unidos e a França. Dez mil operários elegem Lech Walesa, operário sindicalista, para dirigi-los, e as negociações começam de imediato. Em poucos dias, os outros estaleiros entram em greve. A situação se agrava país afora. Lech Walesa vai negociar e obter satisfação por um acordo assinado em 30 de agosto.[3] Em menos de dois meses, os trabalhadores poloneses conseguiram criar um sindicato livre, *Solidarnosc*, Solidariedade. O primeiro-ministro se demite. O medo mudou de campo.

Marie Curie não viveu essa revolta, mas Ève, que se lembra de seu posto estratégico na Otan para contrapor-se ao comunismo, observa-a da América e a vê como uma esperança.

Uma alegria. Um bálsamo. Ela sabe: os povos sempre acabam se revoltando em prol da própria liberdade. Suas incessantes viagens em plena guerra fria não terão sido inúteis. Mesmo assim, ela e o marido se mantêm prudentes. Em menos de um século, a Polônia conheceu muitos sobressaltos, ocupações, libertações, ditaduras. O regime comunista, embora esteja se enfraquecendo, ainda não caiu.

*

Devido a um câncer, Henry Labouisse falece em 25 de março de 1987 em Manhattan. Esse americano caloroso, que encantou a família Joliot-Curie, foi o único companheiro oficial da vida de Ève, aquele que lhe permitiu reaproximar-se do sobrinho e da sobrinha, que a fez sentir-se completamente integrada na família Curie. Após o enterro do marido em Nova Orleans, Ève decide continuar vivendo no apartamento deles em Sutton Place, num edifício imponente e chique onde muitas celebridades residiram, a poucas centenas de metros das Nações Unidas. Dois anos mais tarde, enquanto, na França, François Mitterand acaba de ser reeleito presidente da República, ela acompanha de perto as reivindicações dos países europeus sob controle comunista. E, mais do que nunca, acredita na profecia do general De Gaulle segundo a qual, um dia, os povos recuperarão sua identidade.

Em 1989, a queda do muro de Berlim significa para Ève, que acompanhou com angústia sua construção, uma vitória histórica. Desde sua nomeação para a Otan, foram necessárias quase quatro décadas para que os povos da Europa central e oriental, entre os quais sua querida Polônia, recuperassem a liberdade. Que alegria, aos 85 anos! Mas sua mãe, sua irmã e seu marido não saberão disso. Em silêncio, ela se pergunta qual teria sido a reação de Irène, tão próxima dos comunistas. Não importa: Ève sabe que a liberdade venceu. Uma nova Europa está a caminho, e, lá dos Estados Unidos, ela não pode deixar de ter esperança.

*

Uma luz suave banha Paris. Pierre Joliot atende ao telefone. Uma ligação do Palácio do Eliseu. O presidente da República, François Mitterand, quer anunciar no dia seguinte, Dia Internacional das Mulheres, que decidiu transferir o corpo de Marie Curie para o Panteão. No frontão do monumento, está escrita a frase: "*Aux grands hommes, la patrie reconnaissante*".* Desta vez, seria uma homenagem "a uma grande mulher". Pierre Joliot poderia dar imediatamente sua aprovação? O neto de Marie Curie fica estupefato. Por que dirigir-se a ele, e não à filha de Marie Curie, Ève, ainda viva? Aos 91 anos, ela continua viajando com agilidade entre Nova York, Paris e a Grécia. Pratica natação, realiza conferências, assegura-se de que o Museu Curie esteja funcionando, vai à Polônia, está sempre ativa. Não é o caso de dar uma resposta em poucas horas. A decisão deve ser tomada entre Ève, Pierre Joliot e sua irmã, Hélène Langevin. Em particular, Pierre Joliot declarará não se ter surpreendido com o fato de haver sido ele o consultado. Desde a morte de seu pai, Frédéric Joliot-Curie, Pierre é o único homem da família. O general De Gaulle já costumava procurá-lo quando queria falar com os Joliot-Curie. Dentro da sociedade francesa, essa referência ao homem como chefe de família subsiste...

No Eliseu, a resposta decepciona. Afinal, essa oferta do presidente não honra a memória da cientista franco-polonesa? Pode ser, mas deveriam ter pensado nisso antes. A concordância a três levará tempo. Em 8 de março de 1994, porém, François

* "Aos grandes homens, a pátria agradecida". (N.T.)

Mitterand volta à ideia, pressionando a família: "Creio que uma mulher como Marie Curie deva ir para o Panteão, se a família concordar. Vou pedir isso".[4]

Sem dúvida, tal proposta homenageia o talento de uma mulher. Bem depressa, contudo, impõe-se uma evidência. O casal Curie se amava, os dois trabalharam e fizeram descobertas juntos. Não se pode pensar em separá-los. Portanto, serão ambos os cientistas, Pierre e Marie, a entrar para o Panteão: em nenhuma hipótese Marie irá sozinha. O Eliseu deve consultar o chefe de Estado. Silêncio. Durante semanas, nenhuma reação. De repente, Ève, Pierre e Hélène recebem a anuência e devem preparar a transferência às pressas.

Também aqui, novas dificuldades. Os corpos dos dois cientistas enterrados no cemitério de Sceaux estariam radioativos? Não se pode correr riscos. Os exames serão tranquilizadores. Algumas leves contaminações por rádio-226, mas nada de perigoso.[5] Segue-se outro problema: os ataúdes são grandes demais. No Panteão, o tamanho das sepulturas é menor. Quantos preparativos para resolver depressa, satisfazer a impaciência do governo! Murmura-se que o presidente estaria doente, sem dúvida um câncer. Mas a ideia é dele. Mitterand deseja estar presente, fazer um discurso, homenagear o casal. É hora de deixar o tranquilo cemitério de Sceaux, no qual ainda repousam Irène e Frédéric, rumo à *rive gauche* de Paris, perto do Luxembourg e de seus jardins, onde gerações de mulheres Curie tanto passearam. Desde sua chegada à França, e até seus últimos dias, Marie frequentou o local, perto da Sorbonne.

Hoje, neste 20 de abril de 1995, são os alunos e alunas da universidade Pierre-et-Marie-Curie, a juventude, que sobem a rue Soufflot, transportam os ataúdes ao som de uma cantata de Bach. Duzentos estudantes do liceu Marie-Curie de Sceaux carregam os símbolos químicos dos átomos: "Ao transferir as cinzas de Pierre e Marie Curie para o santuário de nossa memória coletiva, a França não realiza somente uma obra de agradecimento", declara François Mitterand.

Pierre-Gilles de Gennes, prêmio Nobel de física, lembra "o trabalho encarniçado de um homem e de uma mulher [que] colocou o século XX numa situação dramática de poder e de responsabilidade [...]". Ele conclui insistindo em "que nós e nossos filhos saibamos responder a esse desafio mantendo em mente o exemplo desse casal que deu sua saúde e sua vida pela pesquisa. [...] A cerimônia de hoje adquire um brilho particular porque entra no Panteão a primeira mulher de nossa história homenageada por seus próprios méritos".

Ève, 91 anos, mantém-se de pé, ereta, ao lado de François Mitterand e de Lech Walesa, então presidente da República polonesa. Hélène Langevin, Pierre, Anne Joliot e seus filhos estão presentes. O presidente da República sofre de um câncer em estado terminal. Também de pé, ele esconde da França sua dor, ao passo que a família Curie adivinha seu estado de saúde. Após a cerimônia, Ève retorna ao Instituto Curie a pé, ao lado do sobrinho Pierre e de sua mulher, Anne: "Ela caminhava com o mesmo passo que nós, ágil, não tivemos necessidade de reduzir o ritmo", recorda Pierre. Ève comemora o discurso de François Mitterand, "de nível bem superior ao daquele que um político americano pronunciaria".[6]

À noite, Ève se interroga. Essa transferência para o Panteão valia a pena? Ela se levanta cedo, não quer esperar, e tampouco pensar no cansaço da cerimônia da véspera. Com Anne Joliot, avança novamente, em passos rápidos, em direção à rue Soufflot, e se infiltra na fila do público que vem prestar uma última homenagem aos seus pais. Escuta esses homens e essas mulheres, de todas as gerações, que parecem comovidos, respeitosos. Que caminho percorrido desde a chegada de Marie a Paris, sua vida pobre num quartinho gelado, a poucos passos dali! Ève está comovida e, sobretudo, tranquilizada. Teve razão em aceitar que os pais repousassem neste templo laico e solene. Rapidamente, sai da multidão. Bem a tempo. Alguns estudantes a reconheceram. Ao aparecer na televisão, na véspera, causou uma forte impressão. Agora, pensa ela, seus pais pertencem a todos. A despeito do Museu Curie bem próximo, que ela, até morrer, visitará muitas vezes, Ève não retornará à tumba de Marie e Pierre. Em contraposição, irá recolher-se em Sceaux sobre o túmulo simples, rodeado de flores, daquela irmã tão diferente dela, que repousa com Frédéric em um local doce, calmo e sereno. Por sua vez, já sabe onde será enterrada. Mas não menciona o assunto. Para quê, se ainda está viva? E pronta para novas viagens entre Paris, Nova York, Atenas e o resto do mundo.

*

É bonita a luz que desce sobre Nova York. O vento da véspera expulsou a poluição. Sentada à mesa, Ève termina sozinha o desjejum. Já faz catorze anos que seu marido, Henry Labouisse, faleceu. Ela não alterou em nada a decoração, como se ele fosse voltar. Na sala, algumas fotos novas foram colocadas. Retratos alegres de Anne Labouisse-Peretz e seus filhos, os quais Ève viu crescer e considera como netos. Desde que ficou viúva, os membros de sua família americana percebem que ela admite mais facilmente dizer-lhes que os ama. Sua reserva se atenuou. Todos ficam felizes com isso. Ève também. Sim, ela os ama.

De repente, Ève escuta um barulho, violento, e levanta a cabeça, interrompendo a leitura do *New York Times*. Pela janela, vê subir uma poeira, e também ouve gritos, alarmes de sirene. O que está acontecendo? Ela liga a televisão. O dia 11 de setembro de 2001 começou. Um avião comercial acaba de atingir uma das Torres Gêmeas. Alguns minutos depois, um segundo avião se despedaça contra a segunda torre. Caminhões e carros de bombeiros se precipitam por Manhattan, num alarido de sirenes estridentes. Em seu apartamento, Ève acompanha os atentados minuto a minuto. Descobre, horrorizada, nas janelas dos altíssimos andares, homens e mulheres acossados pelas chamas. Impossível pular do 98º piso. No entanto, alguns se lançam no vazio, se suicidam. Outros pedem socorro. Os bombeiros correm, sobem às torres, todos a caminho da morte. A primeira torre desaba numa tempestade de poeira tóxica. Depois a segunda. O pesadelo sobressalta Ève. Evgenia Peretz, neta de seu marido, e que ela considera como sua própria neta, jornalista na *Vanity Fair*, mora com o marido e os dois filhinhos ao lado das Torres Gêmeas, no sul de Manhattan. E se a vida deles estiver em perigo?

Com dificuldade, consegue encontrá-los: "Depressa, venham se refugiar em minha casa, vocês correm o risco de respirar vapores tóxicos. Não podem ficar em seu apartamento, é muito perigoso". Assim que possível, sua família chega, esgotada, na balbúrdia de uma Nova York ferida. E então, para o espanto da jovem geração, Ève exclama: "Isso me lembra a entrada dos nazistas em Paris, em 1940!". E tal como em 1940, quando, em 23 de junho, foi ao encontro do general De Gaulle em Londres, ela quer agir. "Estou indo", declara a Evgenia Peretz. Ei-la então pelas ruas de Nova York em direção ao quartel dos bombeiros, exaustos e sobrecarregados. Em meio ao pânico, ela se dirige, bem ereta, com voz firme, ao plantonista, enquanto os caminhões seguem acelerados para o sul de Manhattan. Oferece-se para ajudar, conduzindo veículos de socorro, por exemplo. O homem arregala os olhos. Os bombeiros já têm problemas suficientes, muito obrigado, minha senhora. Ève se vai, decepcionada. Aos 96 anos, já não pode ser útil? Que ideia... É verdade que os serviços de socorro não precisam de um problema suplementar, o apoio de uma voluntária prestes a completar um século de vida. Seja como for, ela tem muito o que fazer no apartamento de Sutton Place. Preocupa-se com todo mundo, abastece a despensa, ajuda o casal com os três filhinhos a superar a angústia. Afinal, quando vai acabar este pesadelo? E se houver outros atentados?

Na cidade acuada, as notícias chegam pouco a pouco. O Pentágono é atingido. Outros aviões são lançados ao solo com seus passageiros. Ève está perplexa. Não imaginava que ainda passaria por aquilo. Depois de ter vivido o momento do ataque a Pearl Harbor, o qual provocara a entrada dos Estados Unidos na guerra, agora está testemunhando o segundo ataque ao solo americano, desta vez na própria Nova York! Sem que, para ela, seja possível agir no plano diplomático ou militar. Em meio a todo o tumulto, ela suspira. Felizmente, seu marido, sua mãe e sua irmã escaparam dessa nova barbárie. Mas não a nova geração dos Labouisse e dos Curie. Esse terrorismo é somente um preâmbulo para novos conflitos. Ao entardecer de 11 de setembro de 2001, o recém-nascido segundo milênio tem gosto de cinzas.

*

Anne, a sobrinha fiel e amorosa, toma o avião: nova travessia do Atlântico, a fim de preparar o centésimo aniversário da tia. Não é de espantar que o próprio secretário-geral das Nações Unidas na época, o diplomata ganense Kofi Annan, se desloque até Sutton Place a fim de parabenizar a anciã. Do mundo inteiro chegam mensagens, entre as quais um telegrama do chefe de Estado francês, Jacques Chirac. A América e a França se reúnem neste dia frio de 6 de dezembro de 2004. Ou seja, não foi preciso esperar a morte dela para que suas ações fossem aplaudidas. Uma homenagem ainda em vida, sem dúvida mais modesta do que aquela à qual tiveram direito Irène e depois Marie no Panteão, mas um reconhecimento que Ève não pleiteia, a tal ponto se sente pequena, como sublinha Anne Joliot, diante das realizações das outras Curie. Durante o almoço em sua homenagem organizado por americanas, sobre cada mesa redonda de oito lugares há uma foto dela, em diferentes idades, nas peripécias de sua vida; um século de história, um olhar sempre direto, vivo e ousado, como os da mãe e da irmã. Finalmente, Ève é elevada ao nível de oficial da Legião de Honra, recompensa que ela merecia havia cinquenta anos, após suas corajosas atividades durante a guerra. Recebe a comenda das mãos do embaixador da França junto às Nações Unidas, Jean-Marc Rochereau de La Sablière. Aos cem anos. A França demora a agradecer aos seus, ou melhor, às suas. As mulheres foram tantas vezes esquecidas.

*

Passam-se dois anos. Desde o 11 de setembro de 2001, as entradas do edifício das Nações Unidas dispõem de segurança reforçada. Filas de delegados aguardam passar pelos controles. A poucas centenas de metros dali, no primeiro andar de seu elegante imóvel em Sutton Place, Ève, que escreveu milhares de páginas e artigos de jornais, e conduziu negociações no idioma de Hemingway e de Virginia Woolf, de repente já não se lembra do inglês. Agora só lhe resta a língua francesa, a de sua infância.

Por toda parte a França lhe retorna, como se ela jamais a tivesse deixado. "Você percebe? Eu terei vivido quase o dobro da idade da minha irmã", declara a Anne Joliot. Irène, tão ausente, tão presente. Ève está completando seu centésimo terceiro ano. Sente-se constrangida, comenta com a sobrinha, por ter sobrevivido durante tanto tempo às outras mulheres da família, culpada por não haver sacrificado sua saúde à ciência. Uma culpa que Anne tentará suavizar, mas Ève não se deixa influenciar. E como, por sua vez, ela sofre, não vai querer que a lastimem.

Pouco a pouco, depois do centésimo ano, perde a visão. Anne quer ajudá-la a atravessar as avenidas de Nova York, onde os carros, ônibus e caminhões passam acelerados. Ève dá de ombros e recusa o braço amigo que a sobrinha, sua confidente, lhe estende. Nem pensar em autocomiseração. Convém permanecer à altura das outras mulheres da família, que trabalharam até o último suspiro. Será que agora recorda como levava uma colher à boca de Marie, operada de catarata e com os olhos vendados, para alimentá-la? Sua mãe recorrera a lupas a fim de distinguir letras, palavras, fichas e mensagens no instituto. Convencida de que o pessoal do laboratório não percebia seu estratagema.

Anne Joliot sabe de tudo isso, mas não faz nenhum comentário. Agora, de volta a Paris, precisa atender ao telefonema da criada sul-americana que, transtornada, liga de Nova York, pois já não entende uma palavra vinda da "sra. Curie-Labouisse", a qual se dirige a ela no idioma de Colette. Anne traduz mais e mais, pacientemente, a tal ponto sente por Ève um amor filial. Tem consciência de que seus próprios pais – Georges Gricouroff, médico oncologista e professor no Instituto Curie, e Colette Gricouroff, pediatra – conheceram no Arcouest a caçula de Marie, quando criança, e a viram crescer. Portanto, Anne sente uma certa responsabilidade em relação a Ève, como se esta fosse sua mãe, ou uma tia; em todo caso, uma mulher de seu próprio sangue.

*

Em Sutton Place, há muito tempo Ève tomou uma decisão que lhe parece incontestável. Seu corpo não será repatriado para a França. Quem quiser visitar seu túmulo deverá atravessar o oceano Atlântico e o continente americano até a cidade francófona de Nova Orleans, na Louisiana. Longe, bem longe das pesquisas científicas de sua família, longe do Panteão, longe do Museu Curie. Longe da Polônia. Sem dúvida, de todos os túmulos dos Curie, o dela será o menos visitado. Não importa. Ève repousará junto ao marido, o companheiro que lhe ofereceu um apoio constante. Ela não deixa uma obra científica, mas um testemunho, uma influência sobre um século, o século XX. O seu.

A caçula das irmãs Curie adormece em seu apartamento nova-iorquino em 22 de outubro de 2007, seis anos após os atentados de 11 de setembro, dezoito após a queda do muro de Berlim, 51 após o falecimento da irmã, vinte após o do marido. Muitos de seus parentes morreram há bastante tempo, mas as jovens gerações estão presentes. Ela não está sozinha: ao seu redor encontram-se sua família francesa, Pierre e Anne Joliot, assim como Hélène Langevin, e também Anne Labouisse-Peretz, com os filhos e netos. Sua família americana, como Ève gostava de mencioná-los, tão numerosa quanto sua família francesa. Um equilíbrio entre os dois continentes onde ela atuou e os quais amou durante toda a vida.

Com quase 103 anos, Ève deixa uma importante doação ao Museu Curie, perto do Panteão, no antigo instituto que ela conheceu na infância e viu crescer, tornar-se um museu, em frente aos prédios do novo Instituto Curie. As obras de reforma vão durar mais tempo do que o previsto. Ali serão descobertos móveis e papéis radioativos. Em seu testamento, está prevista outra doação ao Museu Marie-Sklodowska-Curie de Varsóvia, já que Ève, é claro, pensou na Polônia. Seu outro país de coração, que ela viu ser alternadamente libertado, ocupado, novamente libertado após a queda do muro de Berlim. Através desses dolorosos sobressaltos, cada governo polonês fez questão de conservar uma homenagem à sua mãe, e ela deseja que essa homenagem se perpetue após seu próprio desaparecimento.

Seu corpo é transportado até Nova Orleans, naquela Louisiana tão cara à história de seu marido. Reúne-se com Henry Labouisse no cemitério Metairie. Ao longe, na França, a continuação da família Curie está garantida. Entre seus sobrinhos-netos, o mais velho, Marc Joliot, é pesquisador em neurociências em Bordeaux. O caçula, Alain Joliot, é biólogo no Collège de France. A obra de seus pais, de sua irmã e de seu cunhado é parte da luta contra o câncer em Paris e em Varsóvia. Mesmo falecidos, os Curie ainda salvam vidas. Nesta América que soube reconhecer tão bem, ao longo de todo o século XX, os talentos das mulheres Curie, Ève pode descansar em paz.

Agradecimentos

Minha gratidão vai em primeiro lugar para os membros da família Joliot-Curie e da de Anne Labouisse-Peretz, que me permitiram compreender melhor essas personalidades.

Meus mais calorosos agradecimentos vão igualmente para Philippe Robinet, diretor-geral da editora Calmann-Lévy, para Marine Montégut, responsável editorial, para Flandrine Raab, assistente editorial, e para toda a equipe do Museu Curie, assim como para a Fundação Charles-de-Gaulle.

As conservadoras da biblioteca Marguerite-Durand, lugar especializado em história das mulheres, me foram de grande ajuda e excelente conselho. Agradeço-lhes por suas preciosas contribuições aos trabalhos sobre a história das mulheres na França e através do mundo.

Nos Estados Unidos, os responsáveis pela biblioteca da universidade de Princeton, particularmente os conservadores da Seeley G. Mudd Manuscript Library, tiveram a amabilidade de pôr à minha disposição os arquivos de Henry Richardson Labouisse, esposo de Ève Curie. Sou muito grata a eles.

Expresso meu mais vivo reconhecimento também aos membros da direção dos arquivos do ministério da Europa e dos Assuntos Estrangeiros, todos de irrestrita disponibilidade; em particular, aos ex-diretores sra. Mireille Musso, sr. Frédéric Baleine du Laurens, sr. Jean Mendelson, sr. Hervé Magro, e ao atual diretor dos arquivos, sr. Nicolas Chibaeff, assim como à sra. Isabelle Richefort, conservadora-geral do patrimônio.

Por fim, dirijo minha afeição e minha amizade àquelas e àqueles que me deram constante apoio moral durante a redação desta obra, especialmente Bernard Besson, Augustine Blaisdell, Marie-Christine Delaunois, Anne-Lucie Chaigne-Oudin, Élodie e Laurent Piantoni, Patrick Pommier e Annie Richard. Minha amiga e professora universitária franco-americana Liliane Lazar, ex-secretária-geral da Sociedade Internacional Simone de Beauvoir, desejaria que escrevêssemos juntas esta biografia; agora que, prematuramente falecida, ela já não está entre nós, dirijo meus afetuosos pensamentos ao seu marido, Ron Lazar, e aos filhos do casal, Glen, Monique e Sharon Lazar.

Notas

1. Da Polônia à França, o poder da vontade

1. Denis Brian, *The Curies: A Biography of the Most Controversial Family in Science*, John Wiley & Sons, Hoboken, Nova Jersey, 2005, p. 16.
2. Bronislawa como a mãe, dita Bronia.
3. Ève Curie, *Madame Curie*, Gallimard, 1938, Folio nº 1336, p. 20.
4. *Ibid.*, p. 78.
5. *Ibid.*, p. 74.
6. *Ibid.*, p. 86.
7. *Ibid.*, p. 100.
8. Carta de Bronia a Marie, *ibid.*, p. 123.
9. *Ibid.*, p. 161.
10. Susan Quinn, *Marie Curie: A Life*, Da Capo Press, 1995, p. 104-5. Em francês: *Marie Curie. Une vie*, Odile Jacob, 1996.
11. Marie Curie, *Pierre Curie*, Payot, 1924, col. "Les grands hommes de France", p. 47; retomado por Hachette Livre e BNF, 2018.
12. *Ibid.*, p. 24. Marie Curie explica que esse fenômeno de piezoeletricidade "consiste numa polarização elétrica produzida pela compressão ou pela dilatação dos cristais desprovidos de centro de simetria".
13. "La balance de Curie", biblioteca central da École Polytechnique, https://www.polytechnique.edu
14. Marie Curie, *Pierre Curie*, *op. cit.*, p. 55-6.
15. Nathalie Huchette, *Balade parisienne avec Pierre et Marie Curie*, Les Carnets du musée Curie, Instituto Curie, fevereiro 2008.
16. Henri Becquerel, "Sur les radiations invisibles émises par les sels d'uranium", *Comptes rendus hebdomadaires de l'Académie des Sciences*, 23 de março de 1896, t. 122, p. 693.

17. Ève Curie, *Madame Curie, op. cit.*, p. 228.
18. Nathalie Huchette, *Balade parisienne avec Pierre et Marie Curie, op. cit.*, p. 22.
19. Marie Curie, *Pierre Curie, op. cit.*, p. 105.
20. Nathalie Huchette, *Balade parisienne avec Pierre et Marie Curie, op. cit.*, p. 24.
21. Marie Curie, *Pierre Curie, op. cit.*, p. 72.
22. *Ibid.*, p. 23.
23. Natacha Henry, *Marie Curie et Bronia Dluska, Les sœurs savantes*, Librairie Vuibert, 2015.
24. *Ibid.*, p. 110-1.
25. Denis Brian, *The Curies..., op. cit.*, p. 75.
26. Natacha Henry, *Marie Curie et Bronia Dluska, Les sœurs savantes, op. cit.*, p. 115.
27. Loïc Barbo, *Pierre Curie, 1849-1906. Le rêve scientifique*, Belin, 1999, p. 260.
28. Ève Curie, *Madame Curie, op. cit.*, p. 293-4.
29. Frederic Golden, *The Worst and the Brightest*, In: time.com, *Time magazine*, 16 de outubro de 2000, retomado na Wikipedia, *in* Alfred Nobel et Britannica.com, 19 de março de 2012, retomado pela Wikipedia.
30. Ève Curie, *Madame Curie, op. cit.*, p. 247.
31. Conferência de Pierre Curie na Academia de Ciências da Suécia durante a entrega do prêmio Nobel de Física, Estocolmo, 6 de junho de 1905.
32. Pierre Curie e Henri Becquerel, *Comptes rendus de l'Académie des Science*, 1901, t. 132, p. 1291.
33. Henry Gidel, *Marie Curie*, Flammarion, col. "Grandes biographies", 2008, p. 166-7.

2. Ciências e amor, esperanças e provações

1. Ève Curie, *Madame Curie*, Gallimard, 1938, Folio nº 1336, p. 343-6.
2. Ève Curie, *Madame Curie, op. cit.*, p. 366-7.
3. Denis Brian, *The Curies: A Biography of the Most Controversial Family in Science*, John Wiley & Sons, Hoboken, Nova Jersey, 2005, p. 116.
4. Ève Curie, *Madame Curie, op. cit.*, p. 370.

5. Elizabeth Crawford, *The Women's Suffrage Movement: A Reference Guide 1866-1928*, Routledge, Londres, 2001.
6. Em francês: Union Sociale et Politique des Femmes.
7. Declaração de Tom Wolfe, autor de um romance gráfico, *Suffrajitsu*, com o ilustrador Jao Vieiraune, trilogia de romances sobre o tema das sufragistas, na BBC.
8. Carta de Irène a Marie.
9. Louis-Pascal Jacquemond, *Irène Joliot-Curie*, Odile Jacob, 1954, p. 97.
10. Henry Gidel, *Marie Curie*, Flammarion, col. "Grandes biographies", 2008, p. 259-60.
11. *Ibid.*, p. 2. "Au sujet de Madame Curie", despacho de 7 de dezembro de 1911 (sem número) de M. Thiébaut, ministro da República Francesa em Estocolmo, p. 1-2, pasta 201, CPCOM, vol. 15, Suécia, 1896-1916.
12. *Idem.*
13. Denis Brian, *Albert Einstein, le génie, l'homme*, Robert Laffont, 1996, p. 111.
14. *Idem.*
15. *Ibid.*, p. 112.
16. Ève Curie, *Madame Curie*, *op. cit.*, p. 385-6.
17. Entrevista com Hélène Langevin, filha mais velha de Irène e Frédéric Joliot-Curie, 2014.
18. Susan Quinn, *Marie Curie: A Life*, Da Capo Press, Boston, 1995, p. 332.
19. *Marie Curie et ses filles, Lettres*, carta de Irène a Marie, final de junho de 1912, Pygmalion, 2011, p. 26-7.
20. *Ibid.*, carta de Marie a Irène, de Thonon-les-Bains para Brunoy, 8 de julho de 1912, p. 28-9.
21. *Hertha Ayrton*, Jewish Women's Archive In: jwa.org
22. Hertha Ayrton, "The origin and the growth of the Ripple Marks", título de seu artigo.
23. A Hughes Medal, batizada com o nome do físico britânico David Edward Hughes, é conferida desde 1902 pela Royal Society por descobertas importantes em ciências físicas.
24. "Admission of the First Women into the fellowship of the Royal Society in London", por Joan Manson, *The Royal Society*, vol. 46, nº 2, p. 279-300, julho de 1992.

25. "A Google Doodle Honors Scientist Hertha Marks Ayrton", no Google.
26. "Gould, Barbara Bodichon Ayrton (1886-1950), suffragist and politician", por Serena Kelly, *Oxford Dictionary of National Biography* https://www.oxforddnb.com/view/10.1093/ref:odnb/9780198614128.001.0001/odnb-9780198614128--e-5004627.
27. Elizabeth Crawford, *The Democratic Plea for the Men's Political Union for Women's Enfranchisement, The Women's Suffrage Movement: A Reference Guide 1866-1928*, UCL Press, 1999.
28. Susan Quinn, *Marie Curie: A Life*, *op. cit.*, p. 340.
29. Denis Brian, *Albert Einstein, le génie, l'homme*, *op. cit.*, p. 117.

3. A Grande Guerra: Marie e Irène no front

1. Marie Curie, carta a Irène em 29 de julho de 1914, em *Correspondance*, Pygmalion, 2011, p. 51.
2. Carta a Irène e Ève em 6 de agosto de 1914, fundo Marie Curie; Ève Curie, *Madame Curie*, Gallimard, 1938, Folio nº 1336, p. 398.
3. Marie Curie, cartas a Irène em 2 de agosto e 6 de agosto de 1914, *in* Hélène Langevin-Joliot e Monique Bordar (dir.), *Marie Curie et se filles*, Pygmalion, 2011, p. 57.
4. Irène Joliot-Curie, carta a Marie Curie em 2 de agosto de 1914, fundo Irène e Frédéric Joliot-Curie.
5. Marie Curie, carta a Irène em 6 de setembro de 1914, *in* Hélène Langevin-Joliot e Monique Bordar (dir.), *Marie Curie et ses filles*, *op. cit.*
6. Marie-Noëlle Humbert, *Marie Curie, Portrait d'une Femme engagée, 1914-1918*, Actes Sud, 2014, p. 25.
7. Ève Curie, *Madame Curie*, *op. cit.*, p. 399.
8. *Ibid.*, p. 400.
9. O general Galliani será nomeado marechal de França a título póstumo.
10. Ève Curie, *Madame Curie*, *op. cit.*, p. 405.
11. Ève Curie, *Madame Curie*, *op. cit.*, p. 406.
12. Marie-Noëlle Humbert, *Marie Curie...*, *op. cit.*, p. 65.
13. Marie-Noëlle Humbert, *Marie Curie...*, *op. cit.*, p. 408.

14. *Ibid.*, p. 421.
15. Carta de Marie Curie a Bronia, 10 de novembro de 1920.
16. Louis-Pascal Jacquemond, *Irène Joliot-Curie*, Odile Jacob, 1954, p. 152-3.

4. América, uma revelação mais forte do que um sonho

1. Marie-Noëlle Humbert, *Marie Curie, Portrait d'une femme engagée*, 1914-1918, Actes Sud, 2014, p. 164.
2. Marie Curie, *Pierre Curie*, Odile Jacob, 1996, reimpressão da Payot, 1923.
3. Marie-Noëlle Humbert, *op. cit.*
4. Natalie Pigeard-Micault, *Les Femmes du laboratoire de Marie Curie*, prefácio por Hélène Langevin-Joliot, Glyphe, 2013, p. 18.
5. Susan Quinn, *Marie Curie: A Life*, Da Capo Press, Boston, 1995, p. 384-5.
6. Ève Curie, *Madame Curie*, Gallimard, 1938, Folio no 1336, p. 441.
7. *Ibid.*
8. Marie Curie, carta a Henriette Perrin, esposa de Jean Perrin, 10 de maio de 1921, *in* Ève Curie, *Madame Curie, op. cit.*, p. 445.
9. *Ibid.*, p. 449.
10. O embaixador permanecerá em seu posto em Washington durante 22 anos – um recorde –, havendo adquirido a confiança de vários presidentes americanos. A partir de 1914, ele agiu com habilidade junto à Casa Branca a fim de convencer o poder isolacionista a engajar-se na Grande Guerra, tendo sido parabenizado por Georges Clemenceau.
11. Ève Curie, *Madame Curie, op. cit.*, p. 452.
12. Natacha Henry, *Marie Curie e Bronia Dluska, Les sœurs savantes*, Librairie Vaubert, 2015, p. 207-8.
13. Denis Brian, *The Curies: A Biography of the Most Controversial Family in Science*, John Wiley & Sons, Hoboken, Nova Jersey, 2005, p. 190.
14. Natacha Henry, *Marie Curie et Bronia Dluska..., op. cit.*, p. 211.
15. *Ibid.*, p. 214.
16. Natalie Pigeard-Micault, *Marie Curie, la reconnaissance institutionnelle, des Nobels aux Académies*, Academia Nacional de Medicina, comunicação científica, sessão de 21 de novembro de 2017.

17. Denis Brian, *Einstein, le génie, l'homme*, Robert Laffont, 1996, p. 183.

5. Esplendor e crepúsculo de uma cientista

1. Louis-Pascal Jacquemond, *Irène Joliot-Curie*, Odile Jacob, 2014, p. 86.
2. *Ibid.*, p. 107.
3. "Entretien avec Irène Curie", *Le Quotidien*, 28 de março de 1925, *in* Henry Gidel, *Marie Curie*, Flammarion, 2008, p. 338.
4. *Ibid.*
5. *Le Temps*, artigo sem título por T. Lindenbaub, 24 de novembro de 1925.
6. *Le Temps*, artigo sem título por T. Lindenbaub, 16 de fevereiro de 1926.
7. Carta de Marie Curie a Ève Curie, do navio italiano Pincio, Brasil, 7 de julho de 1926, fundo Ève Curie.
8. *Idem.*
9. Ève Curie, *Madame Curie*, Gallimard, 1938, Folio nº 1336, p. 481.
10. Christine Bard, "Marie Curie et Irène Joliot-Curie, le féminisme arcouestien", *Revue de la BNF*, 2009/2, nº 32, p. 39.
11. *Ibid.*, 18 de fevereiro de 1928, fundo Ève Curie.
12. Comissão Internacional de Cooperação Intelectual, precursora da Unesco.
13. Carta de Marie a Ève, de Genebra para o Arcouest, 25 de julho de 1929, *in Marie Curie et ses filles*, Lettres, Pygmalion, 2011, edição realizada por Hélène Langevin-Joliot, neta de Pierre e Marie Curie, e Monique Bordry, ex-diretora do Museu Curie.
14. Carta de Marie a Ève, quinta-feira, 10 de outubro de 1929, *ibid.*, p. 303.
15. *Ibid.*, p. 304-5.
16. *Idem.*
17. Carta de Marie a Ève, do Private Car Adventurer em Paris, terça-feira, 22 de outubro de 1929, *ibid.*, p. 316.
18. Carta de Marie a Ève, da Casa Branca, *in* Ève Curie, *Madame Curie*, *op. cit.*, p. 403.
19. Carta de Marie a Ève, de Nova York para Paris, quinta-feira, 31 de outubro de 1929, *in Marie Curie et ses filles*, *op. cit.*, p. 324.

20. Marc Chadourne, *Absence*, Plon, 1933, p. 238.
21. Carta de Marie a Ève, Paris, 11 de agosto de 1932, *in Marie Curie et ses filles*, *op. cit.*, p. 374.

6. As irmãs Curie, da sombra à luz

1. Frédéric Joliot-Curie, "Réflexions sur la valeur humaine de la science", *La Nef*, janeiro de 1957, nº 2.
2. Claudine Monteil, Ève Curie, l'autre fille de Pierre et Marie Curie, Odile Jacob, 2016, p. 87.
3. Ève Curie, *Madame Curie*, Gallimard, 1938, Folio nº 1336, p. 523.
4. Ève Curie, carta de 10 de outubro de 1936 dirigida de Lausanne à sua irmã Irène Joliot-Curie, fundo Irène Joliot-Curie e fundo Ève Curie.
5. *Ibid.*
6. Mé é o apelido afetuoso que Irène e Ève deram à mãe.
7. Ève Curie, carta de 8 de setembro de 1936 à sua irmã Irène Joliot--Curie, p. 1, fundo Ève Curie.
8. Claude Mauriac, *Le Temps immobile*, t. III: *Et comme l'espérance est violente*, Grasset, 1976.
9. *Ibid.*
10. *Ibid.*
11. "Mme. Joliot-Curie a reçu le troisième prix Nobel de chimie", artigo, dezembro de 1935, arquivos da biblioteca Marguerite--Durand.
12. *Ibid.*
13. "M. et Mme. Joliot-Curie fêtés à Stockolm", Estocolmo, 14 de dezembro de 1935, recorte de imprensa não assinado, arquivos Irène Joliot-Curie da biblioteca Marguerite-Durand.
14. Irène Joliot-Curie, "Madame Joliot-Curie, prix Nobel, et le droit des femmes au travail", *La Française*, 23 de novembro de 1935, arquivos da biblioteca Marguerite-Durand.
15. Irène Joliot-Curie, "Science et économie", *Femmes dans l'action mondiale*, março de 1936.
16. Antoine Tarrago, *Léon Blum et l'émancipation des femmes*, prefácio de Christine Bard, Taillandier/Jean Jaurès, 2019, p.153.
17. *Ibid.*, p. 139.

18. *Ibid.*, p. 156.
19. Expressão que mais tarde Simone de Beauvoir empregava de bom grado a respeito dela mesma, quando era mencionada como pretexto. "Tenho consciência de que sou uma mulher-álibi", gostava de me dizer.
20. Ève Curie, "Irène Joliot-Curie", *Marianne*, 1936, precedido pela seguinte nota da revista: "Fala-se da senhora Irène Joliot-Curie como cientista, como titular do prêmio Nobel e mesmo como uma eventual secretária de Estado. *Marianne* tem o orgulho de publicar o retrato dela traçado por sua irmã". Esse artigo é retomado em *Souvenirs et documents publiés par l'Association Frédéric et Irène Joliot-Curie*, p. 15.
21. *Idem.*
22. *Ibid.*, p. 16.
23. Entrevista com Pierre Joliot-Curie.
24. Louis-Pascal Jacquemond, *Irène Joliot-Curie*, biografia, *op. cit.*, p. 158.
25. Josiane Serre, "Un instrument de promotion féminine: l'École Normale Supérieure de Jeunes Filles (ex-Sèvres), Aperçu historique sur l'enseignement féminin en France", *Perspectives universitaires*, vol. III, nº 1-2, p. 50-8. Convém lembrar que Josiane Serre é a última diretora da ENSJF de 1974 a 1987, e depois codiretora da ENS Ulm. Foi sob seu impulso que a ENSJF se fundiu com a Escola Normal Superior da rue d'Ulm, da qual se tornará diretora após a morte de Georges Poitou. Aliás, Josiane Serre é minha mãe (nota da autora desta obra).
26. *Ibid.*, p. 51.
27. *Idem.*
28. *Ibid.*, p. 52.
29. Irène Joliot-Curie, *Chômage à Eugénie Cotton*, arquivos da biblioteca Marguerite-Durand.
30. Institute for Advanced Study, Princeton, Nova Jersey, Estados Unidos.
31. "Mme. Irène Joliot-Curie souffrante, vient d'abandonner ses fonctions", *La Française*, 3 de outubro de 1936, artigo não assinado, arquivos da biblioteca Marguerite-Durand.

32. Ève Curie, carta de 10 de outubro de 1936 a Irène Joliot-Curie, remetida de Lausanne, fundo Ève Curie.
33. Irène Joliot-Curie, *Lettre à Léon Blum*, 27 de junho de 1937, arquivos Irène Joliot-Curie, Museu Curie.
34. "Il faut sauver la fondation Curie. Je pense à l'angoisse de ma mère si son hôpital disparaissait, nous dit Mme. Ève Curie", 24 de março de 1938, arquivos de Ève Curie.
35. *Ibid.*
36. Louis-Pascal Jacquemond, *Irène Joliot-Curie*, *op. cit.*, p. 162.

7. Irène e Ève separadas na tormenta da Segunda Guerra Mundial

1. Carta de Irène Curie a Missy Meloney, 12 de maio de 1940, citada por Louis-Pascal Jacquemond, *Irène Joliot-Curie, Biographie*, Odile Jacob, 2014, p. 163.
2. Ève Curie, "Mme. Curie, la Pologne et la France", intervenção radiofônica em 15 de setembro de 1939, arquivos da família Joliot-Curie, retomada em *Presse Tunis.*
3. "Ève Curie explique pourquoi la Pologne a survécu à toutes les persécutions", *Presse Tunis*, 15 e 17 de setembro de 1939, arquivos da família Joliot-Curie.
4. *My Day*, coluna de jornal, Eleanor Roosevelt, 3 de fevereiro de 1940, referência na internet www2.gwu.edu, tradução minha do texto de Eleanor Roosevelt. Seis dias por semana, Eleanor Roosevelt mantinha uma coluna nos jornais, contando seus dias, seus encontros.
5. Carta a Ève Curie, Eleanor Roosevelt, carta de 18 de abril de 1940, fundo Ève Curie.
7. Louis-Pascal Jacquemond, *Irène Joliot-Curie, Biographie*, *op. cit.*, p. 164.
8. Michel Pinault, *Frédéric Joliot-Curie*, Odile Jacob, 2000, p. 206.
9. *My Day*, Eleanor Roosevelt, *The Eleanor Roosevelt Papers, Digital Edition*, 18 de fevereiro de 1941, site web www2.gwu.edu
10. Dominique Mongin, "Joliot et l'aventure de l'eau lourde française", *L'Histoire*, outubro de 2017, www.lhistoire.fr
11. Frase do almirante Isoroku Yamamoto, citada por www.dicocitations.lemonde.fr

12. Expressão do escritor Daniel Rondeau, então embaixador da França junto à Unesco, em São Petersburgo, ante a comissão do patrimônio mundial da Unesco, julho de 1995, para oficializar o apoio da França à inclusão dos Kremlins nesse patrimônio. Mais tarde, em 2019, Daniel Rondeau foi eleito para a Academia Francesa.
13. Michel Pinault, *Frédéric Joliot-Curie*, *op. cit.*, p. 237.
14. Ève Curie, *Voyage parmi les guerriers*, t. II, Éditions de la Maison Française, 1944, p. 96.
15. *Ibid.*, p. 153.
16. *Ibid.*, p. 220.
17. *Ibid.*, p. 250.
18. *Ibid.*, p. 256.
19. Seu diário, *Voyage parmi les guerriers*, será publicado nos Estados Unidos em 1943 pela editora Doubleday.
20. *My Day*, Eleanor Roosevelt, *The Eleanor Roosevelt Papers, Digital Edition*, 25 de maio de 1942, www2.gwu.edu. Nesse texto, ela comenta sua recepção a Ève Curie na Casa Branca.
21. *My Day*, Eleanor Roosevelt, *The Eleanor Roosevelt Papers, Digital Edition*, 17 de junho de 1942, Eleanor Roosevelt, www2.gwu.edu
22. *Ibid.*
23. Marjory Avory, "Pvt Ève Curie sounds a call to arms", *The New York Times*, 28 de novembro de 1943. *Pvt* remete ao termo em inglês *private*, soldado raso, que era então a patente de Ève nas Forças Francesas Livres. Ela será promovida a oficial.
24. Contado a Claudine Monteil por Hélène Langevin e Pierre Joliot.
25. "On faisait sécher 200 kilos d'explosif", por Édouard Launet, *Libération*, 25 de agosto de 2004.
26. Carta do general Diego Broisset ao coronel Masson, gabinete do ministro da Guerra, em 4 de outubro de 1944, fundo Ève Curie, subpasta intitulada por Ève Curie "Radio-France, 18 juin 1945 (retraçant les événements de 1940 à 1945)".
27. Natacha Henry, *Marie Curie et Bronia Dluska, Les sœurs savantes*, Librairie Vauvert, 2015, p. 252-3.

8. Uma família dilacerada pela Guerra Fria

1. Louis-Pascal Jacquemond, "Irène Joliot-Curie, une féministe engagée?", *Genre et Histoire*, nº 11, outono de 2012.
2. Irène Joliot-Curie, "Marie Curie, ma mère", *Europe*, nº 108, dezembro de 1954, p. 89-121.
3. Ève Curie, carta a Helen Rogers Reid em 22 de março de 1948, fundo Ève Curie, tradução do inglês feita por mim.
4. Simone de Beauvoir, *La Force des Choses*, Gallimard, 1963, p. 453.
5. Ingrid Galster, "Le scandale du *Deuxième Sexe*", *Mensuel 232*, maio de 1999.
6. Denis Brian, *Einstein, le génie d'um homme*, Flammarion, 1997, p. 432.
7. Eugénie Cotton, *Après Frédéric Joliot-Curie, Irène Joliot-Curie est exclue du Comissariat à l'énergie atomique*, 1952, arquivos Eugénie Cotton, biblioteca Marguerite-Durand.
8. Os dez países europeus que assinaram o Tratado do Atlântico Norte (Otan) em 1949 foram Bélgica, Dinamarca, França, Islândia, Itália, Luxemburgo, Noruega, Países Baixos, Portugal e Reino Unido.
9. Ève Curie, carta a Irène Joliot-Curie em 15 de novembro de 1954, fundo Irène Joliot-Curie e fundo Ève Curie.
10. *Ibid.*, p. 1.
11. "Souvenir d'Irène et de Frédéric Joliot-Curie", entrevista da autora com Pierre Joliot, 3/3, *Paris-Saclay Le Média*, 12 de setembro de 2018.

9. Ève Curie, fidelidade à mãe e à irmã

1. "The talk of the town", *The New Yorker*, 6 de novembro de 1965, p. 45-7, artigo não assinado.
2. *Ibid.*
3. Maurice Vaïsse e Hervé Magro (dir.), *Dans les archives secrètes du Quai d'Orsay, de 1945 à nos jours*, L'Iconoclaste, série "Histoire", 2019, cf. o capítulo "L'espoir se lève à l'Est", p. 533-4.
4. Entrevista de François Mitterand, então presidente da República, concedida à France 2 em 8 de março de 1994.

5. Jean-Luc Pasquier, blog 6ruedemessine, 28 de dezembro de 2011.
6. Entrevista de Pierre Joliot à autora, maio de 2013.

Bibliografia não exaustiva

1 – Bibliografia não exaustiva das obras de referência sobre Marie, Irène e Ève Curie

BRIAN, Denis. *The Curies: A Biography of the Most Controversial Family in Science.* Hoboken: John Wiley & Sons, 2005.

BERNSTEIN GUMBER, Georges; MAURIN, Gilbert. *Bernstein le Magnifique.* Paris: Jean-Claude Lattès, 1988.

COTTON, Eugénie. *Les Curie et la Radioactivité.* Paris: Seghers, 1963.

CURIE, Ève. *Madame Curie.* Paris: Gallimard, 1938. [Ed. bras.: *Madame Curie.* São Paulo: Companhia Editora Nacional, 1976.]

______. *Voyage parmi les guerriers.* Nova York: Éditions de la Maison Française, 1944. [Ed. bras.: *Jornada entre guerreiros.* São Paulo: Companhia Editora Nacional, 1944.]

______; BARRÈS, Philippe; DE ROUSSY DE SALES, Raoul. *They speak for a Nation. Letters from France.* Nova York: Doubleday & Doran, 1941.

CURIE, Marie. *La Radiologie et la Guerre.* Paris: Librairie F. Alcan, 1921.

______. *Pierre Curie.* Paris: Odile Jacob, 1996. (Reedição do livro publicado pela Payot em 1923.)

______. *Marie Curie et ses filles, Lettres.* Prefácio por Hélène Langevin-Joliot e Monique Brordry. Paris: Pygmalion, 2011.

CURIE, Marie; JOLIOT-CURIE, Irène. *Correspondance, choix de lettres (1905-1934).* Paris: Gilette Ziegler, Les Éditeurs Français Réunis, 1974.

FRAIN, Irène. *Marie Curie prend un amant.* Paris: Le Seuil, 2016.

GOLDSMITH, Barbara. *Marie Curie, Portrait intime d'une femme d'exception.* Paris: Dunod Sciences, 2006. [Ed. bras.: *Gênio obsessivo: o mundo interior de Marie Curie.* São Paulo: Cia. das Letras, 2006.]

HENRY, Natacha. *Marie Curie et Bronia Dluska, Les sœurs savantes.* Paris: Librairie Vuibert/Albin Michel, 2015.

HIMBERT, Marie-Noëlle. *Marie Curie, portrait d'une femme engagée, 1914-1918.* Arles: Actes Sud, 2014.

HUCHETTE, Nathalie. *Balade parisienne avec Pierre et Marie Curie.* Les Carnets du Musée Curie, coleção editada pelo Instituto Curie em colaboração com o Museu Curie, 2008.

HUCHETTE, Nathalie; ANDRÉ, Laurence. *Les Joliot-Curie. Deux savants à la une.* Les Carnets du Musée Curie, nº 3, 2008.

JACQUEMOND, Louis Pascal. *Irène Joliot-Curie.* Paris: Odile Jacob, 2014.

______. "Irène Joliot-Curie: une féministe engagée?". In: *Genre et histoire*, outono de 2012, nº 11.

JOLIOT-CURIE, Irène. "La vie et l'œuvre de Marie Sklodowska-Curie", *La Pensée*, novembro-dezembro de 1954, nº 58 (arquivos Curie, dossiê I-16, maço 49).

______. "Marie Curie, ma mère", *Europe*, dezembro de 1954, nº 108 (arquivos Curie, dossiê I-16, maço 50) [I. Joliot-Curie (1954) nas notas].

JOLIOT, Pierre. *La Recherche passionnément.* Paris: Odile Jacob, 2001.

LANGEVIN, André. *Paul Langevin, mon père. L'homme et l'œuvre.* Paris: Les Éditeurs Français Réunis, 1971.

LANGEVIN-JOLIOT, Hélène. *Cahiers de l'IHSME* (Institut d'Histoire Sociale Mines- Énergie – a CGT), fevereiro de 2009, nº 21.

LANGEVIN-JOLIOT, Hélène; BORDRY, Monique. *Marie Curie et ses filles, Lettres.* Paris: Pygmalion, 2011.

LANSDALE, Elizabeth. *My Metamorphosis.* Tessalônica: Enaretos Press, 2007 (com prefácio de Ève Curie-Labouisse).

LORIOT, Noëlle. *Irène Joliot-Curie.* Paris: Presse de la Renaissance, 1991.

MARBO, Camille. À travers deux siècles. Souvenirs et rencontres (1883-1967). Paris: Grasset, 1968.

MARDER, Brendal. *Stewards of the Land, The American Farm School and Greece in the Twentieth Century.* Georgia: Mercer University Press, 2004.

PIGEARD-MICAULT, Natalie. *Les Femmes du laboratoire de Marie Curie*. Paris: Glyphe, 2013.

PINAULT, Michel. *Frédéric Joliot-Curie*. Paris: Odile Jacob, 2000.

POIRIER, Jean-Pierre. *Marie Curie et les conquérants de l'atome (1896-2006)*. Paris: Pygmalion, 2006.

QUINN, Susan. *Marie Curie*. Trad. Laurent Muhleisen. Paris: Odile Jacob, 1996. [Ed. bras.: *Marie Curie: uma vida*. São Paulo: Scipione, 1997.]

RADVANYI, Pierre. *Les Curie, Pionniers de l'atome*. Paris: Belin, 2005.

RADVANYI, Pierre; BORDRY, Monique. *La Radioactivité artificielle et son histoire*. Paris: Seuil/CNRS, 1984.

REID, Robert. *Marie Curie derrière la légende*. Paris: Seuil, 1979.

SAURIER, Delphine. *Histoires de l'association Curie et Joliot-Curie et du musée Curie*. Avignon: Université d'Avignon et des pays du Vaucluse, 2009.

ZAK, Sonia. *Frédéric et Irène Joliot-Curie*. Paris: Causette, 2000.

2 – Outras obras úteis para esta biografia

AUMONT, Jean-Pierre. *Le Soleil et les Ombres*. Paris: Opéra Mundi, 1976.

BARD, Christine. "Marie Curie et Irène Joliot-Curie, le féminisme arcouestien", *Revue de la BNF*, 2009, nº 32: *L'Arcouest des Joliot-Curie*.

_____. "Les premières femmes au gouvernement (France, 1936-1981)", maio-junho de 2007, *Histoire@Politique*, nº 1.

_____. *Les Filles de Marianne, Histoire des féminismes, 1914-1940*. Paris: Fayard, 1995.

_____. *Les Femmes dans la société française au XXe siècle*. Paris: Armand Colin, 2004.

BARRÈS, Philippe. *Charles de Gaulle*. Paris: Plon, 1944.

BEAUVOIR, Simone de. *Le Deuxième Sexe*. Paris: Gallimard, 1949. [Ed. bras.: *O segundo sexo*. Rio de Janeiro: Nova Fronteira, 2020.]

BEAUVOIS, Daniel. *La Pologne, histoire, société, culture*. Paris: La Martinière, 2004.

CASSIN, Gabriel. *René Cassin. Les guerres de 1914-1918 et de 1939-1945 et le combat pour la dignité humaine: les droits de l'Homme (1948), le prix Nobel de la paix (1968)*. Marselha: Gabriel Cassin, 2011.

CHADOURNE, Marc. *Absence*. Paris: Plon, 1933.

EIDELMAN, Jacqueline. *La Création du palais de la Découverte*, tese de doutorado sob a direção de Viviane Isambert-Jamati, Université Paris V-René Descartes, 1988 (disponível no Fundo Curie).

FEIS, Herbert. *Churchill, Roosevelt, Stalin*. Princeton: Princeton University Press, 1957.

GENDRON, Louis-Paul. *En marge de l'histoire*, t. I, II, III (sem referência de editor).

GUY, Claude. *En écoutant De Gaulle, Journal 1946-1949*. Paris: Grasset, 1996.

KAI-YU HSU. *Chou En-lai, éminence grise de la Chine*. Paris: Mercure de France, 1968.

KASPI, André. *La Deuxième Guerre mondiale*. Paris: Perrin, 1990.

_____. *La Libération de la France, juin 1944-janvier 1945*. Paris: Perrin, 1995.

KERSAUDY, François. *De Gaulle et Churchill: la mésentente cordiale*. Paris: Perrin, 2003.

_____. *De Gaulle et Roosevelt: le duel au sommet*. Paris: Perrin, 2004.

LELIEVRE, Claude e Françoise. *Histoire de la scolarisation des filles*. Paris: Nathan, 1992.

MAURIAC, Claude. *Le Temps immobile*, t. II: *Les Espaces imaginaires*. Paris: Grasset, 1975.

_____. *Le Temps immobile*, t. III: *Et comme l'espérance est violente*. Paris: Grasset, 1976.

NEHRU, Jawaharlal. *A Bunch of Old Letters Written Mostly to Jawaharlal Nehru and Some Written by HHim*. Bombaim: Jayasinghe Asia Publishing House, 1958; Londres, 1960.

PERROT, Michelle; DUBY, Georges. *L'Histoire des femmes en Occident*. t. 5: *Le XXe siècle*. Paris: Poche, 2002. [Ed. port.: *História das mulheres*. Porto: Afrontamento, 1991.]

PONTY, Janine. *Les Polonais en France de Louis XIV à nos jours*. Paris: Éditions du Rocher, 2008.

PROST, Antoine; WINTER, Jay. *René Cassin*. Paris: Fayard, 2011.

ROOSEVELT, Eleanor. *This I remember.* Nova York: Harper and Brothers, 1949.
SARTORI, Éric; DE GENNES, Gilles. *Histoire des grands scientifiques français: d'Ambroise Paré à Pierre et Marie Curie*. Paris: Perrin, 2012.
SAURIER, Delphine. *La Fabrique des illustres, Proust, Curie, Joliot et lieux de mémoire*. Paris: Éditions Non Standard, 2013.
SHARP, Evelyn. *Hertha Ayrton, A Memoir*. Londres: Edward Arnold and Co., 1926.
THIBAUDET, Albert. *La République des professeurs*. Paris: Grasset, 1927, p. 123.
TROTEREAU, Janine. *Marie Curie*. Paris: Gallimard, 2011.
VAÏSSE, Maurice et al. *Histoire de la diplomatie française.* Paris: Perrin, 2007.
WEISS, Louise. *Combats pour les femmes*. Paris: Albin Michel, 1980.
_____. *Mémoires d'une Européenne*. 6 v. Paris: Payot/Albin Michel. (1968-1976).
WIEVIORKA, Olivier. *Histoire de la Résistance, 1940-1945.* Paris: Perrin, 2013.
WINGATE, *sir* Ronald. *Lord Ismay, a biography*. Londres-Nova York: Hutchinson & Co., 1970.
ZANCARINI-FOURNEL, Michelle. *Histoire des femmes em France, XIXe-XXe siècle*. Rennes: PUR, 2005.

3 – Links úteis

Para o museu: http://musee.curie.fr/
Para a apresentação das coleções: http://musee.curie.fr/decouvrir/archives-et-collections/presentation
Acesso ao catálogo on line: http://www.calames.abes.fr/pub/curie.aspx

Sobre a autora

Claudine Monteil, escritora e historiadora, exerceu carreira diplomática. É autora de obras traduzidas para várias línguas, especialmente sobre Jean-Paul Sartre e Simone de Beauvoir. Vem de uma prestigiosa família científica: seu pai, matemático, foi contemplado com a medalha Fields, e sua mãe, Josiane Serre, química, foi diretora da Escola Normal Superior de Moças, onde Marie e Irène Curie lecionaram.

lepmeditores

www.lpm.com.br
o site que conta tudo

IMPRESSÃO:

PALLOTTI
GRÁFICA

Santa Maria - RS | Fone: (55) 3220.4500
www.graficapallotti.com.br